Christine Lange

Gentle Training

Die Courtesy Methode für mehr Respekt und Vertrauen

Kretzschmar Verlag

ISBN 3-933786-02-9

1. Auflage 2001

Fotos: Christine Lange, Hans-Jürgen Müller
Zeichnungen: Inge Schulze Bövingloh

Gesamtherstellung:
LV Druck im Landwirtschaftsverlag GmbH, Münster-Hiltrup

Für Dich, Leika, mein „Büffelchen"! Einst dachte ich, ich könnte niemals wieder einem Pferd so vertrauen wie meiner alten Sarina. Doch auch wenn Du diese Zeilen nicht lesen kannst, weiß ich, dass Du spürst, dass mein Herz voller Liebe, Wärme und Zärtlichkeit für Dich ist. Und dass ich auch Dich für kein Geld der Welt wieder hergeben würde...

Zu diesem Buch

Können Sie sich vorstellen, wie es wäre, wirklich gern und voller Begeisterung mit Ihrem Pferd zusammen zu sein? Und zwar immer und ohne Ausnahme? Ich jedenfalls kann sagen: Auf mich trifft diese Aussage zu! Ich freue mich auf die Fahrt zum Stall. Ich genieße bewusst die Zeit, die ich hier verbringe. Es befriedigt mich, mich mit meinem Pferd zu beschäftigen, es im Gelände oder in der Bahn zu reiten, es vom Boden aus zu arbeiten und vor allem die Vertrautheit zu erleben, mit der wir heute miteinander umgehen. Erholt und zugleich motiviert gehe ich heim, dankbar dafür, dass meine Stute und ich so wunderbar harmonieren. Und ich freue mich schon auf den nächsten Tag! Ihr Alltag sieht anders aus? Sie ärgern sich oft über Ihr Pferd, obwohl Sie es sehr gern haben? Es gibt Schwierigkeiten, für die Sie im Augenblick keine Lösung sehen? Wahrscheinlich glauben Sie, eine Harmonie, wie ich sie beschreibe, sei reine „Utopie"!? Ich habe auch einmal so gedacht. Auf den nächsten Seiten möchte ich Ihnen aufzeigen, dass Harmonie mit dem Pferd wirklich möglich ist.

Nein, keine neue Guru-Methode!

Halt – gerade lese ich in Ihren Gedanken: „Schon wieder eine neue Guru-Methode..." Nein, in diesem Buch stelle ich Ihnen keine neue Guru-Methode vor! Gentle Training orientiert sich vollständig an bewährten Ausbildungssystemen, an Systemen, die ich im Laufe meiner über 40-jährigen Praxis mit Pferden und mehr als 20 Jahren journalistischer Arbeit mit weltbekannten Ausbildern kennengelernt habe. Doch in all den Jahren habe ich auch ganz klar erkannt, dass kein Ausbildungssystem wirklich vollständig auf die Belange des Freizeitreiters und seines Pferdes eingeht! Daher habe ich alle Ausbildungssysteme gründlich unter die Lupe genommen und jeweils diejenigen Lektionen herausgesucht und vereinfachend abgewandelt, die das Fundament für anspuchsvolles, sicheres und entspanntes Freizeitreiten bilden. Ich habe sie immer weiter in kleine und kleinste Übungsschritte untergliedert, damit Sie und Ihr Pferd leicht und ohne Anstrengung lernen können.

Alle Übungen bauen logisch aufeinander auf und greifen wie die Bausteine eines Steckkastens ineinander. Vor allem ist ihnen eines gemeinsam: Sie vollziehen sich am Boden. Das heißt: Sie arbeiten am und nicht auf dem Pferd, gefahrlos, ohne Gewalt, souverän – auch wenn Sie Ihr Pferd längst schon reiten. Bei einem jungen oder schwierigen Pferd wenden Sie Gentle Training eine Zeit lang ausschließlich an – bei einem gerittenen Pferd führen Sie die Übungen zusätzlich zum normalen Reiten durch.

Das „gewisse Etwas"...

Eines aber ist wirklich „anders" an Gentle Training. Bei Ihrer Arbeit mit dem Pferd bedienen Sie sich eines ganz neuen Elements: Courtesy. Courtesy ist eine besondere Art der Höflichkeit – eine Höflichkeit, die gekennzeichnet ist von Aufmerksamkeit, Liebenswürdigkeit, Respekt und Vertrauen zwischen Ihnen und Ihrem Pferd. Courtesy bildet das stabile Fundament, auf dem jede weitere Arbeit aufbauen kann. Daher ist Gentle Training ein System, das sich besonders für Sie als „normale" Pferdebesitzerin und „normalen" Pferdebesitzer eignet, wenn Sie sich die Zeit nehmen möchten, eine sehr persönliche und liebevolle Beziehung zu Ihrem Pferd zu entwickeln. Da Sie dennoch „wie ein Profi" ausgesprochen methodisch arbeiten, habe ich mich für den Untertitel Courtesy Methode entschieden.

Gentle Training nach der Courtesy Methode ist eine sanfte, aber umfassende Grundschule für Ihr Pferd, für die Sie keine speziellen Vorkenntnisse benötigen und für die Sie keine teure Spezialausrüstung kaufen müssen. Die meisten Produkte, die Sie benötigen, finden sich schon in Ihrem Stallschrank, und auch die baulichen Gegebenheiten einer bescheidenen Freizeitreitanlage reichen für die Übungen vollständig aus.

Sind Sie jetzt neugierig geworden? Dann gibt es nur eines... fangen Sie an zu lesen, zu arbeiten und fasziniert festzustellen, dass „es klappt"! Langsam vielleicht, aber – wie man so sagt – dafür auch wirklich sicher. Ich hoffe und wünsche Ihnen von ganzem Herzen, dass Gentle Training und die Courtesy Methode nicht nur Ihnen und Ihrem Pferd das Glück und die Zufriedenheit schenken mögen, von denen Sie bislang nur träumten, sondern Ihr gesamtes Leben zum Positiven hin verändern.

Christine Lange

Ein Dankeschön ...

Allen, die dazu beigetragen haben, ein Dankeschön, dass dieses Buch heute vor Ihnen liegt: An meine Verlegerin Dr. Helga Kretzschmar, die sich seit Jahren mit großem Idealismus für die Belange der Freizeitreiter einsetzt und mich ermutigt hat, die Thematik, die mich seit langem fasziniert, in Buchform umzusetzen. Danke an meinen Lebensgefährten Hans-Jürgen Müller, der gemeinsam mit unseren Pferden und mit mir über Wochen und Monate trainierte, vor der Kamera „agierte" und viele Motive in diesem Buch selbst mit dem Fotoapparat festhielt, wenn ich mit unseren Pferden arbeitete. Danke an Walter Feldmann junior, den souveränsten Ausbilder, den ich je kennenlernen durfte und von dem Leika und ich unglaublich viel lernten! Danke vor allem aber auch an meine „zweibeinigen Fotomodelle" Ulrike Hübenthal, Veronika Schiller, Brigitte Endermann und Gertrud Fahlbusch, die – oft in praller Sonne – "trocken" und mit ihren Pferden die Übungen für die Kamera demonstrierten und die Sie häufig in diesem Buch wiederfinden werden. Danke auch an Ute Nedden, die so ein attraktives Modell abgegeben hätte, dann aber leider krank wurde! Danke auch an Hans-Jürgens Kinder Mona und Mario Müller, an unsere Reitschulkinder Esther Hirschberg und Kerstin Schneider, an die jungen Pferdebesitzerinnen Stefanie Hahn und Sarah Lang, die alle beweisen, dass sich viele Übungen des Gentle Training auch für Kinder eignen. Danke auch an die Firma PFIFF Reitsportausrüstung in Meschede-Freienohl, die freundlicherweise einige Produkte für die Fotosessions zur Verfügung stellte. Und danke, danke, danke an die Pferde! Allen voran – und dieser Egoismus sei mir verziehen – möchte ich meine liebe Leika nennen, mein Büffelchen, die sich von einem widerspenstigen Trotzkopf zu einem wundervollen Freizeitpferd entwickelt hat und die mir half, die Trauer um mein erstes Pferd Sarina zu überwinden. Danke auch an Fado, Hans-Jürgens „Riesenbaby", der durch seine Ehrlichkeit und seinen hervorragenden Charakter die Zusammenarbeit zur Freude machte! Und an unsere kleine Araberin Semiramis, die nun bei anderen lieben Menschen ein neues Zuhause gefunden hat. Danke auch an Blesa, Ulrikes kapriziöse Isländer-Fuchsstute, bei der sich auf besondere Weise Sanftmut und Vorwitzigkeit paaren, an Godi, Veronikas liebenswerten Isländer-Fuchswallach, der die innere Ruhe ausstrahlt, die ich mir für alle Freizeitpferde wünsche, und an den bezaubernden jungen Isländer-Schimmel Hvitur, der fleißig mitarbeitete, obgleich „sein Frauchen" Ute nicht anwesend sein konnte. Und natürlich auch ein herzliches Danke an Steffis Faxi und Sarahs Blaeja, die kleinen „Traumtölter", die auch nach vielen Stunden des Fotografierens niemals missmutig wurden. Zu guter Letzt danke ich all den anderen lieben Menschen, die sich und ihre Pferde auf einigen Illustrationen in diesem Buch wiederfinden werden und die ich auf meinen Reportagereisen habe kennen- und schätzen lernen dürfen. Danke an alle, ich hoffe, dass Ihnen/Euch dieses Buch gefallen wird!

... und eine Bitte an die Adresse der Ausbilder

Dieses Buch möchte nicht anklagen. Wenn ich gängige Ausbildungsmethoden in einigen Teilbereichen kritisch beleuchte, möchte ich meine Leser in erster Linie zum Nachdenken anregen. In allen Reitweisen gibt es hervorragende Ausbilder und Trainer, die im Sinne des Horsemanship ihre zwei- und vierbeinigen Schüler wirklich umfassend, geduldig und einfühlsam schulen. Sollten sie zufällig dieses Buch in den Händen halten, wissen sie, dass sie über jede Kritik erhaben sein dürfen. Der Zulauf und die Resonanz, den ihre Reitbetriebe finden, spricht für sich selbst. Ich wünschte all meinen Lesern, dass sie den Weg zu einem solchen Reitbetrieb, einem solch hervorragenden Ausbilder finden würden, um von dem hier vermittelten Wissen und Können zu profitieren. Aber leider sind solche „Goldstücke" derzeit noch rar. Und genau aus diesem Grund war es an der Zeit, dieses Buch zu schreiben.

Tipps für die Benutzung des Buches

Sie können dieses Buch auf unterschiedliche Weise benutzen. Ich schlage Ihnen vor, dass Sie es zunächst durchblättern und ein paar Passagen, die Ihnen vielleicht durch Überschriften, Texthervorhebungen, Grafiken oder Illustrationen ins Auge fallen, überfliegen. So stimmen Sie sich auf den Grundtenor des Buches ein. Studieren Sie dann das Inhaltsverzeichnis, das ich bewusst ausführlich gestaltet habe und lesen Sie ruhig schon einmal Textteile durch, die Sie besonders interessieren. Den meisten Nutzen ziehen Sie jedoch aus dem Buch, wenn Sie es erst einmal ganz durchlesen. Und sich anschließend jedes Kapitel der Reihe nach vornehmen und die Übungen in der empfohlenen Reihenfolge durchführen. Darüber hinaus möchte ich Sie anregen: Leben Sie mit dem Buch! Scheuen Sie sich nicht, mit einem Textmarker Ihnen wichtig erscheinende Stellen zu markieren oder sich mit einem Stift am Rand oder im Text Notizen zu machen. Nehmen Sie das Buch ruhig mit zu Ihrer Reitanlage. Wenn Sie Angst haben, es könne dort beschädigt oder schmutzig werden oder verloren gehen – investieren Sie in ein zweites Exemplar. So haben Sie ein Arbeitsbuch für den Stall – und zum Nachlesen Nummer 2 zu Hause. Denn Gentle Training möchte nicht nur eine unterhaltsame Lektüre für Sie sein (auch wenn Ihnen das Lesen natürlich Spaß machen soll) – es möchte Sie und Ihr Pferd vor allem als echtes Handbuch hilfreich und motivierend durch Ihren Alltag begleiten, also immer und überall griffbereit sein!

Die Entstehung der Courtesy Methode

Sie bezeichnen sich als FreizeitreiterIn? Dann gehören Sie zu der Million Menschen, die sich allein in Deutschland mit ganzem Herzen der Faszination Pferd verschrieben haben. Wir Freizeitreiter haben unsere „Pferdewelt" nachhaltig geprägt – und positiv verändert. Wir haben die Domäne des Gelände- und Wanderreitens erobert und auf die Gesetzgebung für das Reiten in Wald und Flur Einfluss genommen. Wir haben das Westernreiten „salonfähig" gemacht, das berauschende Gefühl des Gangpferdereitens wieder entdeckt und der barocken Reitkunst zu einer neuen Blüte verholfen.

Freizeitreiten heute

Rassen und Reitweisen

Auch die unglaubliche Vielfalt der Pferderassen haben wir Freizeitreiter ins Land geholt – vom Falabella Pony bis zum Shire Horse, vom griechischen Tölter bis zum metallisch glänzenden Achal Tekkiner. Verantwortungsvolle Züchter sorgen dafür, dass „ihre" Rassen stetig wachsen und gesunde, kräftige Nachzucht für interessierte Käufer bereitsteht. Dank uns haben weltweit anerkannte Reitweisen auch hierzulande Fuß fassen können.

Artgemäße Pferdehaltung

Im Bereich Pferdehaltung haben wir den berühmten Stein ins Rollen gebracht. Wir haben für Offenställe und Paddocks gesorgt, so dass viele, viele ehemalige „Boxenhäftlinge" endlich „als Pferde unter Pferden" leben dürfen.

Wettkampf im Sinne des Horsemanship

Auch dem Wettkampfgedanken haben wir eine neue Richtung gegeben: Auch unsere Pferde sollen und dürfen Leistung erbringen. Wir verstehen Leistungsvergleich als friedliches und faires „Miteinander Messen". Und wir sind stolz darauf, der Öffentlichkeit zeigen zu können, dass auch wir Freizeitreiter zu Disziplin und Ausdauer fähig sind. Und wie wir durch ein behutsames Training im Sinne des Horsemanship zu Gesundheit und Wohlbefinden unseres vierbeinigen Partners beitragen.

Erziehung und Ausbildung

Freizeitreiter = Dilettanten?

Dennoch ist es gar nicht lange her, dass wir Freizeitreiter gegen das Vorurteil kämpfen mussten, Dilettanten – also „Nichtkönner" – zu sein. Leider traf (und trifft) dieser Vorwurf gelegentlich wirklich zu. Im Augenblick ist jedoch manchmal eher das Gegenteil zu beobachten. Viele Freizeitreiter buchen einen Kurs nach dem anderen. Eifrig probieren sie einmal diese, dann jene Richtung aus, ohne sich für eine klare Linie entscheiden zu können. Geht es Ihnen ähnlich?

Verunsicherung durch Überangebot

Vielleicht sind auch Sie von der Vielzahl der Ausbildungsmethoden sowohl fasziniert als auch verunsichert? Insgeheim spüren Sie, dass Sie nicht wirklich mit Ihrem Pferd weiter kommen. Möglicherweise spiegelt das Verhalten Ihres Pferdes gelegentlich Ihre Verunsicherung wider. Es widersetzt sich Ihnen, verweigert den Gehorsam oder zeigt bei eher nichtigen Anlässen Angst. Vermutlich drängt sich Ihnen dann der Gedanke auf, dass trotz aller Lehrgänge und trotz regelmäßiger Reitstunden irgend etwas Grundlegendes fehlt – etwas, das Sie nicht richtig in Worte fassen können und dem auch nicht durch noch mehr Kurse und noch mehr Reitstunden abzuhelfen ist. Diese Empfindung teilen Sie mit vielen, vielen anderen Freizeitpferdebesitzern!

In der Herde übernehmen die Artgenossen das „Ausbildungsprogramm".

Erbgut oder Erziehungsfehler?

Häufig neigen Pferdebesitzer dazu, Schwierigkeiten beim Reiten oder im Umgang mit dem Pferd den Erbanlagen des Tieres zuzuschreiben. Sicher spielt die Veranlagung eine Rolle, jedoch nur zu einem geringen Teil. Wir Pferdebesitzer (oder Eltern zweibeiniger Sprösslinge) machen es uns zu leicht, wenn wir das Vorhandensein weniger erwünschter Eigenschaften auf die Gene zurückführen („Typisch dein Sohn... das hat er von deiner Mutter geerbt!"). In den meisten Fällen liegen die Versäumnisse bei den Menschen, die das Pferd (oder Kind) auf- und erzogen, ausbildeten und mit ihm arbeiteten.

Erziehung formt Charakter

Erziehung... weckt diese Vokabel in Ihnen ungute Gefühle? Erinnert sie Sie an strenge Lehrer, boshafte Erzieher und an die Drohung, dass unartige Kinder „in eine Erziehungsanstalt" gesteckt würden? In Wirklichkeit ist Erziehung nichts Negatives, sondern eine Hilfestellung. Sie hilft jedem Wesen, zu lernen, sich zu entwickeln und in die Gemeinschaft einzugliedern. Bei uns Menschen wirken unsere Eltern, Betreuer, Lehrer und Erzieher durch ihr Vorbild und durch Verhaltensregeln auf uns ein. Wir ahmen dieses Vorbild nach und üben Verhaltensregeln – zum Beispiel Höflichkeit – so lange ein, bis wir gar nicht mehr darüber nachdenken. Erziehung formt daher unseren Charakter. Strenge ist ein Bestandteil von Erziehung. Sie ist notwendig, um unsere Kinder vor unüberlegten, folgenschweren Handlungen und vor Gefahren zu schützen.

Bildung und Ausbildung

In unserer menschlichen Gemeinschaft zählt für unser Fortkommen nicht nur der Charakter, sondern auch die Bildung. Schule, Fachschule und Universität vermitteln uns geistiges, aber auch praktisches Wissen. Je nach Schulabschluss stehen uns danach verschiedene Wege der Ausbildung offen: Wir lernen schneidern oder tischlern, studieren Fremdsprachen oder Betriebswirtschaftslehre. Ob und in welchem Umfang wir dabei unsere besonderen Begabungen entwickeln, hängt auch vom Gespür und vom Können unseres Ausbilders ab.

Erziehung und Ausbildung beim Wildpferd

Können Sie jetzt eine Gedankenbrücke bauen zwischen Ihnen als Mensch und Ihrem Pferd? Als Wildpferd wird das Fohlen von seiner Mutter ebenso wie von den anderen Herdenmitgliedern erzogen. Es weiß sehr bald, dass es sein Mäulchen öffnen und Kaubewegungen machen muss, wenn es sich einem ranghöheren Pferd nähert. Indem es seine Mutter – das Spiel ihrer Ohren, die Haltung ihres Kopfes, ihre Bewegungen – nachahmt, übt es die „Sprachregeln" ein, die in seiner Welt gelten. Darüberhinaus lernt es durch das Vorbild seiner Artgenossen, wie man Futtergründe und Wasserlöcher, Ruheplätze und Fluchtwege findet. Und im wilden Spiel mit seinen Altersgenossen übt es sich in Flucht und Verteidigung. Das ist die Ausbildung, welche die Herde ihm angedeihen lässt.

Das Hauspferd

Als der Mensch das Pferd zum Haustier machte, betrat es eine ihm völlig fremde Welt. Hier musste es Lasten tragen, Karren ziehen und Menschen auf seinem Rücken dulden. Dennoch ist auch nach mehreren tausend Jahren der Weiterentwicklung Ihr Freizeitpferd dem Wesen nach immer noch ein Fluchttier der Steppe. Trotzdem erwarten Sie von ihm, dass es seine neue Rolle zu Ihrer Zufriedenheit spielt und ohne Sie in Gefahr zu bringen. Die Mutterstute und die Herde auf der Sommerweide können nur einen winzigen Teil der Erziehungs- und Ausbildungsarbeit leisten.

Den größten Part müssen Sie übernehmen. Unabhängig von der Frage, was Sie mit Ihrem Pferd tun und wie Sie es einsetzen möchten, gehen Sie davon aus, dass Ihr Pferd dabei lernt:

- Ihren Signalen Aufmerksamkeit zu schenken,
- Ihre Signale zu deuten,
- Ihre Signale zu befolgen.

Im Zusammensein mit dem Menschen muss das Pferd erst einmal neue „Benimm-Regeln" lernen!

Benimm-Regeln

Warum haben so viele Pferdebesitzer Schwierigkeiten mit Ihren Pferden? Weil sie im

Umgang mit dem Pferd die wichtigste Benimm-Regel vergessen, die sie selbst schon als ganz kleines Kind lernten: Bitte und danke zu sagen. Ein höflicher Mensch ist meist auch ein beliebter Mensch. Er bittet um etwas, er bedankt sich für eine Leistung, sei es in Form von Worten, Gesten, einer Belohnung oder einem Geschenk. Daher hilft man ihm gern oder arbeitet gern für ihn. Denn ein Danke zu erhalten, gibt uns ein gutes Gefühl. Übertragen Sie das, was Ihnen gerade klar geworden ist, jetzt auf die Erziehung und Ausbildung des Pferdes...

- Sie haben durch eine W-Frage „brainpower" angekurbelt – also gründlich nachgedacht und eine mögliche Antwort gefunden.
- Sie haben einen der bedeutendsten Auslöser für den Lernerfolg bei Erziehung und Ausbildung entdeckt: Höflichkeit.

Ausbildungswege und -systeme

Wunschvorstellung Umgang

Wenn Sie davon träumen, ein eigenes Pferd zu halten, sehen Sie in Gedanken ein Tier vor sich, dass sich in Stall und Hof angenehm „handhaben" lässt. Es steht beim Tierarzt brav still, lässt sich vom Hufschmied problemlos die Beine aufheben und befolgt gehorsam Ihre Anweisungen an der Longe. So ein reibungsloser Umgang, glauben Sie, stellt sich ganz von allein ein, denn natürlich lieben Sie Ihr Pferd und wollen ihm in jeder Hinsicht nur Gutes tun. Und das, so sind Sie sicher, merkt es selbstverständlich.

Ist-Zustand Umgang

Doch angenehmes „Handling" ist keine Selbstverständlichkeit. Nur in wenigen traditionellen Reitvereinsanlagen werden Sie mit den richtigen, Pferde gemäßen Handgriffen vertraut gemacht. Oft übernehmen Sie Ihr Lehrpferd gesattelt von Ihrem Vorreiter, oder ein Pflegemädchen hilft Ihnen, bis Sie dies irgendwie selbst schaffen. So festigt sich in Ihnen die Vorstellung, dass es genügt, wenn auch Sie „irgendwie" mit dem Pferd vom Boden aus zurecht kommen, da die Hauptsache ja „das Reiten" sei. Die kleine Zahl der Reitausbilder, die ihre Aufgabe auch darin sehen, ihren Reitschülern Horsemanship am Pferd beizubringen, sind von diesem Vorwurf natürlich ausgeschlossen.

Wunschvorstellung Reitenlernen

Dass Sie selbst reiten lernen müssen, ehe Sie ein eigenes Pferd reiten oder gar ausbilden können, ist Ihnen dagegen klar. Sie träumen von einer Reitschule mit erstklassigen Lehrpferden und einem pädagogisch geschulten Reitlehrer. Abwechslungsreicher Unterricht soll Sie sorgsam auf Ihren späteren Reitalltag in Bahn und Gelände vorbereiten und vielleicht sogar zur Wettkampfteilnahme anregen.

Ist-Zustand Reitenlernen

In der Mehrzahl konservativer Reitschulen, die nach der FN-Lehre unterrichten, sind weder Lehrpferde noch Reitlehrer wirklich gut auf ihre Aufgabe vorbereitet. Der Unterricht in der Reitbahn läuft nach Schema F ab. Die Sitzschulung wird vernachlässigt. Nur unzureichend wird Ihnen oft erklärt und nur selten praktisch vorgeführt, wie Sie auf Ihr Pferd „einwirken" müssen. Die Form der Einwirkung nennt man Hilfengebung. Theoretischer Unterricht fällt aus oder ist so langweilig, dass die Reitschüler fortbleiben. Im Gelände finden stereotype oder eher undisziplinierte Ausritte statt, die dem unsicheren Reiter oft Angst machen. Wie Sie schwieriges Geläuf gefahrlos überwinden, wird selten nachvollziehbar vorgemacht. Dafür können Sie das Springen im Parcours erlernen und an Jagdritten teilnehmen. Wanderritte und Pferderallyes haben hingegen Seltenheitswert; die Scheuneigung vieler Pferde ist zu groß. In Westernreitbetrieben geht der Ausbilder oft mehr auf die Wünsche des Kunden ein. Qualität und Unterrichtsschwerpunkte hängen häufig aber von der vom Reitlehrer bevorzugten Westerndisziplin ab. In vielen Islandpferde-Reitschulen liegt der Schwerpunkt des Unterrichts weniger auf Dressur als auf Tölt – gleichgültig ob in Bahn oder Gelände. Das Springen wird eher vernachlässigt. Natürlich bestätigen in allen Reitweisen positive Ausnahmen die Regel.

Wunschvorstellung Pferdeausbildung

Als Besitzer eines Freizeitpferdes möchten Sie harmonisch, sicher und zufrieden mit Ihrem Pferd umgehen, dressurmäßig in der Bahn reiten und mal flotte, mal entspannte Geländeritte genießen. Sie möchten an Wanderritten, kleinen Geschicklichkeitsprüfungen und vielleicht auch einmal an einem Allround-Turnier teilnehmen. Bei all dem möchten Sie keine Angst haben und auf den Arbeitseifer und die Zuverlässigkeit Ihres Pferdes vertrauen können. Sie wünschen sich eine Ausbildungsmethode, die Ihr Pferd auf all diese Einsatzbereiche pferdegemäß und sicher vorbereitet.

Ist-Zustand Pferdeausbildung

Worauf und wie Ihr Pferd wirklich vorbereitet wird, hängt von dem von Ihnen gewählten Ausbilder ab. Unabhängig von der Reitweise setzt jeder Ausbilder eigene Schwerpunkte. Nur wenige Ausbilder lassen Ihrem Pferd sowohl eine fundierte Erziehung vom Boden aus als auch eine solide Schulung unter dem Sattel angedeihen, bei der jeder neue Ausbildungsschritt auf dem vorhergehenden fußt. Nicht immer werden Gehorsam und Vertrauen und Geschicklichkeit und Bewegung und Gymnastizierung im gleichen Maße angestrebt. Tatsächlich wird der Großteil aller Pferde so gut wie nie korrekt und vollständig vom Boden aus gearbeitet.

Amerikanische Methoden

Die meisten Bodenarbeitsmethoden, die im deutschen Sprachraum Anhänger gefunden haben, haben ihren Ursprung in Amerika. Sie zielen darauf ab, die Dominanz des Menschen über das Pferd und den Gehorsam des Pferdes zu festigen und/oder seine Aufmerksamkeit zu schulen. Übungen, die die Schreckhaftigkeit des Pferdes herabsetzen sollen, sind nicht immer Bestandteil. Die Hilfengebung ist gelegentlich unpräzise oder aufgrund der verwendeten Ausrüstungsteile (dicke Stricke, Führketten) kaum fein dosierbar. Bewegungsschulung und Gymnastizierung vom Boden werden vernachlässigt.

Klassisch-iberische Methoden

In der klassischen Reitkunst und in der iberischen Reitweise hat die Arbeit an der Hand einen hohen Stellenwert. Sie hat ihre Schwerpunkte in der Schulung von Gehorsam und Bewegung und betont den Gymnastizierungseffekt. Gute Ausbilder sind in Deutschland rar. Auch beschäftigen diese Methoden sich meist nicht mit dem Anti-Scheu-Training und umfassender Vorbereitung auf das Gelände. Meist setzen sie voraus, dass der Pferdebesitzer sämtliche Handgriffe des Alltags problemlos beherrscht.

Weitere mögliche Nachteile

Finden Sie einen guten Ausbilder nicht an Ihrem Heimatort, müssen Sie Ihr Pferd möglicherweise in einen auswärtigen Stall geben. Möchten Sie selbst der Ausbildung beiwohnen oder in sie einbezogen werden, ist dies durch lange Fahrten zeit- und kostenaufwendig. Entscheiden Sie sich, die Ausbildung (oder bestimmte Phasen wie Grundausbildung in Dressur, Eintölten oder Einspringen) ganz einem auswärtigen Ausbilder zu überlassen, haben Sie wenig Einfluss auf die einzelnen Ausbildungsmaßnahmen. Sie fühlen sich Ihrem Pferd entfremdet. Es ist nicht auszuschließen, dass es Ihnen später schwer fällt, das Pferd „nachzureiten", also die Lektionen, die es dort gelernt hat, selbst „abzurufen".

Sollten Sie aus diesen Gründen beschließen, die Ausbildung selbst vorzunehmen, stoßen Sie oft bald an Ihre Grenzen. Niemand hat Sie je gelehrt, in welcher Reihenfolge Sie vorgehen, welche Ausrüstungsteile Sie benutzen und wie Sie sich bei unerwarteten Schwierigkeiten verhalten müssen. Sie brechen die Ausbildung ab und finden sich mit Unzulänglichkeiten ab. Oder Sie resignieren und spielen mit dem Gedanken, Ihr Pferd zu verkaufen.

Ergebnis: Unzufriedenheit

Trotz der Bandbreite der Ausbildungsmethoden für Reiter und Pferd ist der Ist-Zustand also meist nicht befriedigend. Im Alltag ebenso wie beim Reiten treten zunehmend kleine Ärgernisse zu Tage; einige wachsen sich zu echten Problemen aus – von körperlichen Verspannungen oder Erkrankungen beim Pferd bis hin zu gefährlichen Verhaltensweisen wie Bocken, Steigen oder Durchgehen. Wird der psychische Druck zu groß, wächst die Neigung, bei selbst ernannten Pferdeflüsterern nach

Eine wichtige W-Frage

Warum können die meisten gängigen Ausbildungssysteme nicht zu Ergebnissen führen, die den Freizeitreiter vollständig befriedigen? Weil sie nicht sämtliche Bereiche des Umgangs und der Arbeit mit dem Pferd abdecken. Weil sie bei der Ausbildung des Pferdes den Pferdebesitzer oft ungenügend einbinden und zu schnell vorgehen. Weil sie nicht auf einem Fundament aufbauen, das sowohl pferdegemäß als auch leicht verständlich und gefahrlos für den Reiter ist.

Sicheres, zufriedenes Freizeitreiten ist nur erreichbar,

- wenn Sie jedem Bereich des Zusammenseins mit Ihrem Pferd den gleichen Stellenwert beimessen wie dem Reiten,
- wenn Sie selbst mit Ihrem Pferd üben,
- wenn Sie sich und Ihrem Pferd die notwendige Zeit lassen,
- wenn Sie Ihre Ängste durch ein weitgehend gefahrloses Übungssystem überwinden.

einem sofort wirkenden Allheilmittel zu suchen oder in Kurzseminaren in eine Methode nach der anderen „hinein zu schnuppern". Weder solche spontanen Hilfeschreie noch der Entschluss, das Pferd abzugeben, stellen eine dauerhafte Lösung dar.

Die fehlenden Elemente

Schwerpunkte einzelner Ausbildungsbereiche

Wenden Sie sich jetzt dem untenstehenden Kasten zu. Hier finden Sie einen Überblick über die Bestandteile der gängigen Ausbildungsmethoden.

Was entnehmen Sie diesem Überblick? Die Grunderziehung am Pferd und die grundlegende Ausbildung vom Boden aus sind Elemente, die bei den gängigen Ausbildungssystemen meist deutlich vernachlässigt werden.

Liebenswürdige Höflichkeit

Ein anderes fehlendes Element lässt sich nicht in einem Informationskasten darstellen. Sie spüren, wenn es fehlt. Sie vermissen es bei rüden Umgangsformen mit dem Pferd und beim berüchtigten Kasernenhofton während des Reitunterrichts, der nach wie vor in manchen Reitbetrieben üblich ist. Auch wenn Sie mit Angst in den Sattel steigen oder Ihr Pferd vor Aufregung und nicht vor körperlicher Anstrengung schwitzt, können Sie davon ausgehen, dass „etwas" nicht vorhanden ist. Mit „etwas" ist liebenswürdige Höflichkeit gemeint.

Psychologische Gesetze

Gängige Ausbildungsmethoden

Ausbildungsbereich	***FN-Reitlehre***	***Westernreiten***	***Gangpferde-Reiten***
Horsemanship/Umgang	*selten*	*selten*	*gelegentlich*
Führtraining	*selten*	*gelegentlich*	*gelegentlich*
Einfache Longe	*ja*	*gelegentlich*	*gelegentlich*
Doppellonge	*selten*	*selten*	*gelegentlich*
Fahren vom Boden	*selten*	*selten*	*gelegentlich*
Anti-Scheu-Training	*gar nicht*	*Auslappen, ja*	*selten*
Geschicklichkeit	*so gut wie nie*	*Trail, ja*	*häufig*
Reiten, Dressur	*intensiv*	*gelegentlich s. gut*	*gut bis mittelmäßig*
Tölt, Spezialgangart	*gar nicht*	*gar nicht*	*sehr gut*
Reiten, Gelände	*Jagdreiten s. gut*	*normal, gut*	*normal, gut*
Springen, Parcours	*gut – sehr gut*	*gar nicht*	*gar nicht*
Springen, Gelände	*gut – sehr gut*	*selten*	*gelegentlich*
Wanderreiten	*gelegentlich*	*gelegentlich*	*gelegentlich*

Das Gesetz von Ursache und Wirkung, das jeden Lebensbereich bestimmt, wird bei vielen Ausbildungsmethoden übersehen. Weil sie sich gänzlich auf die „technische Seite" des Reitenlernens konzentrieren. Überspringen Sie beim Aufbau einer harmonischen Beziehung zu Ihrem Pferd nicht wichtige „Schulklassen"! Psychologische Gesetze sind zeitlose Wahrheiten. Je bewusster Sie sie in Ihre Arbeit mit dem Pferd einbeziehen, desto mehr werden die Erfolge Sie zufrieden stellen.

Eine wirklich umfassende Grundausbildung des Pferdes enthält Elemente, die in den meisten Reitbetrieben außer Acht gelassen werden.

Führen Sie ein „Erfolgsjournal"

Ein verblüffend wirkendes „Rezept" für mehr Erfolg – im gesamten Leben – ist das Führen eines Erfolgsjournals. Die Idee stammt aus dem Bereich des Management-Training und hilft Ihnen, sich gedanklich mehr auf die Möglichkeit einzustellen, dass Ihre Vorhaben gelingen und dass Sie Schwierigkeiten sehr wohl überwinden können. Das Erfolgsjournal ist ein dickes Notizbuch, in das Sie jeden Morgen, bevor Sie sich Ihren täglichen Beschäftigungen zuwenden, mindestens fünf Dinge eintragen, die Ihnen am Vortag gut gelungen sind. Es ist sozusagen ein „Positiv-Tagebuch". Wichtig ist, dass Sie versuchen, dies drei Monate lang durchzuhalten und dann rückwirkend prüfen, ob und wie sich Ihr Leben – und in Ihrem besonderen Fall Ihre Beziehung zu Ihrem Pferd – verändert hat. Ein Versuch lohnt sich!

Der Alles-Inklusive-Faktor

„Alles inklusive" ist ein Begriff, der oft über das Ja oder Nein bei einer Frage entscheidet. Buchen Sie „Alles inklusive", bekommen Sie eine umfassende Leistung und müssen sich um zusätzliche Kosten nicht mehr kümmern. Wäre es nicht ideal, wenn auch Sie als Freizeitpferdebesitzer ein „Alles-inklusive"-System nutzen könnten, um sich solide auf alle Bereiche des Umgangs mit Ihrem Pferd und auf das Reiten vorzubereiten? Bei dieser Methode müssten Erziehung und Ausbildung wie die Zacken eines Reißverschlusses ineinander greifen und eine Übung die andere ergänzen. Sie und Ihr Pferd würden mit liebenswürdiger Höflichkeit miteinander umgehen. Sie würden universelle Erfolgsprinzipien nutzen. Und würden Sie diese Methode in unserem links gezeigten Überblick auflisten, dürften Sie unter jedem Bereich ein deutliches „ja" vermerken.

Bewährte Ausbildungsschritte + fehlende Elemente = die Courtesy Methode

Drängt sich da nicht spontan der Gedanke auf, dass es doch eigentlich ganz einfach wäre, alle bewährten Ausbildungsschritte plus die fehlenden Elemente zu einem solchen Erziehungs- und Ausbildungssystem zusammen zu fügen? Natürlich! Genau dies habe ich in der Praxis getan – und möchte es Ihnen in diesem Buch in Schriftform aufzeigen! Sanft, ohne Kampf und Gewalt, dafür mit liebenswürdiger Höflichkeit erarbeiten Sie mit Ihrem Pferd beim Gentle Training ein solides Fundament für jeden zukünftigen Einsatzbereich. Um diese Arbeit so sicher und gefahrlos wie nur möglich für Sie Beide zu gestalten, üben Sie ausschließlich vom Boden aus und sparen nicht einen einzigen Alltagsbereich dabei aus. Reiten können Sie niemals mit einem Buch in der Hand lernen. Doch bei Übungen, bei denen Sie sich am Pferd bewegen und dabei „alle Zeit der Welt" haben, können Sie immer wieder Abbildungen und schriftliche Erklärungen als Gedankenstütze in die Hand nehmen. Außerdem – und das werde ich später noch näher erklären – ist Ihr Pferd selbst Ihr allerbester Lehrer!

Der Tierschutzgedanke

Gentle Training nach der Courtesy Methode bezweckt aber noch mehr als „nur" eine harmonische Beziehung zwischen Ihnen und Ihrem Pferd. Es möchte vor allem dem Pferd helfen, geliebt, geachtet und geschätzt zu werden. Ein Pferd, mit dem Sie restlos zufrieden sind, hat eine gute Chance, bei Ihnen in Würde alt zu werden. Angst vor dem Pferd, Probleme im Umgang und beim Reiten sind häufig der Grund, ein Tier wieder zu verkaufen. Doch mit dem Verkauf werden Mängel nur weiter gereicht. Vielleicht findet das Pferd einen Besitzer, der die Ursachen für die Probleme durch eine sorgsame nachträgliche Erziehung ausräumt. Wenn nicht, tritt es nur zu bald die qualvolle Reise zu einem Schlachthof in Südeuropa an. Doch manchmal erfordern es die Lebensumstände auch, ein hervorragend erzogenes Pferd wieder verkaufen zu müssen. Mit Gentle Training geben Sie Ihrem Pferd eine sehr ansehnliche „Aussteuer" mit. Sie wird ihm helfen, auch mit seinem neuen Besitzer eine gute Beziehung aufzubauen.

Die Kunst der Pferdeausbildung besteht darin, Können und Konsequenz mit Liebenswürdigkeit zu verbinden!

Zusammenfassung

- *Die meisten gängigen Ausbildungsmethoden vernachlässigen die alltäglichen Handgriffe im Umgang mit dem Pferd ebenso wie Übungen aus dem Gesamtbereich Bodenarbeit.*
- *Das Fehlen von liebenswürdiger Höflichkeit wirkt sich negativ auf die Beziehung zwischen Pferd und Mensch aus.*
- *Über die „reine Technik" hinaus sollten bei Erziehung und Ausbildung auch psychologische Gesetze beachtet werden.*
- *Die ideale Grundausbildung würde dem Pferdebesitzer sowohl wichtige Ausbildungsschritte aufzeigen als auch die fehlenden Elemente Höflichkeit und Erfolgspsychologie einsetzen, also den „Alles-Inklusive-Faktor" aufweisen.*
- *Gentle Training nach der Courtesy Methode ist eine durchdachte Kombination der wesentlichen Ausbildungsschritte und der fehlenden Elemente. Vom Boden aus bereitet es Pferd und Reiter sanft und gefahrlos auf alle Bereiche des Freizeitreitens vor und leistet zugleich einen wichtigen Beitrag zum Tierschutz.*

Grundsätzliches zur Courtesy Methode

Hinter jeder Methode – gleich, in welchem Lebensbereich sie zur Anwendung kommt – steckt immer eine Philosophie. Dieser griechische Begriff steht für „Liebe zur Weisheit" und „Streben nach Erkenntnissen". Die Courtesy Methode baut auf dem Prinzip echten Horsemanship auf. Horsewomen und Horsemen haben das Wissen verinnerlicht, dass im Umgang mit dem Pferd jeder einzelne Teilbereich zählt. Es gibt kein Haltungselement, keinen noch so alltäglichen Handgriff, keine Lektion bei der Arbeit vom Boden aus oder unterm Sattel, die nicht in einem Zusammenhang miteinander stünden. Dieser ganzheitliche Gedanke spiegelt sich in den Hauptelementen der Courtesy Methode wider.

Die Hauptelemente der Courtesy Methode

Achtung und Respekt

Wenn Sie sich mit Pferdeleuten unterhalten, fällt häufig das Wort „Respekt". Das Pferd soll dem Menschen Respekt entgegenbringen. Dies ist eine wichtige Aussage und sie trifft auch zu. Gelegentlich werden Sie auch einen Satz wie „Vor diesem Pferd habe ich Respekt!" hören, wobei Respekt sowohl Achtung als auch Angst ausdrücken kann. Wie häufig erwähnen Sie den Begriff „Achtung"? Vermutlich selten.

Das Pferd „als Pferd zu achten", ist eine unserer wichtigsten Aufgaben.

Achtung vor dem Wesen Pferd

Bei der Courtesy Methode achten Sie Ihr Pferd, indem Sie sein „Anderssein" – die Bedürfnisse seiner Art und seine persönlichen Eigenheiten – anerkennen. Sie sorgen für eine artgemäße Haltungsform, sorgsame Pflege, das richtige Maß an Beschäftigung und Training, eine umfassende Gesundheitsvorsorge und die passende Ausrüstung. Sie erkennen aber auch an, dass Ihr Pferd darüberhinaus anders ist als sein Herdenkamerad: In seinem Charakter, seinem Lernverhalten, seinem Bewegungspotential, seiner Fähigkeit, sich zu konzentrieren, seiner Widerstandskraft gegen Krankheitsauslöser und vielem mehr. Jede dieser individuellen Eigenschaften erfordert von Ihnen ein besonderes Maß an Rücksichtnahme. Je größer Ihre Bereitschaft ist, diese Rücksichtnahme aufzubringen, desto eher und desto besser werden Sie Ihr Pferd verstehen. Und desto erfolgreicher werden Sie nach der Courtesy Methode arbeiten.

Liebe zum Pferd – in der Form, wie die Mutterstute sie ihrem Fohlen entgegenbringt – ist die Grundlage des Vertrauens.

Respekt vor dem Pferd

Auch eine besondere Form von Respekt bringen Sie Ihrem Pferd entgegen. Sie zeigen keine Angst vor ihm (wie Sie dies bewerkstelligen, erfahren Sie in den einzelnen Übungen), respektieren aber die Tatsache, dass von Ihrem Pferd durchaus Gefahren ausgehen. Ohne dass Ihr Pferd bösartig sein muss, könnten Sie getreten, gebissen, umgestoßen und mitgerissen werden und aus dem Sattel stürzen. Es ist kein „Bangemachen", wenn Sie diese Risiken stets im Gedächtnis behalten, denn nur so können Sie sich weitgehend schützen. Vorausschau, Umsicht und Sicherheitsbewusstsein sind wesentliche Bestandteile der Courtesy Methode, mit denen Sie Ihren Respekt vorm Pferd beweisen.

Achtung und Respekt von Seiten des Pferdes

So, wie Sie Ihrem Pferd Achtung und Respekt entgegenbringen, so dürfen Sie beide Eigenschaften auch von ihm erwarten. Wenn Sie sich mit wachen Augen umschauen, sehen Sie viele Pferde, die sich entscheiden, ihrem Besitzer den Gehorsam zu verweigern. Die Courtesy Methode zeigt Ihnen auf, wie Sie Ihr Pferd ohne Gewaltanwendung dazu veranlassen, Ihre Wünsche ernst zu nehmen und zu befolgen. Das geschieht, indem Sie künftig im Umgang mit Ihrem Pferd drei Rollen übernehmen, die es sehr einfach begreifen kann. Sie sind Mutterstute, Leitstute und Leithengst in einer Person (mehr darüber weiter hinten in diesem Kapitel). In einer Wildpferdherde beeinflussen diese drei Pferde maßgeblich die Erziehung eines Jungpferdes. Indem es sie achtet und respektiert, steigert es seine

Chancen, in der Wildnis zu überleben. Ihr Freizeitpferd lebt nicht mehr in der Wildnis; aber unsere moderne Welt hält andere – und ebenso tödliche – Gefahren bereit. Respekt und Achtung Ihnen gegenüber bewahren Ihr Pferd, aber auch Sie selbst und Ihre Umwelt, vor diesen Gefahren.

Aufmerksamkeit von Seiten des Pferdes

Stellen Sie sich vor, ein Lehrer möchte seiner Klasse eine neue Rechenart beibringen, und seine Schüler hören ihm einfach nicht zu. Sie unterhalten sich, schauen aus dem Fenster oder kritzeln auf Papier herum. Glauben Sie, dass auch nur einer in dieser Situation etwas lernt? Natürlich nicht. Auch im Umgang mit Ihrem Pferd brauchen Sie keinerlei Übung zu beginnen, so lange Sie seine Aufmerksamkeit nicht besitzen. Sie können von ihm keinen Gehorsam erwarten, wenn es Sie entweder nicht wahrnimmt oder nicht genügend ernst nimmt. Die Courtesy Methode zeigt Ihnen auf, wie Sie für das Pferd so wichtig und interessant werden, dass es Ihnen seine Aufmerksamkeit schenkt und motiviert mitarbeitet.

Aufmerksamkeit dem Pferd gegenüber

Ebenso wenig dürfen Sie dem Pferd Ihre Aufmerksamkeit entziehen, wenn Sie sich mit ihm beschäftigen. Das heisst, Sie behalten Ihr Pferd ständig im Auge und lassen sich dabei durch nichts ablenken. Das wird Ihnen zunächst schwerer fallen als Sie jetzt glauben mögen. Da gegenseitige Aufmerksamkeit für beide Seiten anfangs anstrengend ist, ist die Courtesy Methode so aufgebaut, dass Sie und Ihr Pferd sich nicht überfordert fühlen. Sie beide wachsen allmählich in die neuen Anforderungen hinein und lernen, bewusst, wach und zugleich entspannt miteinander zu arbeiten. Bewusste Wachheit und Aufmerksamkeit ermöglichen Ihnen, tiefen Einblick in das gesamte Wesen Ihres Pferdes zu nehmen.

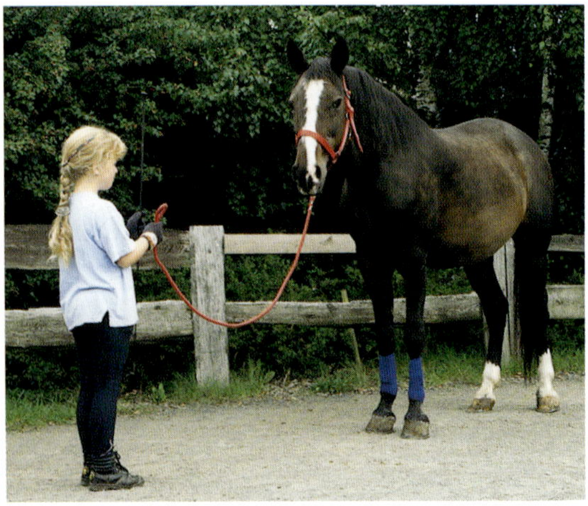

Liebenswürdige Höflichkeit

Höflichkeit nennen wir den von Achtung und Rücksichtnahme bestimmten Umgang miteinander. Der Begriff geht auf das „rechte Verhalten bei Hofe" zurück. Höflichkeitsregeln lernen wir bereits im Kleinkindalter. Und im Laufe unseres Lebens stellen wir fest, dass unhöfliches Benehmen Unmut, Ablehnung und Zorn hervorruft.

Besonders wohl fühlen wir uns im Zusammensein mit einem Menschen, der nicht nur höflich, sondern zugleich auf unaufdringliche Weise liebenswürdig ist. Höflichkeit in Kombination mit Liebenswürdigkeit vermittelt uns das Gefühl, geachtet und angenommen zu werden. Unser Vertrauen in unser Gegenüber wächst.

Höflichkeit heißt nicht Nachgiebigkeit

Diese Lebensregel ist so einfach, dass es wundert, warum sie gerade im Umgang mit dem Pferd so häufig außer Acht gelassen wird. Viele Schwierigkeiten mit dem Pferd würden vermieden, wenn wir es so liebenswürdig und höflich behandelten wie einen privaten Freund oder einen wichtigen Geschäftspartner. Verwechseln Sie Höflichkeit am Pferd bitte nicht mit Nachgiebigkeit und Inkonsequenz. Einem nachgiebigen und inkonsequenten Menschen kann das Pferd weder Respekt noch Vertrauen entgegenbringen.

Courtesy

Für eine Form von Höflichkeit, die von Respekt und Achtung, Vertrauen und Liebenswürdigkeit geprägt ist, gibt es in der deutschen Sprache nur die Aneinanderreihung dieser einzelnen Begriffe. Die englische Sprache kennt hingegen eine Vokabel, die all diese Eigenschaften umfasst – eben Courtesy. Courtesy ist daher der Leitgedanke der erfolgreichen Pferdeausbildung des Gentle Training und gab der Methode ihren Namen.

Vertrautheit

Mit etwas (oder jemandem) vertraut zu sein, bedeutet, es (oder ihn) in allen Einzelheiten zu kennen und nur mehr selten von seinen Handlungen und Reaktionen überrascht zu sein. Vertrautheit vermittelt ein starkes Gefühl von Sicherheit. Je vertrauter Sie mit Ihrem Pferd umgehen, je besser Sie es – und es Sie – kennen, desto voraussehbarer werden Sie füreinander. Die Courtesy Methode legt daher einen besonderen Schwerpunkt darauf, dass Sie Vertrautheit miteinander entwickeln. Vertrautheit schließt Aufmerksamkeit und Wachheit nicht aus. Eine Verbindung dieser Eigenschaften beugt vielen Gefahrenmomenten am Pferd vor.

Vertrauen

Vertrauen ist das kostbarste Geschenk, das ein Geschöpf dem anderen entgegen bringen kann. Wer vertraut, ist fest davon überzeugt, sich auf den anderen verlassen zu können. Er ist sicher, nicht belogen, ausgenutzt oder hintergangen zu werden und fühlt sich in seiner Gegenwart gut aufgehoben, geschützt und geborgen. In der Courtesy Methode wirkt das Element des Vertrauens wiederum nach beiden Seiten hin: Nicht nur das Pferd vertraut Ihnen, sondern auch Sie lernen, Ihrem Pferd allmählich immer mehr zu vertrauen. Für manchen Pferdehalter bedeutet dies eine gänzlich neue und beglückende Erfahrung.

Konsequenz

Sehr viele Menschen verkennen die große Macht der Zielstrebigkeit. Wer ein Ziel vor Augen hat und die Schritte kennt, die ihn zu diesem Ziel führen können, braucht nur eines, um dieses Ziel auch wirklich zu erreichen: Beharrlichkeit. Die Courtesy Methode gibt Ihnen ein höchst erstrebenswertes Ziel vor: Eine harmonische, gut funktionierende Partnerschaft mit Ihrem Pferd. Sie zeigt Ihnen die Schritte auf, die dort hin führen – Übungen der unterschiedlichsten Art, in kleinste Lerneinheiten untergliedert. Sie bringen die Konsequenz auf, diese Lerneinheiten in die Praxis umzusetzen. Und ohne Kampf und Gewalt anzuwenden, erwarten Sie von Ihrem Pferd, dass es das, was es sicher erlernt hat, zukünftig auch willig ausführt. Auf diese Weise verankern sich die Lernerfolge tief und fest in Ihrem Verhaltensmuster und dem Ihres Pferdes. Ihre Beharrlichkeit führt Sie und Ihr Pferd sicher ans Ziel.

Auf einen Blick

- *Die Courtesy Methode spiegelt das Prinzip des Horsemanship wider und geht davon aus, dass all Ihre Handlungen am und auf dem Pferd in engem Zusammenhang miteinander stehen und jede sich auf die Harmonie Ihrer Partnerschaft mit dem Pferd auswirkt.*
- *In der Courtesy Methode bringen Sie selbst Ihrem Pferd Achtung und Respekt entgegen. Daher dürfen Sie ebenso von ihm Achtung und Respekt Ihnen gegenüber erwarten.*
- *Sie wecken die Aufmerksamkeit Ihres Pferdes – die wichtigste Voraussetzung, um überhaupt mit ihm zusammen arbeiten zu können. Gleichzeitig schenken Sie ihm während Ihrer gemeinsamen Arbeit vollständige Aufmerksamkeit und lassen sich weder stören noch ablenken.*
- *Sie entwickeln eine besondere Form der Höflichkeit im Umgang mit Ihrem Pferd. Sie beruht auf Liebenswürdigkeit, Respekt und Vertrauen und lässt sich am besten mit dem englischen Wort Courtesy beschreiben. Je mehr Sie diese Eigenschaft verinnerlichen, desto mehr Courtesy wird Ihnen Ihr Pferd gegenüber erweisen.*
- *Sie erwerben intensive Vertrautheit mit dem Wesen Ihres Pferdes und geben ihm die Möglichkeit, Sie ebenso genau kennenzulernen. Vertrautheit dient der Sicherheit.*
- *Sie erwarten nicht nur Vertrauen von Seiten Ihres Pferdes, sondern erfahren, dass auch Sie ihm vertrauen dürfen.*
- *Sie entdecken die Macht von Zielstrebigkeit und Beharrlichkeit und gelangen durch einfachste, aber konsequent durchgeführte Übungen zu Ihrem Ziel – dem harmonischen Miteinander mit dem Pferd.*

Besondere Merkmale der Courtesy Methode

Methodos – der richtige Weg

Die Hauptelemente der Courtesy Methode, die Sie gerade kennen gelernt haben, verkörpern die Philosophie, die dem Gentle Training zugrunde liegt. Doch mit einer Philosophie allein kommen Sie niemals zum Ziel. Wenn Sie etwas erreichen möchten, müssen Sie planmäßig und konsequent vorgehen. Ein solches Vorgehen nennt man methodisch. Die Courtesy Methode weist in ihrer Vorgehensweise besondere Merkmale auf, durch die sie sich von anderen gängigen Ausbildungssystemen unterscheidet. Doch in genau diesen besonderen Merkmalen liegt ihr sicherer Erfolg begründet.

Harmonie als Ziel

Das Hauptziel der Courtesy Methode ist es, Sie und Ihr Pferd auf optimale Weise aufeinander einzustimmen. Je größer die Harmonie zwischen Ihnen und Ihrem Pferd ist, desto geringer sind die Gefahren, denen Sie im Umgang mit Ihrem Pferd und später beim Reiten ausgesetzt sind. Fast jede Gefahr am und auf dem Pferd ist die Folge von Missverständnissen, mangelndem Vertrauen, fehlendem Gehorsam, Unaufmerksamkeit, unkontrollierten Bewegungen und ungenügender Gymnastizierung.

Arbeit vom Boden aus

All diese „Mängel" lassen sich vom Boden aus nachhaltig ausräumen. Daher besteht das wichtigste Merkmal der Courtesy Methode darin, dass Sie ausschließlich vom Boden aus arbeiten und die

> **Bitte führen Sie sich immer vor Augen...**
> *... dass die Courtesy Methode nichts mit Pferdeflüsterei oder Gurutum gemeinsam hat. Wenn Schwierigkeiten im Umgang mit Ihrem Pferd oder beim Reiten mit einem Mal „wie von Zauberhand" verschwinden, liegt dies daran, dass sich durch die Aneinanderreihung der Übungen in der vorgegebenen Reihenfolge das Verhältnis zwischen Ihnen und Ihrem Pferd sanft, eindeutig und nachhaltig geklärt hat. Dabei wurden die Ursachen für die früheren Schwierigkeiten ausgeräumt. Und wo keine unliebsamen Ursachen existieren, gibt es auch keine unerwünschten Wirkun-*

Übungen in einer durchdachten Reihenfolge durchführen. Diese Reihenfolge ist dabei anfangs ausgesprochen wichtig. Sie bildet das Fundament für entspanntes, sicheres Reiten.

Größtmögliche Sicherheit

Angstgefühle – ob bewusst oder unbewusst – stören die Harmonie zwischen Mensch und Pferd. Ein furchtsames Pferd lässt sich in kritischen Situationen von seinen Flucht- und Kampftrieben leiten – ein ängstlicher Mensch läuft Gefahr, falsch, überhastet oder zu spät zu reagieren. Die Courtesy Methode schließt daher alle wichtigen Sicherheitsmaßnahmen ein. Dazu zählen zum Beispiel die korrekte Ausrüstung, eine Schutz gebende Kleidung, Umsicht bei Gestaltung und Nutzung der Übungsplätze und Hilfsmittel und das richtige „Timing".

Kleinste Lernschritte

Schwierigkeiten im Umgang mit Pferden und beim Reiten rühren vor allem daher, dass sich der Mensch dem Pferd nicht wirklich verständlich machen kann. Er gibt dem Pferd ein Signal und erwartet darauf hin, dass es etwas ganz Bestimmtes tut. Er ist enttäuscht oder zornig, wenn es nicht klappt, zieht aber nur selten in Betracht, dass er sich selbst „falsch ausgedrückt" hat. So sammeln sich immer mehr Missverständnisse an. Die Courtesy Methode beugt solchen Missverständnissen vor, indem sie jede Übung in kleinste Einzelschritte zergliedert. Vor allem aber ermutigt sie Sie, an diesen kleinen Lernschritten festzuhalten, auch wenn Ihre Reiterkollegen, die Ihnen möglicherweise zuschauen, verwundert „Das ist schon alles?!" ausrufen und Sie ein wenig belächeln. Sie werden feststellen, dass Sie mit kleinsten Lernschritten auf lange Sicht den größten und vor allem dauerhaftesten Erfolg erzielen.

Kurze Lerneinheiten

Je mehr Spaß Lernen macht, desto nachhaltiger bleibt das Gelernte im Gedächtnis haften. Das funktioniert jedoch nur, solange der Schüler sich auf die Aufgabe konzentrieren kann. Die Konzentrationsfähigkeit ist begrenzt – bei einem jungen Pferd beträgt sie nur wenige Minuten, ebenso bei einem Pferd, das bislang nur – beispielsweise im Gelände – vorwärts geritten wurde. Auch ein regelmäßig abwechslungsreich gearbeitetes, erwachsenes und gesundes Pferd kann sich höchstens 15 Minuten lang konzentrieren. Daher sind alle Übungen so bemessen, dass die reinen Lernabschnitte nur wenige Minuten lang dauern. In den Sequenzen dazwischen entspannt sich das Pferd, indem es sich ohne Leistungsanforderung im lockeren Vorwärts bewegt, ruhig stehen bleibt oder sich spielerisch mit einer nicht anstrengenden Aufgabe beschäftigt. So wird Ihr Pferd niemals überfordert und dadurch „sauer".

Lernhilfe durch Trockenübungen

Können Sie sich an Ihren ersten Schwimmunterricht erinnern? Damals zeigte Ihnen Ihr Schwimmlehrer am Beckenrand, wie Sie Arme und Beine im Wasser bewegen sollten. Sie übten „Trockenschwimmen". Trockenübungen sind ein wichtiger Bestandteil der Courtesy Methode. Ohne Angst, am Pferd etwas falsch zu machen, trainieren Sie erst einmal allein oder mit einem Helfer, wie Sie Ihren Körper bewegen, welche Position Sie einnehmen, wie Sie die Ausrüstungsteile handhaben und mit Hilfsmitteln hantieren. Auf diese Weise machen Sie sich „trocken" mit Ihrer Rolle bei den einzelnen Übungen vertraut und überwinden das Gefühl der Unsicherheit. Gern dürfen Sie auch daheim vorm Spiegel üben oder sich mit einer Videokamera filmen lassen! Durch Trockenübungen lernen Sie sich selbst besser kennen und kontrollieren und können sich später schneller und leichter voll auf Ihr Pferd konzentrieren.

Trockenübungen sind eine ideale Möglichkeit, sich auf alle Handgriffe optimal vorzubereiten.

Vermeidung von Konfrontationen

Die Vielzahl Ihrer Reiterkollegen rühmt sich der Auseinandersetzungen mit ihren Pferden („Dem Bock zeige ich es aber nächstes Mal..."). Ihnen ist nicht bewusst, dass sie sich damit ein Armutszeugnis ausstellen. Wer gegen das Pferd kämpft, handelt unklug. Richtig handeln Sie, wenn Sie die Ursachen für eventuelle Kämpfe ausräumen. Selbstverständlich werden Sie im Umgang mit Ihrem Pferd Konfliktmomente nicht gänzlich ausschließen können. Bei der Courtesy Methode schulen Sie Ihr Gespür für sich anbahnende Auseinandersetzungen und leiten diese „negative Energie" in ungefährliche Bahnen. Ihr Selbstvertrauen wächst und damit Ihre Souveränität. Souveränität ist der Schlüssel, um eine Auseinandersetzung ohne Gewalt zu beenden und die Würde des Pferdes zu erhalten.

Kreative Gestaltungsmöglichkeiten

Die Courtesy Methode empfiehlt Ihnen, die Grundübungen zunächst in der empfohlenen Reihenfolge zu absolvieren, da sie wie Bausteine das solide und sichere Fundament Ihrer Zusammenarbeit mit dem Pferd formen. Danach aber sind Sie völlig frei, Ihre Fantasie spielen zu lassen, um einzelne Übungen abzuwandeln und zu erweitern. Sie können allein, im kleinen ebenso wie im großen

Team arbeiten. Sie dürfen bei Ihrem normalen Ausritt absitzen und ein paar Übungen einbauen. Und sehr gern dürfen Sie jederzeit zu den allerersten Lernschritten und ganz einfachen Übungen zurückkehren. Gerade die regelmäßige Rückkehr zu sehr einfachen Lektionen vertieft das gegenseitige Vertrauen und entspannt Sie und Ihr Pferd auf ideale Weise.

Nutzung unterschiedlichster Aktionsräume

In den meisten Ausbildungssystemen bewegen Sie sich mit Ihrem Pferd in einigen wenigen „Räumen" – in einer Reitbahn, auf einem Longierplatz, im Gelände. Bei der Courtesy Methode dagegen sind Sie viel mobiler. Sie beziehen sämtliche Aktionsräume, in denen Sie sich Tag für Tag in irgendeiner Form mit Ihrem Pferd bewegen, in Ihre Arbeit ein – angefangen bei der Box, dem Offenstall, der Stallgasse über Putz- und Sattelplatz, die verschiedenen Reitbahnen bis hin zum Parkplatz Ihrer Reitanlage, den Straßen der nahen Ortschaft oder fremdem Gelände. Außerdem schaffen Sie sich durch einfache Mittel selbst zusätzliche Übungsplätze. So gestalten Sie Ihr Training nicht nur besonders abwechslungsreich und steigern damit die Motivation Ihres Pferdes, eifrig mitzuarbeiten. Sie trainieren auch Ihre und Ihres Pferdes Flexibilität und lernen, sich den unterschiedlichsten Gegebenheiten anzupassen.

Um Ihr Pferd zu motivieren, arbeiten Sie in unterschiedlichen Aktionsräumen.

Das W-Fragen-Prinzip

Wann immer Sie das Gefühl haben, nur zögerlich mit einer Übung voran zu kommen, verfolgen Sie die Lernschritte der einzelnen Übungen zurück. Dabei entdecken Sie wahrscheinlich schnell den fehlenden „Baustein" – eine oder mehrere Übungsteile, die noch nicht sicher „sitzen". Formulieren Sie möglichst zahlreiche Fragen, die mit den Frageworten „Wer, wie, wo, was, wann, warum" beginnen („Wie muss ich meine Körperhaltung verändern, damit mein Pferd so reagiert, wie ich es wünsche?"). Je mehr Fragen Sie stellen, desto größer ist die Wahrscheinlichkeit, die richtige Antwort zu finden. Nach dem Prinzip von Ursache und Wirkung beseitigen Sie dann die Ursache der Schwierigkeit und erreichen dadurch die Lösung.

Wertvolle W-Fragen:

- Warum ist es wichtig, dass ich diese Übung durchführe?
- Welche Tageszeit ist am besten geeignet?
- Wo sollte ich üben oder wohin weiche ich aus, wenn der geplante Übungsplatz besetzt ist?
- Wie kann ich mich durch Trockenübungen vorbereiten?
- Was kann ich vor der Übung tun, um mein Pferd bestmöglich auf die Arbeit vorzubereiten?
- Welche Fehler könnten mir unter Umständen passieren bei dem Versuch, mich dem Pferd verständlich zu machen?
- Wie könnte mein Pferd bei Fehlern reagieren?
- Wie muss ich wiederum dann handeln?
- Wer könnte mir helfen, wenn mir die Übung allein nicht gelingt?
- Wie beende ich die Trainingseinheit, damit mein Pferd und ich mit einem guten Gefühl die Arbeit abschließen und uns auf die nächste Übung freuen?

Reflexion

Nachdem Sie begonnen haben, nach der Courtesy Methode zu arbeiten, wird etwas Erstaunliches geschehen. Über die angegebenen Übungsvorschläge hinaus werden Ihnen immer neue Abwandlungen und Ergänzungen einfallen. Sie werden Ihren Freunden Tipps geben können: Für ihre aus Altersgründen nicht mehr reitbaren Pferde, für problematische Pferde oder bei Rittigkeitsproblemen. Ihr Auge und Ihr Gespür werden von Tag zu Tag mehr geschärft. Alle Fähigkeiten, die Sie im Umgang mit Ihrem Pferd trainieren, werden Sie auf Ihren Alltag übertragen – in Beruf und Freizeit, in Ihrer Partnerschaft und mit Familienangehörigen und Freunden. Dies ist die Folge des Gesamtaufbaus der Courtesy Methode, bei dem jeder „Baustein“, jeder Schritt Sie anregt, eine Situation oder Handlung zu betrachten, mit ähnlichen Gegebenheiten zu vergleichen und darüber prüfend nachzudenken. Diese Art des Denkens wird als Reflexion bezeichnet.

Die Courtesy Methode auf einen Blick

- *Bei der Courtesy Methode arbeiten Sie zielbewusst und planmäßig, also methodisch, auf Ihr Ziel zu. Dieses Ziel heißt vollkommene Harmonie mit Ihrem Pferd.*
- *Da Sie ausschließlich vom Boden aus üben und alle erdenklichen Sicherheitsvorkehrungen treffen, schließen Sie Gefahren für sich, Ihr Pferd und die Umwelt weitgehend aus.*
- *Durch kleinste Lernschritte und genaue Erklärungen ist die Methode leicht erlernbar.*
- *Kurze Lerneinheiten stellen sicher, dass Ihre Konzentration und die Ihres Pferdes während der gesamten Übung erhalten bleibt.*
- *Trockenübungen ohne Pferd verbessern Ihre eigene Körperkontrolle.*
- *Sie entwickeln Besonnenheit auch im Umgang mit Stressfaktoren, entdecken zahllose Möglichkeiten, Ihre Arbeit kreativ zu erweitern und erzielen Erfolge, weil Sie universelle Erfolgsprinzipien anwenden.*
- *Flexibel und mobil nutzen Sie unterschiedlichste Aktionsräume..*
- *Will eine Übung nicht richtig gelingen, finden Sie durch das W-Fragen-Prinzip die geeignete Lösung, Dabei helfen Ihnen wirklichkeitsnah formulierte Fallbeispiele.*
- *Wenn Sie die Courtesy Methode eine Weile anwenden, stellen Sie erstaunt fest, dass Sie selbst – und Ihr gesamtes Leben – sich positiv verändern. Dies ist eine Folge der Reflexion.*

Trainingsbestandteile der CM

Führtraining

Jeden Tag führen Sie Ihr Pferd – vom Stall zum Sattelplatz, vom Sattelplatz zur Reitbahn, von der Reitbahn zur Weide... Fragen Sie sich einmal selbstkritisch: Führen wirklich Sie immer Ihr Pferd – oder ist es manchmal eher umgekehrt? Dem Wort Führen wohnt auch im Umgang mit dem Pferd ein tiefer Sinn inne. In der Rolle des Führenden geleiten Sie Ihr Pferd sicher durch alle Gefahren – an Ihrer Seite fühlt es sich geborgen und beschützt. Das Führtraining ist daher in der Courtesy Methode die unverzichtbare Grundlage – ein echtes Fundament, auf dem jede weitere Arbeit aufbaut. Je mehr Geduld, liebenswürdige Höflichkeit und Konsequenz Sie beim Führen aufbringen, desto positiver und komplikationsloser wird sich Ihre gesamte weitere Partnerschaft mit dem Pferd gestalten.

Gentle Training im Alltag

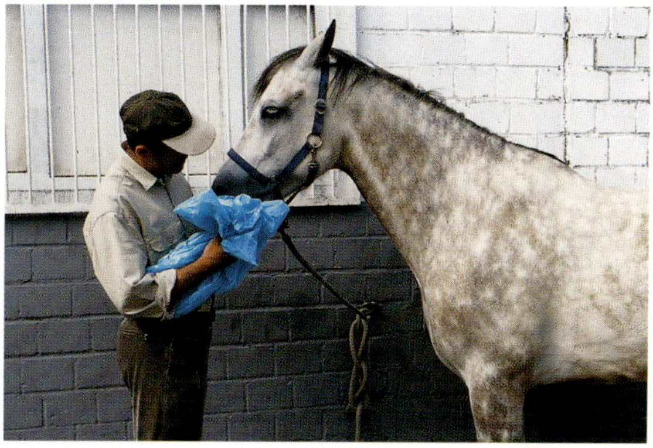

Schon ziemlich cool erlaubt Fado Hans-Jürgen, ihn mit einer Plastiktüte abzureiben.

Die Handgriffe, die Sie täglich an Ihrem Pferd vollziehen, sind sehr vielfältig: Putzen, Hufpflege, Waschen, Füttern, Verladen.... In den Augen der meisten Reiter sind sie schlichtweg Routine und scheinen es nicht wert zu sein, dass man ihnen besondere Aufmerksamkeit schenkt. Tatsächlich aber bergen die alltäglichen Gegebenheiten das Risiko, dass sich Missverständnisse in Ihr Verhältnis zum Pferd einschleichen. Ohne dass Sie den Auslöser im alltäglichen Umgang mit dem Pferd erkennen, wachsen sich diese so unerheblich erscheinenden Missverständnisse oft zu großen Schwierigkeiten aus! Ein Merkmal, mit dem sich die Courtesy Methode von vielen gängigen Ausbildungssystem abhebt, besteht darin, dass Sie Ihnen die wichtigsten Handgriffe am Pferd aufzeigt – von der Körper- und Hufpflege über die Gesundheitsvorsorge bis hin zum Einfangen des Pferdes auf der Weide oder im Gemeinschaftsauslauf. In diesem Alltagstraining liegt der Schlüssel zu Ihrer Vertrautheit mit dem Pferd.

Arbeit mit der einfachen Longe

In der Arbeit mit der einfachen Longe sehen zahlreiche Pferdebesitzer eine bequeme Möglichkeit, ihr Pferd schnell „ein wenig zu bewegen“, wenn die Zeit für das Reiten einmal nicht reicht. Das Longieren wird dann zu einem stupiden „Herumkreiseln“ des Pferdes am langen Strick. Die Courtesy Methode zeigt Ihnen daher die beeindruckende Vielfalt der Möglichkeiten des einfachen Longentrainings auf: Sie schulen den Gehorsam des Pferdes, wirken auf seinen Bewegungsapparat ein und leiten erste sanfte Gymnastizierungsübungen ein. Ihre Arbeit bleibt dabei keineswegs auf den Longierzirkel begrenzt. Tatsächlich bewegen Sie sich in allen nur erdenklichen „Räumlichkeiten“ Ihrer Stall-

und Reitanlage. Sie nutzen die Longe wie ein magisches Instrument auch zu den verschiedensten spielerischen Geschicklichkeitsübungen, die Sie aufs Gelände vorbereiten und die Ihnen und Ihrem Pferd zugleich großen Spaß machen. Die einfache Longe ist in der Courtesy Methode eines der am vielseitigsten einsetzbaren Ausrüstungsteile.

Arbeit mit dem freilaufenden Pferd

Einige beliebte Methoden (vor allem die, die aus den USA kommen) stellen die Arbeit mit dem freilaufenden Pferd an den Anfang des Trainings vom Boden aus. Die Courtesy Methode lehnt dies aus tiefgreifenden Sicherheitsüberlegungen ab. Erst durch Führübungen, durch Gentle Training im Alltag und ein grundlegendes Longentraining schaffen Sie eine solide Basis der Aufmerksamkeit, des Vertrauens und Gehorsams, die mögliche Gefahren bei der Freiarbeit weitgehend ausschließt. Übungen mit dem frei laufenden Pferd erziehen Sie zu immer besserer Körperkontrolle und schulen in hohem Maße die Aufmerksamkeit des Pferdes. Je weiter Sie beide darin voran schreiten, desto reizvoller wird diese Art der Beschäftigung für Sie und Ihr Pferd. Sie lässt Sie den tiefen Sinn des Begriffs „Tanz mit dem Pferd" erkennen und entwickelt sich zu einem Meilenstein auf dem Weg zu mehr gegenseitiger Achtung und Zuneigung.

Arbeit mit der Doppellonge

Auch die Arbeit mit den „zwei Leinen" – der Doppellonge – nehmen Sie in der Courtesy Methode erst in Angriff, wenn Sie und Ihr Pferd alle Führübungen und die Arbeit an der einfachen Longe sicher beherrschen. Mit der Doppellonge erarbeiten Sie behutsam die verschiedensten Lektionen, ohne dass Ihr Pferd dabei durch Ihr Gewicht oder durch möglicherweise falsche Einwirkungen vom Sattel aus gestört wird. So räumen Sie unter anderem auch Schwierigkeiten, die früher unter dem Sattel auftraten, nachhaltig aus. Mit der Doppellonge gibt Ihnen die Courtesy Methode außerdem ein wundervolles Instrument in die Hand, mit dem Sie – vereinfacht ausgedrückt – aus einem unscheinbaren Pferd mit unauffälligen Bewegungen allmählich ein schönes Pferd mit Ausdruck „formen". Dieses „neue" Pferd gefällt nicht nur Ihnen, sondern es fühlt sich offensichtlich auch „in seiner eigenen Haut" deutlich wohler!

Fahren vom Boden

Mit dem Fahren vom Boden führen Sie die Arbeit an der Doppellonge fort und erweitern Sie um zahlreiche Übungen, die Ihnen und Ihrem Pferd viel Freude bereiten. Ob Longierzirkel, Ovalbahn, Reitplatz oder Trailparcours, ob Dorfstraße oder Gelände... beim Fahren vom Boden erobern Sie jede Art des Terrains und bringen so noch mehr Abwechslung in Ihre Übungen. Sehr bald erwerben Sie so viel Geschick, dass Sie Doppellongen- und Fahrübungen „nahtlos" ineinander übergehen lassen und miteinander verknüpfen können. So können Sie in einer einzigen Trainingseinheit Ihr Pferd durch ein buntes Übungsprogramm leiten, bei dem es mit sichtbarer Begeisterung mitarbeitet.

Anti-Scheu-Training

Vielleicht kennen Sie bereits das „Aussacken" oder „Auslappen", das durch die Westernreiter nach Europa gelangte. Häufig wird das Pferd dabei angebunden – manchmal wird ihm sogar ein Fuß gefesselt. Dann wird es mit Decken, Plastiktüten oder Säcken abgestreift, bis es keine Angst mehr zeigt. Die Courtesy Methode lehnt diese oft sehr grobe Form, einem Pferd zu mehr Nervenstärke zu verhelfen, ab, denn durch diese Art von Unhöflichkeit einem Lebewesen gegenüber erzielt man zu oft nur Resignation und Gleichgültigkeit. Bei den Anti-Scheu-Übungen des Gentle Training machen Sie Ihr Pferd auf eine wesentlich liebevollere und stets feinfühlige Weise mit den unterschiedlichsten Scheuauslösern bekannt, die ihm und Ihnen in Ihrem Alltag in Ihrer Reitanlage oder im Gelände begegnen können. Ihre Geduld und Ihr Verständnis für das Fluchtverhalten des Pferdes sind hierbei die Schlüssel zu tiefem gegenseitigen Vertrauen.

Arbeit im Geschicklichkeitsparcours

Geschicklichkeit nennt man die Gabe, bestimmte Aufgaben, bei denen wir Bewegungen und „Auge" aufeinander abstimmen müssen – überdurchschnittlich gut und rasch zu lösen. Bei vielen Lehrmethoden versucht der Reiter, seinem Pferd diese Gabe durch abwechslungsreiche Geländeritte zu vermitteln. Das Risiko, das Pferd dabei zu überfordern und ein Straucheln oder gar einen Sturz hervorzurufen, ist nicht auszuschließen. Jedes Straucheln aber verunsichert nicht nur den Reiter, sondern auch das Pferd. Die Courtesy Methode bezieht daher Geschicklichkeitsübungen vom Boden aus ein. Ist Ihr Pferd führsicher und beherrscht die Arbeit an der einfachen Longe schon gut, bereiten Sie es in einem Geschicklichkeitsparcours weitgehend gefahrlos auf unterschiedliche Situationen im Gelände vor. Sie lehren Ihr Pferd, sich die Bodengegebenheiten unter seinen Hufen genau anzuschauen. Indem Sie seinen Mut und sein Körpergeschick verbessern, wächst nicht nur sein Selbstgefühl, sondern auch Ihr Vertrauen in seine Fähigkeit, kniffelige Aufgaben angstfrei in Angriff zu nehmen.

Übungen im Gelände

In vielen Reitsystemen sehen Sie „Reiter" mit Pferd „an der Hand" nur in ihrer jeweiligen Reitanlage – höchst selten begegnen Ihnen Mensch und Pferd „nebeneinander" im Gelände. Wenn ja, dann vermuten Sie ein Problem und bieten Ihre Hilfe an. Gentle Training macht Ihnen Mut, umzudenken. Spaziergänge in den unterschiedlichsten Umgebungen sind ein wichtiger und wertvoller Bestandteil der Courtesy Methode. Geschickt bauen Sie verschiedenartige Übungen – am Führstrick, an der Longe, an der Doppellonge oder beim Fahren – in Ihre Geländearbeit ein und kombinieren auf diese Weise Vertrauensbildung mit Gehorsams- und Bewegungsschulung sowie Konditionsaufbau.

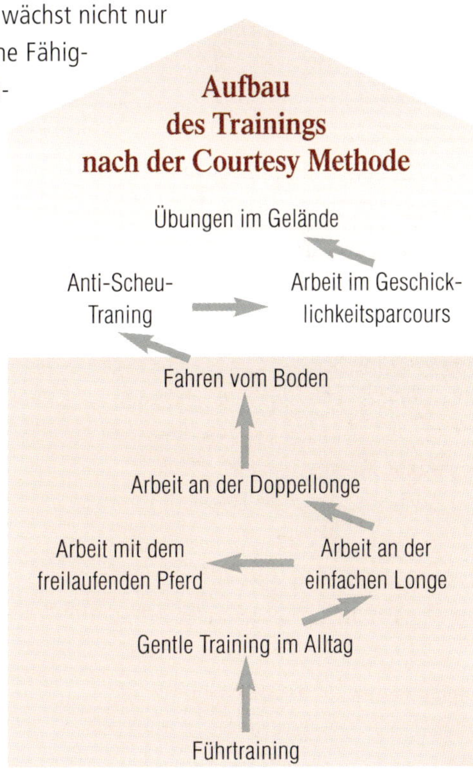

Die Rollen des Menschen in der CM

Triebe – Instinkte

Alle Lebewesen werden von inneren, unbewussten Bedürfnissen „angetrieben" – wir haben Hunger, Durst, das Bedürfnis nach Sex oder den Drang zu fliehen, wenn wir uns bedroht fühlen. Diese Triebe oder Instinkte sind beim Tier oft stärker ausgeprägt als beim Menschen. Grundsätzlich dienen sie dem Überleben eines Einzellebewesens ebenso wie dem Erhalt seiner Art.

Schmerz vermeiden – Lust gewinnen

Vereinfacht ausgedrückt, zielt der wichtigste Urtrieb darauf ab, körperlichen und psychischen Schmerz zu vermeiden oder Lust beziehungsweise Freude und körperliches Wohlgefühl zu gewinnen. Wenn Sie selbst einmal Ihre Entscheidungen und Handlungen „analysieren" würden, entdeckten Sie schnell, wie sehr diese Aussage zutrifft. Auch im Umgang mit Ihrem Pferd möchten Sie angenehme Ge-

In dieser Position nehmen Sie Ihrem Pferd gegenüber die Position der Mutterstute ein.

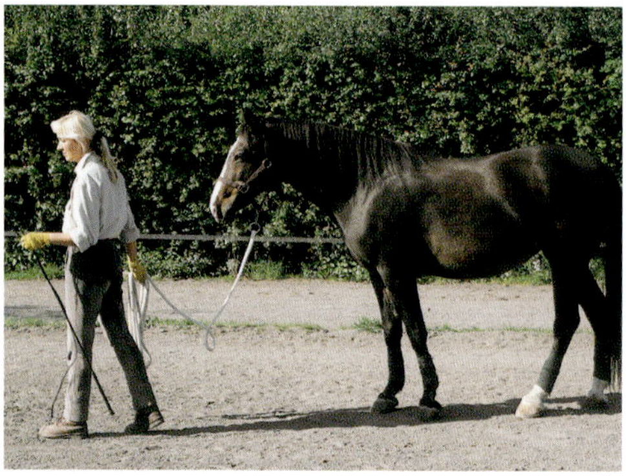

Vor Ihrem Pferd gehend nehmen Sie die Rolle der Leitstute ein.

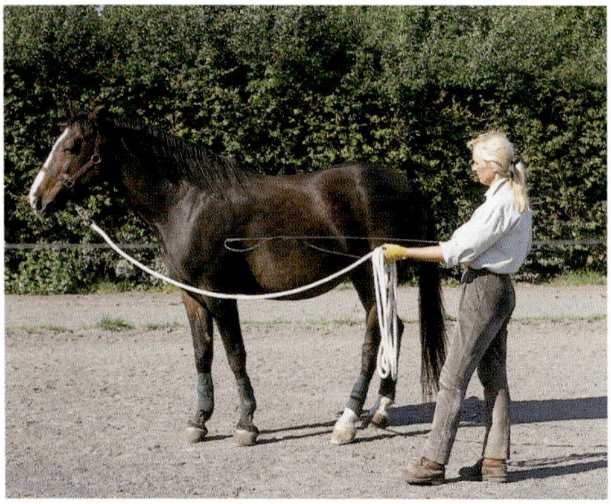

Aus dieser Position „treiben" Sie Ihr Pferd wie ein Leithengst.

Zum Vergleich: In dieser Position anerkennt Ihr Pferd nicht Ihre Führungsrolle – sie bewegen sich neben ihm wie ein ranggleiches oder rangniedrigeres Pferd!

fühle wie Spaß, Erfolg und Freude an Ihrer körperlichen Leistungsfähigkeit erleben und sich weder ängstigen noch durch Verletzungen Schmerzen erleiden.

Wunsch nach Akzeptanz

Der „Schmerz vermeiden/Lust gewinnen"-Trieb spiegelt sich auch in unserem Wunsch wider, unabhängig von unseren Eigenschaften und Begabungen geliebt und geachtet zu werden. Erfahren wir dieses Gefühl des Angenommen-Werdens nicht, sind wir traurig und frustriert. Diese Art der Traurigkeit kann körperliche Schmerzen verursachen, wie jeder, der von einem geliebten Partner verlassen wurde, sehr wohl nachempfinden kann. Wir suchen daher besonders gern auch die Nähe von Menschen, die uns das Gefühl geben, eine liebenswerte, wichtige Persönlichkeit zu sein.

Mutterstute, Leitstute, Leithengst

Dieses Handlungsmuster lässt sich überall im Tierreich beobachten. Das Fohlen läuft zur Mutterstute, weil sie ihm Nahrung und Geborgenheit gibt, also angenehme körperliche und psychische Gefühle. Sie verteidigt es gegen Feinde, so dass es durch sie keine Schmerzen erleidet. Die Leitstute der Herde führt die Herde zu ergiebigen Nahrungsplätzen und kennt die sichersten Fluchtwege. Der Leithengst hält die Pferdefamilie zusammen und schirmt sie vor angriffslustigen Nebenbuhlern ab. Er befriedigt den Paarungstrieb und sorgt damit zugleich für den Erhalt der Art. Gentle Training ist eine Ausbildungsmethode, die sich auf diese Urbedürfnisse einstellt.

Ihre Rolle als Mutterstute

In Ihrer Person schlüpfen Sie in die Rollen der drei einflussreichsten Pferde im Leben eines Wildpferdes. Eine dieser Rollen ist die Mutterstute. Damit erfüllen Sie Ihrem Pferd das Bedürfnis nach Nahrung, Liebe, Schutz und Geborgenheit. Sie und Ihr Pferd sind einander vollkommen vertraut. Sie akzeptieren einander, ohne zu werten.

Ihre Rolle als Leitstute

Zugleich nehmen Sie Ihrem Pferd gegenüber die Rolle der souveränen Leitstute ein. Sie vermitteln ihm das sichere Wissen, dass Sie in all Ihren Handlungen sein Wohl und seine Sicherheit im Sinn haben. Sie erwarten von ihm, dass es Ihnen vollends vertraut und sich Ihrer souveränen Führung anschließt, bei der Sie die Richtung angeben. Das Symbol für die Rolle der Leitstute sind Sie – vor Ihrem Pferd gehend. Ihr Pferd folgt Ihnen in entspannter Haltung und in respektvollem Abstand.

Ihre Rolle als Leithengst

Als „Chef" der Herde wacht der Hengst über seine Familie und verteidigt sie gegen Angriffe von außen, um sie zu schützen. Er muss auf dieser Rolle beharren, denn in dem Augenblick, indem er sie aufgibt, gibt er auch die Spitzenposition in der Herde auf, die dann umgehend von einem anderen – stärkeren – Hengst mit mehr Durchsetzungsvermögen übernommen wird. Auch diese „Chef"-Rolle spielen Sie in der Courtesy Methode. Sie gibt Ihnen die Möglichkeit, Ihr Pferd auch von einem entfernteren Posten aus in seiner Richtung und in seinem Tempo zu beeinflussen, es also treibend zu „dirigieren" – von der Mitte der Rechteckbahn oder des Longierzirkels aus beziehungsweise schräg oder gänzlich in gewissem Abstand hinter ihm gehend. Ebenso wie ein Leithengst bestehen Sie auf unbedingten Gehorsam. Und Sie müssen, wenn Sie sich tatsächlich auf einen echten Kampf einlassen, gewinnen. Wenn Sie verlieren, geben Sie Ihre Spitzenposition auf und müssen sie sich erst wieder mühsam erkämpfen. Das Symbol für die Rolle des Leithengstes sind Sie – seitlich hinter Ihrem Pferd gehend und es vor sich her treibend.

Nachfolgetrieb

Einer der wichtigsten Triebe eines Lebewesens ist der Nachfolgetrieb. Er veranlasst das Kleinkind, hinter der Mutter her zu krabbeln oder stellt die „unsichtbare Nabelschnur" dar, die ein junges Fohlen mit der Mutterstute eine lange Zeit noch zu verbinden scheint. Ohne nachzudenken und ohne gerufen werden zu müssen, folgen die Herdenmitglieder der Leitstute – bei der Wanderung zu neuen Nahrungsgründen ebenso wie auf der Flucht. In der Courtesy Methode nutzen Sie den Nachfolgetrieb zum Beispiel bei bestimmten Führübungen, beim Gentle Training im Alltag, bei der Freiarbeit, in bestimmten Phasen des Anti-Scheu-Trainings und bei zahlreichen Übungen im Geschicklichkeitsparcours.

Nachahmungstrieb

Auf die Welt des Erwachsenseins bereitet der Nachahmungstrieb ein junges Lebewesen vor. Kleine Kinder ahmen ihre Eltern bei verschiedenen Beschäftigungen nach – das Saugfohlen knabbert versuchsweise an Halmen, weil es sieht, dass es seine Mutter und die anderen Herdenmitglieder tun. Auch seine Sprache – ein ausgeklügeltes System aus Körperhaltungen und Bewegungen – lernt es durch Nachahmung. Auch diesen Trieb machen Sie sich in der Courtesy Methode zunutze. Bei vielen Übungen verständigen Sie sich nicht nur über Hilfsmittel wie Peitsche oder Strick mit Ihrem Pferd, sondern über Ihre Körpersprache. Je intensiver Sie sich dies bewusst machen und je häufiger Sie üben, desto gezielter können Sie Ihren Körper auf eine Weise einsetzen, die vom Pferd „gespiegelt", also nachgeahmt wird.

Bedürfnisse erkennen und erfüllen

Ein wichtiges Ziel in der Courtesy Methode besteht darin, dass Sie die Grundbedürfnisse Ihres Pferdes kennen und erfüllen. Ihr Pferd möchte

- über viele Stunden am Tag abwechslungsreiches, pferdegerechtes Futter (Gräser und Kräuter, Heu, Heulage und Futterstroh) aufnehmen. Kraftfutter erhält es nur bei echtem Bedarf.
- mehrmals täglich (besser, wann immer es möchte) frisches, sauberes Wasser trinken.
- sich frei mit Artgenossen bewegen und dabei selbst entscheiden, ob es lieber spielt, döst oder herumbummelt.
- sich auf trockenen sauberen und luftigen Liegeflächen flach auf den Boden legen und tief und fest schlafen.
- seinen Körper in Sonne, Regen und Wind, beim Wälzen auf Gras oder Sand und beim „Schubbern" an Sträuchern pflegen und vom Artgenossen beim gegenseitigen Beknabbern angenehm massieren lassen.
- seinen Kot und Harn auf Plätzen absetzen, von denen es nicht fressen und auf denen es sich nicht niederlegen muss.

- eine Augen zum Sehen, seine Ohren zum Hören, seine Nüstern zum Wittern, seine Zunge zum Schmecken und seine Haut zum Fühlen benutzen.
- seine Beine und Hufe – die Gliedmaßen eines Fluchttiers – benutzen, sich also viel bewegen können und
- sich auf seine ihm angeborene Weise – mit Hilfe seiner Körpersprache – verständigen.

Als wirklicher Pferdefreund versuchen Sie, Ihrem Pferd diese Urbedürfnisse zu erfüllen – durch die entsprechende Haltungsform und durch die Art und Weise, in der Sie sich mit ihm beschäftigen und mit ihm arbeiten.

Selbstverständlich: Zum Wohlbefinden benötigt das Pferd trockene, saubere Liegeflächen.

Aktionen – Reaktionen – Aktionsräume

Alles, was Lebewesen „tun", sind entweder Aktionen oder Reaktionen. Signalisiert uns unser Gehirn ein Bedürfnis (Hunger), schreiten wir zur Tat, wir „agieren" (essen etwas). Dabei suchen wir einen bestimmten Aktionsraum auf (die Küche). Auf alles, was wir sehen, hören, riechen, schmecken oder fühlen – also eine Wahrnehmung (die Türglocke schellt), „re-agieren" wir (wir öffnen die Tür). Wir suchen dabei einen neuen Aktionsraum auf (die Eingangsdiele).

Aktionsräume im Pferdealltag

Dieses Wissen lässt sich spielend leicht auf den Pferdealltag übertragen. Ihr Pferd fühlt sich wohl, wenn es seine Bedürfnisse stillen (also agieren = handeln) und auf seine Wahrnehmungen reagieren kann. In der Wildbahn wechselt es dabei zwischen den verschiedensten Aktionsräumen hin und her – Weideflächen, Wasserlöchern, Ruheplätzen, Wälzkuhlen, Fluchtwegen... Aktionen und Reaktionen und ein regelmäßiger Wechsel der Aktionsräume halten es wach und körperlich und psychisch fit. Um Ihr Pferd zufrieden zu stellen (denn nur ein zufriedenes Pferd ist ein sicheres Pferd), handeln und reagieren Sie ebenso wie Ihr Pferd in der Courtesy Methode wach, bewusst, überlegt und vertrauensvoll. Um seinen natürlichen Bedürfnissen entgegen zu kommen, benutzen Sie viele unterschiedliche Aktionsräume. Sie arbeiten in einer Reitbahn, auf einem Außenplatz, auf dem Longierzirkel, im Round Pen, im Geschicklichkeitsparcours oder „irgendwo" an einem geeigneten Platz in Ihrer Reitanlage. Und außerdem wechseln Sie – gern am selben Tag – zwischen diesen Aktionsräumen häufig hin und her.

Lob

Lob und Tadel sind so alt wie das Leben auf unserem Planeten. Die Tiermutter stupst ihr Junges liebevoll an, wenn es die ersten tapsigen Gehversuche macht. Stört es sie jedoch zu arg in ihrer Dösestunde, versetzt sie ihm einen Prankenschlag oder, je nach Tierart, legt drohend die Ohren an und scheucht es fort. Sie loben Ihr Pferd, wenn Sie ein bestimmtes Verhalten oder eine Leistung anerkennen. Ein liebevolles Wort, ein kräftiges Kraulen seines Widerrists und zu besonderen Anlässen auch einmal ein Leckerwürfel vermitteln ihm ein gutes Gefühl. Die Belohnung verstärkt den Lerneffekt und motiviert Ihr Pferd zu eifriger Mitarbeit.

Tadel

Auch auf Tadel können Sie als höflicher Ausbilder nicht verzichten. Höflichkeit schließt ein konsequentes „Nein" zum Pferd nicht aus. Wenn Sie ohne Gewalt und dennoch unmissverständlich „nein" sagen und bei diesem „Nein" bleiben, lernt Ihr Pferd, dass auf Ihre Entscheidungen absolut Verlass ist. Sich „Verlassen können" wiederum ist nicht nur die Grundlage für Respekt, sondern auch für Vertrauen. Durch Tadel zeigen Sie Ihrem Pferd daher, dass es sich in einer von Ihnen unerwünschten Weise verhält.

Sie brauchen Ihr Pferd sehr selten zu tadeln, wenn Sie

- sich zunächst fragen: „Ist mein Pferd überhaupt psychisch und körperlich in der Lage, diesen Wunsch auszuführen?" und „Wie muss ich mich dem Pferd gegenüber ausdrücken, damit es meinen Wunsch vollständig versteht?"
- die Übung dann in Gedanken mehrere Male durchspielen,
- wenn möglich die Lektion mit einem „zweibeinigen" Helfer „trocken" üben, bevor Sie sie mit Ihrem Pferd in Angriff nehmen,
- ein Mißlingen zunächst nicht tadeln, sondern die Bausteine Ihres eigenen Verhaltens analysieren und einen möglichen Fehler entdecken,
- Ihr Verhalten abändern, bis das Pferd wie gewünscht reagiert.

Zusammenfassung

- *Die Courtesy Methode berücksichtigt den Urtrieb aller Lebewesen – Lust zu gewinnen und Schmerz zu vermeiden.*
- *Gegenüber Ihrem Pferd nehmen Sie drei Rollen ein, die der Mutterstute, der Leitstute und die des Leithengstes.*
- *Sie erkennen und erfüllen die grundsätzlichen Bedürfnisse Ihres Pferdes, damit es gesund und zufrieden bleibt.*
- *Sie arbeiten mit Ihrem Pferd in vielen verschiedenen Aktionsräumen.*
- *Sie verschenken Lob freigiebig und tadeln Ihr Pferd nur, wenn dies hundertprozentig gerechtfertigt ist.*

Voraussetzungen beim Pferdehalter

Alter

Die Arbeit nach der Courtesy Methode ist an kein bestimmtes Alter gebunden. Viele Übungen können Sie beispielsweise mit Ihrem Kind gemeinsam durchführen, sofern es verständig genug ist, Ihre Anweisungen nachzuvollziehen. Zum Beispiel eignen sich gerade die Trockenübungen ausgezeichnet für Kinder! Je häufiger Ihre Kinder Ihnen beim Gentle Training zusehen dürfen, desto tiefer wachsen sie in eine bewusste, feinfühlige und zugleich konsequente Art der Beschäftigung mit dem Pferd hinein. Sie lernen das Prinzip von Ursache und Wirkung kennen und entwickeln so nicht nur im Umgang mit dem Pferd Verantwortungsgefühl und Beständigkeit. Auch für Quereinsteiger, die mit wenig Vorkenntnissen und vielleicht auch mit leichten körperlichen Beeinträchtigungen ans Pferd herangehen, eignet sich die Courtesy Methode hervorragend. Gerade ältere Menschen werden diese Form des Trainings sehr schätzen, weil es ihre eigene Lebensphilosophie und gelassene Denkweise sehr schön widerspiegelt.

Reiterliche Grundkenntnisse

Um die Courtesy Methode anzuwenden, brauchen Sie kein routinierter Reiter zu sein. Sie können nach dieser Methode auch arbeiten, wenn Sie Ihr Pferd gar nicht reiten wollen, sondern es nur zur Freude halten und entspannt und sicher mit ihm umgehen möchten. Auch die reiterliche Fachsprache brauchen Sie nicht zu kennen, denn jede Übung wird ohne Fachchinesisch erklärt. Die Courtesy Methode greift zwar auf bestehende Schulungsmethoden zurück. Sie arbeitet sie jedoch so auf oder vereinfacht manche Handgriffe, dass Sie zwar den klassischen Vorbildern nicht mehr hundertprozentig entsprechen, sich nun aber auch für Anfänger ohne Vorkenntnisse eignen. Und sie garantiert Ihnen ein hohes Maß an Sicherheit. Diese Sicherheit ist unbedingt notwendig, um mit Pferden gefahrlos umzugehen.

Vorkenntnisse in Pferdehaltung

Schön wäre allerdings, wenn Sie sich – bevor oder während Sie nach der Courtesy Methode zu arbeiten beginnen – mit dem Grundwissen über artgemäße Pferdehaltung vertraut machten. Je mehr Sie über die Ansprüche Ihres Pferdes an seine Haltungsform, an Körper- und Hufpflege, Fütterung, Gesundheitsvorsorge, Erste Hilfe und Unfallverhütung in Stall und Hof wissen, desto besser können Sie diese Ansprüche erfüllen und so Ihrem Pferd auch „außerhalb" der Beschäftigung und des Trainings gerecht werden.

Eignung für den Freizeitreiter

Als Freizeitreiter wünschen Sie sich im allgemeinen ein vielseitig einsetzbares Pferd, während der Sportreiter mit seinem Pferd vor allem in einer bestimmten Disziplin Höchstleistungen erzielen möchte. Sie legen auch auf eine harmonische Beziehung zu Ihrem Pferd großen Wert – sie haben es ja nicht nur zur Sportausübung angeschafft, sondern sehen in ihm ein Familienmitglied oder einen echten Freund. Da Gentle Training alle Bereiche umfasst, in denen Sie sich mit Ihrem Pferd bewegen, ist die Methode für Sie besonders geeignet. Sie misst jedem Bereich eine gleich große Bedeutung bei und überbetont nicht den einen zu Lasten des anderen.

Die Methode hat außerdem den Vorteil, dass Sie jederzeit damit anfangen können und dennoch nicht auf Ihr gewohntes Reitvergnügen verzichten müssen. In wenigen Fällen – bei besonderen Schwierigkeiten mit einem Pferd zum Beispiel - ist es allerdings ratsam, auf das Reiten zunächst gänzlich zu verzichten und nur nach der Courtesy Methode vom Boden aus zu arbeiten. Sie brauchen nur eine klassische Grundausstattung, die Ihren Geldbeutel nicht übermäßig belastet und die Ihnen viele Jahre gute Dienste leistet. Manches können Sie sogar einfach und preisgünstig selbst herstellen. Selbstverständlich erleichtern bestimmte bauliche Gegebenheiten die Durchführung der Übungen. Doch auch mit einfachen Mitteln können Sie diese Gegebenheiten in einem schlicht ausgestatteten Reitbetrieb nachbauen.

Die CM – leicht erlernbar

- *Die Courtesy Methode ist an kein bestimmtes Alter gebunden. Viele Übungen können auch Ihre Kinder unter Ihrer Anleitung durchführen.*
- *Sie brauchen keine besondere reiterliche Vorbildung, sollten sich aber im Sinne des Horsemanship möglichst bald und umfangreich über artgemäße Pferdehaltung informieren.*
- *Die Methode ist sowohl vom Freizeitreiter – für den sie entwickelt wurde – als auch vom Sportreiter, dessen Arbeit sie ergänzt und auflockert – anzuwenden.*
- *Angst ist kein Tabu-Thema, sondern wird ernst genommen. Die Methode zeigt viele Möglichkeiten auf, Angst zu überwinden – sehr wertvoll sind dabei „Als-ob-Übungen".*

Eignung für den Sportreiter

Natürlich würde ich es von ganzem Herzen begrüßen, wenn dieses Buch auch den Weg in die Hände vieler Sportreiter fände. Als Sportreiter investieren Sie viel Zeit, viel Geld und zahllose Schweißtropfen in Ihre Lieblingsdisziplin ebenso wie in den Pferdesport im allgemeinen. Die Arbeit nach der Courtesy Methode könnte einen wichtigen Beitrag zu Ihrer und Ihres Pferdes inneren Ruhe und Gelassenheit leisten. Sie wissen, wie man die Bewegung und den Körper eines Pferdes hervorragend schult. Sie kennen sämtliche Lektionen, die der Gymnastizierung dienen und dürfen auch auf das Vertrauen Ihres Pferdes bauen – denn ohne Vertrauen ist Höchstleistung niemals erreichbar.

Gentle Training hält auch für Sie und Ihr Pferd interessante neue Trainingsbausteine bereit – bei dem einen mag es die Doppellongen-Arbeit sein, bei dem anderen das Anti-Scheu-Programm, beim dritten die Übungen im Geschicklichkeitsparcours. Solche Übungen sorgen für Abwechslung im Trainingsalltag und erhalten dem Pferd die Bereitschaft zur Mitarbeit, ohne es zu überfordern. Lesen Sie dieses Buch ruhig auch durch die „psychologische Brille" und ziehen Sie die Anregungen und Denkansätze heraus, mit denen Sie noch mehr Freude in Ihr und Ihres Pferdes Athleten-Dasein bringen könnten! Als angenehmer Begleiteffekt werden sich Ihre Erfolge im Wettkampf dadurch weiter steigern.

Angst

Angst ist ein wichtiger Bestandteil des Überlebensmechanismus. Sie haben immer dann Angst, wenn Sie eine Situation nicht kontrollieren können und befürchten, Schaden zu erleiden. So schützt Ihre Angst Sie vor vielen vermeidbaren Unfällen! Manchmal ängstigen Sie sich aber vor Situationen, in denen Ihnen eigentlich so viel Schreckliches gar nicht passieren kann. Durch die Courtesy Methode lernen Sie, unbegründete Ängste zu überwinden. Für jede Übung gibt es Sicherheitsmaßnahmen, die schwerwiegende Unfälle weitgehend ausschließen. Zudem arbeiten Sie ausschließlich vom Boden aus, können also durch einen Sturz vom Pferd nicht verletzt werden.

Fast jede Form des Trainings lässt sich durch „Trockenübungen" vorbereiten, so dass Sie wichtige Bewegungsabläufe einstudieren, bevor Sie sie am Pferd durchführen. Außerdem ist jede Übung am Pferd in so kleine Schritte gegliedert, dass Sie jeden Schritt einzeln überdenken, durchführen, wiederholen und meist sehr bald als Erfolg „verbuchen" können.

Durch diese Vorgehensweise trainieren Sie Ihre Fähigkeit, eine Situation gründlich zu analysieren und Wirkungen auf bestimmte Ursachen hin vorauszusehen. Sie beginnen, auch am Pferd strategisch also nach dem Prinzip „Was tut mein Pferd, wenn ich..." – zu handeln. Damit gewinnen Sie große Klarheit über Ihre Aktionen und voraussehbare Reaktionen Ihres Pferdes. Sie können Konfrontationen vorbeugen, Kämpfe vermeiden und die Ursachen für Konflikte ausräumen. Damit sinkt auch Ihre Angst auf das natürliche Maß.

Als-ob-Übungen

Als äußerst hilfreich zur Überwindung von Ängsten haben sich „Als-ob-Übungen" erwiesen. Sicher kennen Sie Menschen, die sehr souverän mit Pferden umgehen und offensichtlich keine Angst zu haben scheinen. Beobachten Sie sie bei der Arbeit – ihre Körperhaltung, ihre Stimme, ihre Sprechmelodie, ihre Gestik dem Pferd gegenüber – und schlüpfen Sie in Gedankenspielen in deren Rolle. Imitieren Sie diese souveränen Menschen, wenn Sie mit Ihrem Pferd umgehen. Selbst wenn Sie innerlich Angst verspüren, tun Sie einfach so, als ob Sie der Ausbilder XY oder die tolle Trainiern AB seien und mit dieser Situation spielend fertig würden! Solche Übungen nennt man auch Visualisierungsübungen, weil Sie im Geist eine Art Film ablaufen lassen, also etwas visualisieren. In der Realität versuchen Sie einfach immer wieder, Ihre Stimme, Ihren Körper, Ihre Mimik, Ihre Gesten zu kontrollieren. Auch hierin macht Übung den Meister – was Ihnen heute nicht gelingt, kann morgen schon klappen! Versuchen Sie, Ihrem Pferd gegenüber auch in einer kritischen Situation „das Gesicht" zu wahren.

Der Trick mit dem Unterbewusstsein

Auch wenn es Ihnen unwahrscheinlich vorkommt: Mit „Als-ob-Übungen" haben Sie auf Dauer Erfolg, da Sie damit die Verhaltensweisen eines souveränen Menschen einüben. Ihr Unterbewusstsein unterscheidet nicht zwischen Realität und Einbildung. Je häufiger Sie es mit Ihrer „Souveränität" konfrontieren, desto eher wird es Ihre neue Position anerkennen und Sie dabei unterstützen, auch in der Realität souverän, bewusst, aufmerksam, umsichtig und angstfrei aufzutreten!

Voraussetzungen beim Pferd

Alter

Gentle Training wurde für erwachsene Freizeitpferde entwickelt. Die Übungen sind auf die Konzentrationsfähigkeit und das Leistungsvermögen der Altersgruppe ab vier Jahren aufwärts abgestimmt. Ein gesundes Pferd dieser Altersklasse kann sich zwischen 5 und höchstens 20 Minuten lang konzentrieren. Auf der gebogenen Linie des Longierzirkels darf es allmählich bis zu einer halben Stunde gearbeitet werden, ohne Schaden zu nehmen. Wenn Sie sich an die Empfehlungen im Hinblick auf Übungsaufbau und Länge der Trainingsphasen halten, können Sie Ihr Pferd damit nicht überfordern.

Möchten Sie Gentle Training bei einem jüngeren Pferd anwenden, müssen Sie die Lerneinheiten weiter deutlich verkürzen. Gentle Training im Alltag, die ersten Führübungen und einige grundlegende Übungen des Anti-Scheu-Trainings sind auch für Jungpferde geeignet. Begrenzen Sie die Arbeit jedoch auf wenige Minuten alle zwei Tage. Die Grundübungen an der einfachen Longe können Sie mit einem Pferd ab drei Jahren durchführen, wenn Sie die Arbeit auf dem Longierzirkel von wenigen Minuten auf höchstens 10 Minuten steigern. So junge Pferde brauchen häufig eine lange Weidepause! Für ältere Pferde mit körperlichen Einschränkungen sind Führübungen, Gentle Training im Alltag, Longenarbeit auf geraden Linien (die gebogene Linie belastet den Bewegungsapparat zu stark), meist auch das Fahren vom Boden auf geraden Linien und etliche Übungen im Geschicklichkeitsparcours durchführbar. Beim Anti-Scheu-Training ist Behutsamkeit angesagt, um Schreckreaktionen, bei denen sich ein Pferd unkontrolliert bewegt, zu vermeiden.

Ganz allgemein gilt...

...dass auch jedes erwachsene Pferd mindestens einmal pro Jahr eine Weidepause von sechs bis acht Wochen benötigt, in der es nur Pferd unter Pferden sein darf. In dieser Zeit besuchen Sie Ihr Pferd und kontrollieren, wie es ihm geht – aber Sie arbeiten nicht mit ihm. Selbst die einfachsten Übungen sind dann „tabu". Eine solche Pause braucht Ihr Pferd, um nachhaltig zu regenerieren. Seien Sie gewiss: Es wird nichts von dem, was Sie ihm vor der Weidepause beigebracht haben, vergessen!

Rasse – Typus

Die Courtesy Methode eignet sich für jede Pferderasse. Allerdings bringt jeder Pferdetypus unterschiedliche körperliche und psychische Eigenschaften mit (besondere Körpermerkmale und mögliche Auswirkungen finden Sie in nebenstehender Tabelle), die Sie berücksichtigen müssen. Größe, Gewicht und Körperkraft Ihres Pferdes brauchen „in Ihrem Kopf" allerdings keine besondere Rolle zu spielen. Sie müssen einem respektlosen zierlichen Pony gegenüber Ihre Position als Leitpferd genau so energisch vertreten wie gegenüber einem ungezogenen Stockmaßriesen. Allerdings kann ein großer „Pizzateller"-Huf Ihren Fuß schwerer verletzen als ein „Teetassen-Hüfchen", wenn ein Pferd erschrocken zur Seite springt. Gehen Sie daher bei der Wahl Ihrer Kleidung und Ausrüstung niemals Kompromisse ein. Ebenso muss bei der Arbeit mit einem großen springfreudigen Pferd die Einfriedung so hoch sein (mindestens 1,20 m), dass kaum Lust aufkommt, sie zu überspringen.

Körpermerkmale und mögliche Auswirkungen

- Zum Körper passender Kopf mit weit auseinander liegenden Augen: Intelligenz
- Große Nüstern: Großes Atemvolumen, gute Sauerstoffversorgung
- Sehr kurze Maulspalte: Zungenstrecken
- Fehlerhafte Zahnstellung: Neben Kaustörungen Unlust durch Schmerzen
- Starke Ganaschen, enger Kehlgang: Atembeschwerden, Schwierigkeiten, den Kopf abwärts zu strecken
- Mittellanger, schlanker Hals: Gute Balance
- Tiefer, kurzer Hals: Gleichgewichtsprobleme, kurze Gänge
- Schräge Schulter: Langer, fließender Raumgriff
- Steile Schulter: Kurze, harte Gänge
- Gut ausgeprägter Widerrist: Gute Positionierung von Sattel oder Longiergurt
- Starker, nicht zu langer Rücken: Gute Tragkraft
- Kurzer Rücken: Greifen*, unelastische Gänge
- Zu langer Rücken: Schwäche der Lendenpartie, vorzeitiger Verschleiß der Vorhand, da die Hinterbeine zu wenig aktiv werden
- Kräftige kurze Lenden und lange kraftvolle Hüften: Gute Eigenversammlung, Wendigkeit
- Überbautheit (Kruppe höher als Widerrist): Überlastung der Vorhand, früherer Verschleiß
- Stabiles Fundament mit kurzen kräftigen Röhrbeinen: Gute Tragkraft, Stabilität, kraftvoller Gang, gute Koordination
- Gesunde Gliedmaßen ohne gravierende Fehlstellung: Ausbalancierter Gang auch in schwierigem Gelände und über Hindernisse, weniger Gefahr von Dauerschäden
- Stellungsfehler der Gliedmaßen: Verletzungsgefahr durch Greifen oder Streichen*, Verschleißerscheinungen an Sehnen und Gelenken, Störungen im Bewegungsablauf, gelegentlich unausbalancierter Gang
- Harte, wohlgeformte Hufe: Solide Tragfläche
- Gesundes Herz-Lungen-System: Allgemeine Gesundheit, Ausdauer

**) Greifen oder Streichen nennt man eine Bewegungsstörung, bei der das vorschwingende Hinterbein mit dem Huf ins Vorderbein „greift" oder daran entlang „streicht".*

Ausbildungsstand

Die Courtesy Methode wenden Sie unabhängig vom Ausbildungsstand Ihres Pferdes an. Für eine grundlegende liebevoll-konsequente Erziehung ist es niemals zu spät. Gentle Training bereitet Ihr Pferd und Sie zum einen auf die spätere Arbeit unter dem Sattel vor und/oder begleitet und ergänzt Ihre Berittarbeit. Auch ein unterm Sattel weit ausgebildetes Pferd profitiert von dem Training, da es in seiner Erziehung häufig sehr viele der aufgezeigten Übungen niemals kennengelernt hat. Sie gestalten Ihr Verhältnis zum Pferd neu, da Sie Erziehungsschritte, die früher bei Ihrem Pferd aus Unwissenheit übersprungen wurden, wie fehlende Bausteine einfügen. So formen Sie ein sicheres, von Vertrauen und Respekt geprägtes Fundament für die Zukunft.

Körperliches Befinden

Jede Beeinträchtigung des Wohlbefindens Ihres Pferdes wirkt sich negativ auf Ihre gemeinsame Arbeit aus: Hunger, Durst, Harndrang, Hustenreiz, Juckreiz, Unwohlsein, Schmerzen. Versichern Sie sich daher täglich und grundsätzlich noch einmal, bevor Sie sich mit dem Pferd beschäftigen, dass es ihm gut geht! Es sollte nicht übersättigt, aber auch keinesfalls hungrig an die Arbeit gehen und auch möglichst vorher Blase und Darm entleert haben. Auch sollte es übermäßigen Bewegungsdrang vorher stillen können.

Alle Körperteile Ihres Pferdes lassen auch Rückschlüsse auf seine Fähigkeiten zu.

Psychisches Befinden

Wie sieht es mit Ihrem Leistungsvermögen aus, wenn Sie unglücklich, traurig, wütend oder zornig oder einfach „mit dem falschen Bein zuerst aufgestanden" sind? Sicher nicht überwältigend! Auch Ihr Pferd hat ein Gefühlsleben. Ein Stallumzug, ein Wechsel des Pflegepersonals, der Weggang eines befreundeten Artgenossen, Dauerstreit mit dem ungeliebten Nachbarpferd, Einsamkeit und Langeweile beeinflussen auch seinen Arbeitseifer.

Störfaktoren

Können Sie bei Lärm und Unruhe in Ihrem Umfeld konzentriert arbeiten? Wahrscheinlich nicht. Ihrem Pferd geht es ebenso. Als Fluchttier hat es äußerst feine Wahrnehmungsorgane und reagiert auf alle Umweltreize. Vor allem zu Beginn Ihrer gemeinsamen Arbeit ist es wichtig, dass Sie für ein ruhiges Umfeld sorgen. So fällt Ihnen Beiden die Konzentration aufeinander viel leichter. Nachdem Sie einige Wochen nach der Courtesy Methode miteinander gearbeitet haben, werden Sie allerdings feststellen, dass sowohl Sie als auch Ihr Pferd sich von äußeren Reizen nicht mehr so leicht ablenken lassen. Sie haben gelernt, einander interessierte Aufmerksamkeit zu schenken und sind so aufeinander eingestimmt, dass auch ein eher turbulentes Umfeld Sie kaum mehr stört. Ab diesem Zeitpunkt dürfen Sie zu Übungszwecken gezielt Umgebungen aufsuchen, die mehr Ablenkungen bieten. So bereiten Sie sich und Ihr Pferd auf außergewöhnliche Gegebenheiten – Stresssituationen, Veranstaltungen, gemeinsame Reisen – vor. Sie beide lernen, dass – wenn Sie beisammen sind – Sie sich aufeinander verlassen und Gelassenheit bewahren können.

Übungsplätze und Übungsmittel

Lernverhalten und Umfeld

Stellen Sie sich ein helles, freundliches Klassenzimmer vor mit körpergerecht geformten Tischen und Stühlen und erstklassigem Lehrmaterial. Sicher lernen die Kinder hier lieber und besser als in einem dunklen „Kabuff" auf unbequemen Bänken. Ähnlich geht es Ihnen und Ihrem Pferd bei Ihrer gemeinsamen Arbeit. Die baulichen Gegebenheiten Ihrer Reitanlage sind daher nicht ganz ohne Bedeutung für Ihren Lernerfolg. Sie brauchen viel Licht, nicht nur um einander gut zu sehen, sondern auch um sich wohler zu fühlen, denn Licht beeinflusst die Psyche positiv. Eine ausreichend hohe stabile Einfriedung schafft Sicherheit und einen überschaubaren „Rahmen" für Ihre Arbeit. Rutschfester, ausreichend federnder, jedoch keinesfalls tiefer Boden schont den Bewegungsapparat Ihres Pferdes. Er beugt Stürzen vor und gibt auch Ihren Füßen einen soliden Halt. Ruhe im direkten Umfeld hilft Ihnen beiden, sich zu konzentrieren.

Reithalle

Eine Reithalle ist für Ihre Arbeit nicht unbedingt erforderlich, aber natürlich bequem, wenn Sie erst abends mit Ihrem Pferd üben oder vom Wetter unabhängig sein möchten. Für die ersten Führübungen, die Arbeit mit der einfachen Longe und der Doppellonge, für Übungen mit dem frei laufenden Pferd, das Anti-Scheu-Training und für einfache Geschicklichkeitsübungen ist die Halle eher zu groß. In einem kleineren Raum fühlen Sie sich sicherer, Ihre Sicherheit wiederum überträgt sich auf Ihr Pferd. Grenzen Sie eine Reithalle in Normmaßen daher in der Mitte mit einem Seil oder einer Breitbandlitze ab. Sie brauchen lediglich an den langen Seiten je einen Haken in der Bande zu verankern. Für fortgeschrittene Übungen mit der Longe und der Doppellonge und für das Fahren vom Boden ist die Halle gut geeignet.

Bitte achten Sie darauf, dass:

- die Halle ausreichend beleuchtet ist. Düsteres Licht mindert die Aufmerksamkeit und macht lustlos,
- Sie Ihrem Pferd an der Hand den Spiegel an der Hallenwand zeigen. Falls es scheut, gewöhnen Sie es behutsam an sein und Ihr Spiegelbild. Lassen Sie Ihr Pferd niemals frei in der Halle laufen, bevor es den Spiegel kennen und akzeptieren gelernt hat,
- Sich Ihr Pferd nicht vor Lichtreflexen auf den Hallenboden erschrickt. Sie entstehen, wenn die Sonne schräg durch die Hallenfenster einfällt,
- Eine hölzerne Bande vorhanden ist oder nachträglich angebracht wird. Sie dient Ihrer und Ihres Pferdes Sicherheit,
- Die Tretschicht federt, aber nicht zu tief ist, damit die Gliedmaßen Ihres Pferdes geschont werden,
- Störfaktoren Ihr Pferd nicht zu sehr erschrecken. So verursachen schlecht eingepasste Türen und bestimmte Dacheindeckungen bei Wind beispielsweise klappernde Geräusche.

Tipp für Selbstbauer

Eine gut federnde und zugleich preiswerte Tretschicht unter Dach erhalten Sie, wenn Sie auf den (befestigten oder unbefestigten) Boden zirka 20 cm hoch Mutterboden auftragen und anwalzen. Darauf bringen Sie eine 20 cm hohe Schicht giftfreier Sägespäne.

Bewegungshalle

Möglicherweise haben Sie Ihr Pferd in einem bäuerlichen Pensionspferdebetrieb eingestellt und verfügen hier über eine Scheune, die der Landwirt zur Bewegungshalle umfunktioniert hat. Unabhängig von den Abmessungen dieser Kleinhalle können Sie hier einfache Führübungen und das Anti-Scheu-Training durchführen, Ihr Pferd vom Boden fahren und Geschicklichkeitsübungen durchführen. Ob Sie die einfache oder Doppellonge verwenden können, hängt davon ob, ob Pfeiler zum Abstützen der Dachlast vorhanden sind. Je nachdem, wie diese Pfeiler positioniert sind, ist Longenarbeit manchmal nicht möglich. Ob Sie Ihr Pferd freilaufend arbeiten können, hängt von den Abmessungen der Halle ab. Ein kurzes Rechteck wirkt sich ungünstig auf den Bewegungsfluss Ihres Pferdes aus. Es macht an jeder „kurzen" langen Seite nur ein paar Tritte auf der Geraden, um dann gleich wieder auf die gebogene Linie zurück zu kehren. Korrekt gymnastiziert wird sein Körper aber nur, wenn es sich entweder während der gesamten Übungseinheit auf dem Zirkel bewegt oder wenn es sich nach dem Biegen in den Ecken wieder an den langen Seiten über viele Tritte hin auf gerader Linie strecken kann. Kürzen Sie daher das Rechteck zu einem gleichseitigen Viereck, indem Sie Halle oder Platz durch ein Band quer abteilen. Zusätzlich dürfen Sie gern noch die Ecken durch Tonnen, Strohballen oder gespannte Breitbandlitze abrunden. So schaffen Sie einen Zirkel. Oder stellen Sie gleich Strohballen in Kreisform auf.

Bitte achten Sie darauf, dass:

- Pfosten mit Gummimatten oder Holz ummantelt werden, damit Ihr Pferd und Sie sich nicht daran stoßen,
- die Tretschicht regelmäßig gepflegt wird. Kuhlen, Senken und Anhäufungen erschweren das freie Gehen und sind Stolperfallen,
- alle anderen unter Reithalle aufgezählten Vorsichtsmaßnahmen getroffen werden.

Außenplatz

Vielleicht hat Ihre Reitanlage auch – oder nur – einen Außenplatz. Ist er sicher eingefriedet, können Sie hier nach der Courtesy Methode das Führtraining durchführen, Ihr Pferd an der einfachen Longe und der Doppellonge aus oder auch freilaufend arbeiten, vom Boden fahren, Anti-Scheu-Übungen durchführen und vielleicht sogar in der Mitte der Bahn Geschicklichkeitshindernisse aufbauen (lassen). Aufmerksamkeit, Konzentration und Spaß hängen stark von den Bodenbedingungen ab. Es gibt Sand-, Hackschnitzel- oder Split-Tretschichten, aber auch Rasenplätze. Auf Rasenplätzen braucht Ihr Pferd vermutlich einen Beschlag mit Stollen, um nicht auszugleiten. Wie unter Reithalle beschrieben, können Sie den Platz leicht mit einem Seil oder einer Litze aufteilen.

Ein wichtiger Sicherheitstipp

Wenn Sie in einem von einer Einzäunung umgebenen Bereich arbeiten – in einer Reitbahn, einem Roundpen oder ähnlichem, – vergessen Sie bitte niemals, das Tor hinter sich und Ihrem Pferd zu schließen. Tun Sie dies auch, wenn Sie Ihr Pferd am Führstrick, an der Longe oder Doppellonge arbeiten und glauben, es damit gut kontrollieren zu können. Ohne Ihr Verschulden kann sich Ihr Pferd einmal so erschrecken, dass es Ihnen die Leine aus der Hand reißt. Nun kann es wenigstens nicht die Bahn verlassen und nach draußen stürmen. Mit einem kleinen, mühelosen Handgriff verhindern Sie unter Umständen einen schweren Unfall.

Bitte achten Sie darauf, dass:

- Unebenheiten, Pfützen, Steine, Bodendellen Sie und Ihr Pferd nicht in Gefahr bringen. Gehen Sie daher den Platz vor der Arbeit ab.
- Sie zu Zeiten auf dem Außenplatz arbeiten, an denen Sie nicht zu sehr durch vorbeigehende oder -fahrende „Störfaktoren" abgelenkt werden.
- Außenlampen installiert werden, damit Sie auch im Winter nach Feierabend üben können.

Longierzirkel – Roundpen

Im Prinzip genügt schon ein sicher eingefriedeter Kreis für fast alle Übungen der Courtesy Methode. Leider sind in vielen konservativen Reitbetrieben Longierzirkel nicht eingezäunt. Hingegen ist die 2,00 m hohe oder sogar höhere Einfriedung wiederum das besondere Merkmal des Roundpen im Westerntrainingsstall. Sie gibt Ihnen Sicherheit und schirmt gegen Ablenkung von außen ab. Die Beschaffenheit der Tretschicht hängt von der Investitionsbereitschaft des Betreibers Ihrer Anlage ab. Oft genügt es, auf gewalzten Naturgrund entweder eine griffige Schicht aus feinkörnigem Split oder Holzschnitzeln aufzubringen. Für häufig benutzte Longierzirkel benötigt man den normalen Aufbau aus Trag- und Trennschicht. Darauf wird die Tretschicht aus Sand, Sand mit Zuschlagstoffen (Holzschnitzel) oder nur aus Holzschnitzeln aufgebracht.

Bitte achten Sie darauf, dass:

- Ihr Pferd sich auf der Tretschicht nicht „vertreten" kann – entfernen Sie Steine, Holzstücke oder sonstige kleine Hindernisse.
- Sie nicht ausschließlich auf dem Longierzirkel arbeiten, weil eben nur dieser eine „Platz" vorhanden ist. Rufen Sie sich immer wieder ins Gedächtnis zurück, dass ein häufiger Wechsel der Aktionsräume sehr wichtig für Ihr Pferd und Sie ist!
- Sie den Eingang zum Longierzirkel (Tor, Breitband mit Torgriff, Schiebbalken) wieder sicher verschließen, wenn Sie mit Ihrem Pferd den Kreis verlassen haben.

In vielen größeren konservativen Reitanlagen gibt es einen Hallenbenutzungsplan. Ist eine Longierhalle vorhanden, darf auf den Rechteckbahnen innen und außen meist weder mit der einfachen noch der Doppellonge gearbeitet werden, selbst wenn Sie – wie beim Fahren vom Boden – das Pferd

Sehr einfach, aber für die Arbeit nach der Courtesy Methode ausreichend, ist solch ein schlichter Longierzirkel.

Mit Federstäben und Elektroband können Sie auf jeder eingezäunten ebenen Wiese einen kleinen Roundpen abstecken.

dabei auf geraden Linien bewegen wollen. Ansonsten darf nur longiert werden, wenn höchstens zwei oder drei Reiter in der Halle arbeiten. Auch Freiarbeits-, Anti-Scheu-und Geschicklichkeitsübungen werden in Reithallen dieser Kategorie nicht immer gern gesehen, weil diese „ungewöhnliche" Form der Beschäftigung mit dem Pferd die konservativ arbeitenden Reiter irritiert. Falls Ihr Pferd in einer solchen Reitanlage steht, suchen Sie sich am besten Gleichgesinnte, mit denen Sie sich verbünden. Handeln Sie dann mit dem Betreiber der Anlage feste Zeiten aus, an denen sie die Bahnen für Ihre Zwecke umfunktionieren und allein benutzen dürfen. Versuchen Sie, im Außenbereich zumindest den Platz für einen Longierzirkel zu erhalten, den Sie dann in Eigenregie einfrieden und mit einer preisgünstigen Tretschicht belegen.

Signalbahn

Freuen Sie sich, wenn Ihre Stallanlage über eine Signalbahn – auch Signalreitbahn oder Signalring genannt – verfügt. Sie ist so vielseitig nutzbar, dass es verwundert, dass sie sich erst in so wenigen Reitbetrieben findet. Eine Signalbahn besteht aus einem sicher eingefriedeten, langseitigen Rechteck, dessen vier Ecken abgeschrägt oder abgerundet sind. Das Besondere aber ist eine weitere Begrenzung des zwei Meter breiten Hufschlages gegen das Innere der Bahn. Diese Begrenzung kann aus einem niedrigen Holzzaun (Ihr Pferd lernt schnell, dass es ihn nicht überklettern oder überpringen darf) bestehen oder einem weiteren stabilen Zaun. Sie können auch Federstäbe in den Boden stecken, zwischen denen Sie eine Breitbandlitze ziehen.

Aus jedem normalen Reitplatz machen Sie eine Signalbahn, wenn Sie zwischen den Ecken Litzen spannen, um sie zu entschärfen und den Hufschlag nach innen durch Federstäbe mit Litzenband begrenzen. Auf der Signalbahn bewegt sich Ihr Pferd sowohl auf einer gebogenen Linie (an den kurzen Seiten) als auch auf ausreichend langer gerader Linie (an den langen Seiten). Es kann also raumgreifende Gänge entwickeln, aber auch lernen, sein Tempo zu regulieren. Es gibt keine Ecken, in die es hineinrasen kann, um dann abrupt zu stoppen. Solche Stopps stellen immer eine Gefahr für die Gliedmaßen dar. In der Courtesy Methode benutzen Sie die Signalbahn für Führübungen, Arbeit mit dem freilaufenden Pferd und Fahren vom Boden. Je nachdem, wie groß und wie gut begehbar der innere Bereich ist, können Sie im Innenteil des Ovals eventuell auch mit der Longe und der Doppellonge arbeiten und das Anti-Scheu-Training durchführen.

Bitte achten Sie darauf, dass:

- die Tretschicht griffig ist, damit Ihr Pferd auch bei hohem Tempo in den Kurven nicht ausgleitet. Gut geeignet ist feiner Split.

Ovalbahn

Falls Ihr Pferd auf einem Islandpferdehof oder in einem Gangpferdezentrum steht, kennen Sie auch die Ovalbahn. Gangpferde werden hier in allen Gangarten, insbesondere aber in Tölt und Rennpass trainiert und im Wettkampf vorgestellt. Ovalbahnen sind um ein Rechteck mit abgerundeten Ecken gelegte zirka zwei bis vier Meter breite Bahnen, die nach außen und innen hin begrenzt sind. Bei einem einmaligen Umrunden der Bahn legen Sie je nach Bahnlänge entweder 200 oder 300 m zurück. Manchmal ist noch eine lange Gerade in das Oval eingebunden, die noch bessere Bedingungen für das Rennpass-Training bietet. Da Gangpferde besonders ausdrucksstarken Tölt und Rennpass auf eher hartem Untergrund entwickeln, sind die Bahnen meist mit Split befestigt und sehr rutschfest. Eine Ovalbahn können Sie sehr gut für Führübungen und das Fahren vom Boden benutzen.

Die Signalreitbahn

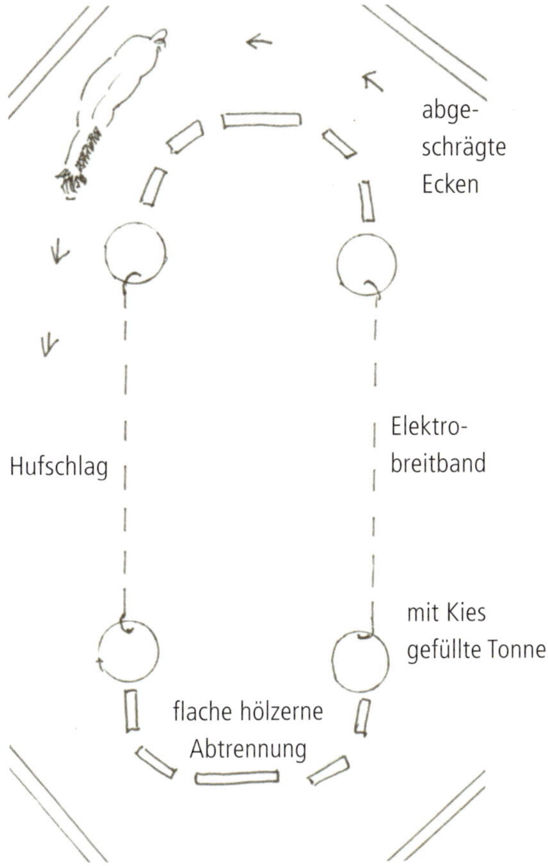

Bitte achten Sie darauf, dass:

- Sie Ihr Pferd auf einer großen Ovalbahn erst arbeiten, wenn Sie die Führübungen auf einem kleineren, begrenzten Raum gut beherrschen.
- Ihr Pferd an der Doppellonge und beim Fahren vom Boden sehr sicher sein muss, ehe Sie sich zu Fahrübungen auf eine solch große und lange Bahn begeben.
- Sie bei Ihren ersten Fahrübungen auf der Bahn unbedingt mit einem Helfer arbeiten, der Ihr Pferd sicherheitshalber noch an der einfachen Longe führt.

Auf der Signalbahn bewegen sich die Pferde nur auf dem Hufschlag und nicht im Bahninneren.

Geschicklichkeitsparcours

Falls Sie in Ihrer Anlage einen Geschicklichkeitsparcours zur Verfügung haben, können Sie ihn hervorragend für die in der Courtesy Methode empfohlenen Übungen nutzen. Solch ein Parcours besteht aus einem Rasen-, Sand- oder Späneplatz, der im allgemeinen keine genormten Maße aufweist und keineswegs eben sein muss. Er kann, muss aber nicht eingefriedet sein. Seine Besonderheit sind unterschiedliche „Hindernisse", die Ihr Pferd aufs Gelände vorbereiten, seinen Gehorsam, seinen Mut und eben seine Geschicklichkeit trainieren. Zahl und Art der Hindernisse sind unterschiedlich. Häufig finden Sie ein aus Stangen gelegtes oder Schwellen gebautes L, ein Gattertor, ein Flatter- oder Plastikbandtor, eine Wippe, eine Brücke, ein stufen- oder treppenförmiges Hindernis, eine Sandkuhle, ein Mikado (ein aus kreuz und quer übereinander gelegten Stangen gebautes Kletterhindernis), eine Planenstraße (Plastikfolie zwischen zwei Hölzern) und manchmal auch eine Schwemme, also ein kleines Wasserhindernis, durch das Ihr Pferd laufen soll.

Bitte achten Sie darauf, dass:

- Sie Ihr Pferd mit Rauhfutter gut füttern, bevor Sie einen Wiesenparcours benutzen. Ist der Gehorsam Ihres Pferdes noch nicht gefestigt, wird es unweigerlich dem verlockenden Gras mehr Aufmerksamkeit schenken als Ihnen!
- Sie fremde Plätze ebenso wie Ihren eigenen Platz zunächst selbst abgehen, um die Bodenverhältnisse und die Stabilität der Hindernisse zu prüfen. Auf einem neuen Platz führen Sie Ihr Pferd einige Male über den gesamten Platz und um die Hindernisse herum, um es mit dem neuen Terrain vertraut zu machen.

Gelände

Die Courtesy Methode räumt mit einem sehr alten Vorurteil auf – dem Vorurteil, dass man Pferde im Gelände eigentlich nur reiten und „richtig" – also angespannt – fahren könnte. Reiter, die mit ihrem Pferd spazieren gehen, werden meist mitleidig gefragt: „Ach, was hat der Arme denn, dass er nur geführt werden darf!?" Tatsächlich ist es höchst sinnvoll, dass Sie möglichst viele der Übungen, die Sie sich mit Ihrem Pferd beim Gentle Training erarbeiten, auch im Gelände durchführen. Sie finden hier unterschiedlichste Bedingungen vor: Anderen Boden, stärkeren Wind und eine Palette von Umweltreizen, an die Sie auf Ihrer Anlage nicht einmal denken: Weidende Kühe oder Schafe, Waldarbeiter, Baumfällarbeiten, Hochsitze, Ruhebänke, Hunde, die hinter einer Hecke losbellen, Kraftfahrzeuge

Die Hindernisse eines Geschicklichkeitsparcours bereiten Ihr Pferd aufs Gelände vor.

auch im Wald und so vieles mehr, dass man niemals alles aufzählen kann. All diese Bedingungen werden Ihnen eines Tages beim Ausreiten begegnen. Sie bewältigen Sie jedoch viel sicherer und gefahrloser, wenn Sie sie zunächst vom Boden aus meistern. Mit der Courtesy Methode gehen Sie sehr behutsam bei Ihren Geländeübungen mit sich selbst um. Sie überfordern sich nicht, wagen sich aber allmählich an steigernde Schwierigkeitsgrade, ohne die Sicherheitsmaßnahmen zu vernachlässigen.

Bitte achten Sie darauf, dass:

- Sie im Gelände erst zu üben beginnen, wenn Sie den jeweiligen Trainingsbestandteil (also Führübungen, Arbeit an der einfachen Longe usw.) im eingefriedeten Bereich und im Bereich Ihrer Reitanlage sicher beherrschen.
- Sie niemals ins Gelände gehen, wenn Sie „aus dem Bauch heraus" noch eine Art von Angst oder Zweifel verspüren (es weht starker Wind, Ihr Pferd erscheint „guckig", Sie fühlen sich vergrippt, es sind zu viele Wanderer unterwegs...).
- möglichst ausnahmslos einen routinierten Helfer mitnehmen oder mit einem Freund oder einer Freundin und deren Pferd zusammen gehen. Das zweite Pferd sollte ruhig, gehorsam und gelände erfahren sein.

Errichtung und Gestaltung von Übungsplätzen

Falls Ihr Pferd in einer Stallanlage ohne jeglichen Übungsplatz steht, müssen Sie Ihre Phantasie deutlich mehr spielen lassen. Gehen Sie mit offenen Augen durch die gesamte Anlage und halten Sie Ausschau nach freien Fleckchen, die sich mit wenig Aufwand zu Übungsbereichen umfunktionieren lassen. Aus Federstäben und Breitbandlitze können Sie fast überall – zum Beispiel auf einer abgefressenen Koppel oder zeitweise auf einem ebenen Stoppelfeld – kleine Plätze oder Zirkel abstecken. Ist der Boden so hart, dass Sie die Federstäbe nicht einrammen können, stellen Sie Strohballen auf, in die Sie die Stäbe stecken. Sehr sichere, aber auch schwere Pfostenanker sind Gummireifen, in die Sie Pfosten einbetonieren. Diese Pfostenanker ermöglichen den Aufbau von Einfriedungen, ohne dass der Boden beschädigt wird. In Westerntrainingsställen finden Sie häufig mobile Metall-Panele. Leider sind diese Panele sehr kostspielig, aber sehr praktisch, um an beliebigen Orten Räume einzufrieden.

Nutzung der Stall- und Reitanlage

Je bewusster Sie sich Ihre Stallanlage anschauen, desto eher werden Sie Bereiche entdecken, die Sie auch ohne zusätzliche „Baumaßnahmen" für Ihre Übungen nutzen können. Für Führübungen sind alle Bereiche geeignet, in denen Sie sich an einer begrenzten Seite entlang bewegen – also jedweder „Weg" oder Gang. Jedes Hindernis ist eine Möglichkeit, Wendungen zu üben, jede Gerade eignet sich zum Rückwärtsrichten. Ein freier Bereich von ungefähr 12 Meter Durchmesser reicht schon für grundlegende Übungen im Schritt an der einfachen Longe oder an einem langen Führseil. Vom Boden aus fahren können Sie Ihr Pferd buchstäblich überall. Sobald Sie es sicher mit den Leinen kontrollieren können und zusätzlich ein Helfer Ihr Pferd mit der Longe führt, können Sie durch die gesamte Anlage „fahren" – über den Parkplatz, den Putz- und Sattelplatz entlang, rund um den Stall. Fast überall können

Rundhölzer stellen prima „Stangen" dar, mit denen sich viele Übungen gestalten lassen.

Mit einfachen und preiswerten Hilfsmitteln können Sie Ihren Übungsplätzen Pfiff verleihen!

Sie auch ein einzelnes kleines Geschicklichkeitshindernis aufbauen, das Sie ebenso schnell wieder abbauen können. So wechseln Sie ununterbrochen die Aktionsräume – Ihr Pferd gewinnt nicht nur unzählige neue Eindrücke, sondern auch viel Selbstvertrauen! Indem Sie selbst die Anlage kreativ nutzen, regen Sie auch einige Ihrer Reiterfreunde an, umzudenken und ihr Pferd vielleicht auch einmal abwechslungsreicher zu arbeiten. Drücken Sie ihnen zu diesem Zweck ruhig dieses Buch in die Hand!

Tipps für den Bau von Geschicklichkeitshindernissen

Viele Hindernisse lassen sich von einem handwerklich begabtem Heimwerker selbst bauen. Als Baumaterial für die Hindernisse empfiehlt sich Hartholz. Natürlich muss sich jedes Hindernis ohne Risiko von Ihnen und Ihrem Pferd bewältigen lassen – weder vom Naturgrund noch einem Bauteil darf eine Verletzungsgefahr ausgehen:

- Eine Brücke wird aus einem stabilen Brett (1,20 x 2,00 m) gefertigt, das auf vier 20 cm hohe Holzstützen gesetzt wird. Die Brücke kann an einer oder an beiden Seiten mit einem Geländer ausgestattet werden.
- Für die Wippe wird eine ähnlich große schwere Planke über ein in der Mitte platziertes Kantholz (Durchmesser 30 bis 40 cm) gelegt.
- Für die Planenstrasse wird eine 2 bis 3 m lange, 1,20 m breite Mulde ausgehoben, mit Sand gefüllt und mit einer dicken Plastikfolie ausgelegt. Kanthölzer fassen Mulde und Folie an beiden Seiten ein.
- Für das Micado werden Äste und nicht zu starke Rundhölzer willkürlich über- und nebeneinander in einem großen Viereck ausgelegt.
- Beim Bau des Großen L gibt es zwei Möglichkeiten: Entweder es wird aus Cavaletti-Stangen auf den Boden gelegt oder fest aus einer L-förmigen und mit Kanthölzern eingefassten ein Meter breiten Sandstraße errichtet.
- Das Bändertor besteht aus einem Holzrahmen, an dessen oberen Querbalken in dichtem Abstand „Flatterbänder" aufgehangen werden (Plastikstreifen, gestreifte Absperrfolienbänder aus dem Baumarkt, oder ähnliches). Wichtig: Die senkrechten Pfosten fest mit Beton in der Erde verankern!
- Auch beim hölzernen Gattertor achten Sie auf solide Verarbeitung aus Hartholz: Fest verankerte Pfo-

sten, rostfreie Scharniere und ein Hebeverschluss aus rostfreiem Metall.

- Auf leicht hängiger Wiese entsteht eine circa 1,50 m breite Treppe aus Eisenbahnschwellen an den Trittkanten und circa 1,50 m langen, mit Split rutschfest bestreuten Stufen.

Preiswerte Übungsmittel

Haben Sie schon sehnsüchtig auf all die bunt lackierten Cavalettis auf Spring-Übungsplätzen geschaut? Würden Sie die beim letzten Westernturnier gesehenen Trailhindernisse nicht am liebsten auch daheim in Ihrer Anlage aufbauen? Leider sind wirklich stabile, formschöne und zugleich attraktiv anzusehende Übungsmittel oft sehr kostspielig. Tatsächlich können Sie sich mit viel preisgünstigeren Alternativen wunderbar helfen, sofern Sie und Ihr Pferd sich nicht daran verletzen können. Fragen Sie in Sägewerken oder in einer Schreinerei nach zirka zwei Meter langen Rundhölzern. Sie dienen als Cavaletti-Ersatz bei Führ-, Longen- und Geschicklichkeitsübungen. Hindernisse unterschiedlichster Art bauen Sie aus kleinen, splitterfesten Trageboxen, die Sie in jedem Baumarkt erhalten. Ebenso gut eignen sich bunte Kunststoffeimer, von denen Sie aus Sicherheitsgründen bitte die Henkel entfernen, oder Kunststoffkanister und Regentonnen.

Bitte achten Sie darauf, dass:

- Sie die Kunststoffprodukte regelmäßig reinigen und defekte Teile sofort aussortieren.
- Sie Holzteile auf herausragende Splitter kontrollieren und diese sofort beseitigen.
- Sie Ihr "Arsenal", wenn Sie es nicht benötigen, möglichst unter Dach verstauen, da Schlagregen häßliche Schmutzspritzer hinterlässt.

Fallbeispiele oder wie man sich helfen kann:

- *Aus Metallpanelen hat sich Leonhard Oesterle, Inhaber der „Alten Schmiede" in Tauernfeld bei Regensburg, einen wunderschönen Picadero (Viereck 12 x 12 m) für Übungen aller Art gebaut.*
- *Auf dem ersten Bauernhof, auf dem meine alte Stute Sarina stand, schüttete unser Landwirt auf einem Rasenviereck unter einer riesigen Buche Sand kreisförmig auf und pflanzte eine kleine Hecke darum. Dieser Behelfslongierzirkel wurde durch das Blätterdach gut vor Regen geschützt und tat jahrelang gute Dienste.*
- *Einen ersten Reitplatz errichteten wir damals in einer Gemeinschaftsaktion auf einem abgemähten, gewalzten ebenen Wiesenstück, das mit einem Holzzaun eingefriedet wurde.*
- *Auf einem Wochenendgrundstück – einer Streuobstwiese – suchte eine Freundin das ebenste Stück aus, ließ es vom Landwirt abschleifen und zäunte es mit Federstäben und Breitbandlitze ein. Sie entfernte die untersten Äste der Bäume und mähte die Wiese immer schön kurz. Im Laufe der Zeit entstanden durch die regelmäßige Benutzung ein ordentlicher Hufschlag und ein Longierzirkel. Beides schüttete sie gelegentlich mit Hackschnitzeln auf.*
- *Mein Lebensgefährte Hans-Jürgen rodete in einem Waldstück an seinem Wochenendhaus ein 14 x 14 m großes Viereck, zog mit Jeep und Hängerkupplung die Baumwurzeln heraus, ebnete den kleinen Reitplatz und brachte eine Schicht Sägespäne aus seiner Schreinerwerkstatt auf. Den letzten „Schliff" gab eine stabile, selbst gebaute Einfriedung aus Holzpfosten und Querlatten.*

Ausrüstung

Vielleicht wundert es Sie, dass der Oberbegriff Wohlgefühl an erster Stelle steht. Doch sicher haben Sie bereits gemerkt, dass Ihnen im Leben viele Dinge leichter „von der Hand gehen", wenn Sie sich „rundum" – also körperlich und psychisch – wohl fühlen. Das trifft auch auf die Beschäftigung mit Ihrem Pferd zu.

Kleidung

Am Pferd fühlen Sie sich in Kleidung wohl, die Ihren Körper trocken und angenehm temperiert hält. Sie schützt sie weitgehend vor Verletzungen, sieht chic aus und geht bequem mit Ihren Bewegungen mit, ohne Sie einzuengen oder irgendwie zu stören. Außerdem ist sie so ausgestattet, dass Sie ein paar wichtige Utensilien, die Sie bei sich tragen möchten oder bei der Arbeit benötigen, griffbereit haben. Ohne dass Sie darüber nachdenken, handeln Sie in solcher Kleidung aufmerksamer, achtsamer und geduldiger. Sie reagieren schneller und können je nach Bedarf sanft oder energisch zugreifen.

Klimaschutz

Bei der Courtesy Methode arbeiten Sie in unterschiedlichen Aktionsräumen – im Stall, in der Halle, auf Außenplätzen, im Gelände. Überall soll Ihre Kleidung Sie vor extremer Hitze und Kälte, Nässe und starkem Wind schützen. Einen solchen Klimaschutz erzielen Sie durch das „Zwiebelschalenprinzip", bei dem jede Textilschicht eine besondere Funktion erfüllt:

- Ihre Unterwäsche nimmt Schweiß auf, leitet ihn an die Oberbekleidung weiter und hält dadurch Ihren Körper angenehm trocken. Als Material kommen im Sommer Baumwolle oder Baumwoll-Kunstfaser-Mix, im Winter Baumwoll-Kunstfaser-Mix oder die Spezialfaser Polypropylen in Frage.
- Ihre Oberbekleidung – Oberhemd oder Bluse, Sweater oder Sakko und Reithose – nimmt die Körperfeuchtigkeit auf und lässt sie an der Oberfläche verdunsten. Außerdem gleicht sie extreme Temperaturen aus. Für Hemden und Sweater empfehlen sich im Sommer kühlende Baumwolle und Baumwoll-Mix-Fasern, im Winter wärmende Wolle und Faserpelze, für die Reithose Baumwolle mit Elasthan, Baumwoll-Cord und Microfaser.
- Ihre Überbekleidung – Weste mit und ohne Ärmel, Outdoor-Jacke, Reitmantel oder -poncho, Überhose – schützt gegen Nässe, Wind und Kälte. Für Westen und Outdoor-Jacken werden robuste imprägnierte Baumwoll-Mischungen und Nylongewebe verwendet. Jacken bestehen auch aus Nylon, Mischgewebe oder Gewebe mit eingearbeiteter Schutzmembrane (Gore-tex, Sympatex, Texapore). Reitponchos und Überhosen (Chaps) gibt es aus wasserdichtem Nylon; Ponchos, Chaps, Reitmäntel und Regenhüte auch aus gewachster Baumwolle.

Weitere Schutzfunkionen

Darüber hinaus sollte Ihre Kleidung Sie auch vor Gefahren, die von Ihrem Pferd ausgehen (können), weitgehend schützen. Sie können getreten, gebissen, umgestoßen oder mitgezogen werden. Diese Schutzfunktion erfüllt vor allem Ihr Schuhwerk, Ihre Kopfbedeckung, Handschuhe und bei Bedarf auch eine Schutzweste. Die Kleidung muss Sie durch die Robustheit des Stoffes und den Zuschnitt (möglichst lange Ärmel) weiterhin vor schädigenden Umwelteinflüssen bewahren – Schürfwunden, Insektenstichen, Sonnenbrand. Durch helle Farben und die Kombination mit Blinkleuchten und Reflexprodukten sollte Ihre Kleidung Sie auch für Ihre Umwelt gut sichtbar machen, wenn Sie in der Dämmerung oder im Dunkeln mit Ihrem Pferd arbeiten.

Praktische Details

Die hohe Kunst der „Kleidermacherei" für Pferdeleute besteht darin, Schutz und Sicherheit mit Tragekomfort zu verbinden. Nichts darf Sie einengen noch durch Stofffülle behindern. Ihre Kleidung muss sich bequem an- und ausziehen lassen. Achten Sie auf verdeckte, wasserdichte und beidseitig zu öffnende Reiß-, Klettverschlüsse und verstellbare Bündchen. Außerdem möchten Sie viele kleine Utensilien am Körper sicher verstauen können: Ausweis, Geld, Schlüssel, Taschentuch, Taschenmesser, Kamm, Leckerwürfel, Handschuhe. Hierfür brauchen Sie verschieden große, durch Reiß- oder Klettverschlüsse zu sichernde Taschen, aus denen nichts herausfallen kann. Eines der praktischsten Kleidungsstücke für die Arbeit nach der Courtesy Methode ist eine mit vielen Taschen ausgestattete Weste nach Art der Trekking-Westen.

Pflegeleichtigkeit

Da Sie sicher bei jedem Wetter mit Ihrem Pferd üben und dabei auch über nassen und verschlammten Boden laufen werden, lassen sich Verschmutzungen nicht vermeiden. Achten Sie bei Ihrer Kleidung auf eine möglichst glatte robuste Oberfläche (Microfaser, Baumwoll-Popeline, Nylon, Goretex, Waxed Cotton), an der wenig Pferdehaare haften. Außerdem sollte sie maschinenwaschbar und trocknergeeignet sein. Möchten Sie Ihre Kleidung zusätzlich schonen, ziehen Sie beim Putzen ein altes großes Popelinehemd über. Bei Übungen auf nassem Boden tragen Sie über Ihrer Reithose eine Nylon-Regenüberhose oder kombinieren Ihre knöchelhohen Schuhe mit Wadenchaps aus gewachster Baumwolle.

Eine kleine Übung

Rufen Sie sich ein gesellschaftliches Ereignis ins Gedächtnis zurück, an dem Sie gepflegt und gut gekleidet die Bewunderung vieler Gäste auf sich zogen. Erinnern Sie sich daran, wie Sie sich damals bewegten. Sie strahlten Souveränität aus. Beobachten Sie bewusst, in welchem Maße sich mit Ihrer Kleidung Ihr Verhalten am Pferd verändert und ob Sie kompetenter auftreten, wenn Sie besser gekleidet sind.

Chic und Aussehen

Seien Sie ehrlich: Auch Sie freuen sich über ein ehrliches Kompliment! Wenn Sie mit Ihrem Spiegelbild zufrieden sind, strahlen Sie mehr Selbstsicherheit aus. Widmen Sie die gleiche Sorgfalt, mit der Sie Ihr Pferd pflegen und hübsch ausrüsten, auch sich selbst. Chice, farblich attraktive und harmonisch aufeinander abgestimmte Kleidungsstücke beeinflussen über das Unterbewusstsein Ihre Körpersprache. Wenn Sie sich „schön" fühlen, benehmen Sie sich mit hoher Wahrscheinlichkeit auch höflicher, liebenswürdiger, kontrollierter und gelassener – auch dem Pferd gegenüber!

Schuhe – Stiefel

Für die Übungen der Courtesy Methode brauchen Sie „Standfestigkeit" und Schutz vor Nässe und Bodenkälte, wenn Sie bei schlechtem Wetter im Freien arbeiten. Ihre Schuhe oder Stiefel müssen mindestens knöchelhoch sein, besser noch Ihre Knöchelpartie bis hinauf zur Wade umschließen. Verstärkungen in Spitze und Ferse schützen vor Trittverletzungen, die rutschfeste Profilsohle gibt Ihnen Halt auch auf Matsch und Schlamm. Ein gutes Fußbett ist wichtig, damit Ihr Fuß nicht ermüdet, zumal Sie bei der Courtesy Methode lange und auch auf unterschiedlichem Boden mit Ihrem Pferd gehen. Gut geeignet sind Kautschukstiefel, robuste Jodhpur-Stiefeletten, qualitativ hochwertige Reit- und Arbeitsschuhe, Wanderreitstiefel und leichte Trekking-Stiefel. Arbeiten Sie niemals mit Sandalen, Straßenschuhen oder Turnschuhen am Pferd! Sie riskieren einen komplizierten Bruch der empfindlichen Fußknochen, sollte Ihr Pferd einmal zur Seite auf Ihren Fuß springen!

Kopfbedeckung

Auch wenn Sie nicht immer eine Kopfbedeckung tragen werden, ist es sinnvoll, einen (Reit-) Helm, einen Hut (zum Beispiel aus Kaninhaar, Wollfilz, Leder oder – gegen Regen – aus gewachster Baumwolle) und eine Schirmkappe bereitzuhalten. In unseren Breiten wechselt das Wetter schnell – die richtige Kopfbedeckung schützt Sie und bewahrt Sie vor Sonnenstich oder Erkältung. Sie schirmt Ihre Augen gegen zu grelles Licht ab und „rettet" Ihr Aussehen, wenn Ihr Haar zerzaust ist. Ein sehr schönes, empfehlenswertes Produkt ist ein Hut, in den Sie eine „Hartschale" – also eine Art kurzen Helm mit Kinnriemen – einlegen können. Ohne Hartschale tragen Sie den Hut bei Ihren Bodenübungen; die Hartschale legen Sie ein, wenn Sie Ihr Pferd nach den Übungen reiten.

Ein Hut mit Hartschale ist eine empfehlenswerte Lösung für alle, die nach der Bodenarbeit ins Gelände reiten möchten.

Handschuhe

Zu den wichtigsten Sicherheitsmaßnahmen gehört das Tragen von Handschuhen: Immer dann, wenn Sie Strick, Seil, Führkette, Longe, Doppellonge, Zügel oder Leine in der Hand halten. Ihre Handinnenflächen sind empfindlicher, als Sie möglicherweise denken. Erschrickt Ihr Pferd, ruckt oder reißt dabei unverhofft den Kopf hoch, springt zur Seite oder stürmt gar davon, hat der Strick bereits Ihre Haut aufgerissen, bevor Sie reagieren und die Hand öffnen. Welches Material Sie wählen, hängt von Ihrer individuellen Empfindung ab. Angenehm tragen sich Kombinationen aus Baumwollstrick und Leder, Leder mit Belüftungslöchern und Baumwolle mit PVC-Noppen. Auf jeden Fall müssen Ihre Handschuhe perfekt passen, im Bündchen verstell- und verschließbar und in der Innenfläche griffig sein. Wenn Sie Ihr Pferd putzen, halten Handschuhe Ihre Hände einfach sauberer. Beim Anlegen von Trense, Longiergurt oder Sattel werden Sie sie eher stören. Für die Massage werden Handschuhe mit abgeschnittenen Fingerkuppen empfohlen. Ich selbst empfinde es aber angenehmer, mein Pferd ganz ohne Handschuhe zu massieren, da ich seine Haut und seine Muskeln und deren Reaktion auf meine Griffe so besser spüren kann.

Schutzweste

Falls Sie zu Beginn Ihrer Arbeit noch fürchten, von Ihrem Pferd einmal ernsthaft verletzt zu werden, gibt Ihnen das Tragen einer Schutzweste vielleicht ein sichereres Gefühl. Durch eine spezielle Polsterung schützt sie den Reiter beim Sturz vor Verletzungen im Bereich von Oberkörper, Rippen und Wirbelsäule. Wenn Sie eine solche Weste bei Ihren Bodenübungen mit dem Pferd tragen, ist dieser Körperbereich vor Stoß- und Trittverletzungen geschützt. Natürlich können Sie dennoch von einem Huf an den anderen Körperteilen getroffen und verletzt werden. Schutzwesten werden in drei Sicherheitsgraden (1 = niedrig, 2 = mittel, 3 = hoch) angeboten. Achten Sie beim Kauf darauf, dass die Weste gut passt und vor allem die Bewegungen Ihrer Arme nicht einschränkt.

Leucht- und Reflexprodukte

Falls Sie erst nach Einbruch der Dunkelheit mit Ihrem Pferd arbeiten können und dabei auch die Reitanlage verlassen möchten, müssen Sie und Ihr Pferd von allen Verkehrsteilnehmern frühzeitig und gut gesehen werden. Ziehen Sie helle Kleidung an und legen Sie sogenannte Reflexprodukte an (eine Reflexweste oder eine Jacke mit Leuchtstreifen). Zusätzlich rüsten Sie Ihr Pferd mit Leuchtgamaschen und einem reflektierenden Schweifschoner aus. Da diese reflektierende Materialien aber erst leuchten, wenn sie von einem Scheinwerfer bestrahlt werden, kombinieren Sie sie aus Sicherheitsgründen noch mit einer Blinklampe, die Sie am Arm tragen.

Überprüfen Sie daheim die Kleidung, die Sie normalerweise am Pferd tragen. Erfüllt sie alle Anforderungen an Ihr individuelles Wohlgefühl? Wenn nicht, sortieren Sie wenigstens die Stücke aus, die ganz unzulänglich sind oder ein Sicherheitsrisiko darstellen. Andere – nur teilweise akzeptable – Teile ersetzen Sie nach und nach durch optimale Produkte. Meiden Sie künftig Spontankäufe oder „Schnäppchen". Planen Sie jeden Kauf sorgfältig und berücksichtigen die genannten Aspekte.

Arbeitsmittel

Dressurgerte

Wenn Sie Ihr Pferd nach der Courtesy Methode arbeiten, benutzen Sie unter anderem Ihren Körper, um sich mit ihm zu verständigen. So wie Ihr Pferd die Körperhaltung und -bewegung seines Artgenossen sieht und deutet, so beobachtet es auch Sie und „liest" aus Ihrem Körper. Um ihm diesen „Lesevorgang" zu erleichtern, „verlängern" Sie Ihren Arm durch eine lange Gerte. Ohne Ihre Körperhaltung zu verändern, können Sie Ihr Pferd nun an Körperteilen berühren, an die Sie sonst nicht heran langen könnten. Sie können beispielsweise mit der Gertenspitze an seine Fesseln tippen, ohne sich zu bücken. Sie können seinen Weg nach vorn begrenzen, indem Sie die Gerte vor seine Nase halten, ohne das Pferd eilig überholen zu müssen. Die Gerte unterstreicht und betont die Signale, die Sie Ihrem Pferd geben – sie ist in erster Linie eine Hilfe der Verständigung und dient nur in Ausnahmefällen zum Strafen. Für die Führübungen benutzen Sie eine möglichst lange Dressurgerte. Dressurgerten sind im allgemeinen zwischen 1,10 m bis 1,20 m lang. Anfangs tut es notfalls Ihre normale Springgerte, die allerdings nur 75 cm lang ist und demnach auch Ihren Arm nicht sonderlich „verlängert". Die Handschlaufe können Sie gern entfernen, sie macht die Gerte nur unhandlich. Es gibt auch sogenannte Handarbeitsgerten bis zu 2,20 m Länge, die Sie aber nicht zu kaufen brauchen. Wenn Sie bei Führübungen gern mit einer langen Peitsche arbeiten, benutzen Sie eine nicht zu lange Longierpeitsche. Wickeln Sie den Peitschenschlag um den Stab, so dass er bei Ihren Übungen nicht herumwedelt.

Longierpeitsche

Eine Longierpeitsche ist für die Arbeit allerdings unverzichtbar. Normale Longierpeitschen besitzen einen zwischen 1,60 m und 2,00 m langen Stab mit Kunststoff- oder Fiberglaskern und einen ungefähr ebenso langen Schlag. Probieren Sie beim Kauf aus, wie die Peitsche in Ihrer Hand liegt. Je leichter sie ist, desto besser und müheloser werden Sie sie handhaben. Bei vielen Longierpeitschen reißt nach einiger Zeit die Nylon-Ummantelung im Bereich des Übergangs zwischen Stab und Schlag auf und der Stab schiebt sich aus der elastischen Hülle heraus. Beugen Sie vor, indem Sie dieses Übergangsstück mit einem Streifen Isolierband umkleben. Mit Isolierband können Sie auch eine bereits gerissene Nylon-Ummantelung reparieren. Normalerweise sind Longierpeitschen schwarz. Wenn Sie eine weiße Longierpeitsche finden, die Ihnen vom Gewicht her zusagt, greifen Sie zu. Ihr Pferd kann eine weiße Longierpeitsche besser sehen als eine dunkle.

Ausrüstung des Pferdes

Fluchttier Pferd

Bei allem, was Sie mit dem Pferd tun, behalten Sie seine Gesundheit und sein Wohlbefinden im Auge. Ihr Pferd ist von seinen Erbanlagen her ein Fluchttier. Es hat sehr sensible Wahrnehmungsorgane: Durch die Anordnung seiner Augen verfügt es über ein breites Blickfeld; es kann seine Ohren nach allen Seiten hin drehen und hört gut. Mit seiner feinen Nase nimmt es viel mehr Gerüche wahr als Sie. Es ist eigentlich immer „auf der Hut" – und bereit zu fliehen. Diese Fluchtbereitschaft müssen Sie in Ihre Überlegungen einbeziehen. Viele normale Gegebenheiten – ein Kinderwagen, ein Rollstuhl, ein Skateboard-Fahrer, ein großer Müllcontainer – erscheinen Ihrem Pferd außergewöhnlich und gefährlich. Sein Fluchttrieb diktiert ihm, Abstand zwischen sich und die Gefahr zu bringen. Entweder springt es zur Seite und „scheut" oder stürmt davon.

Herdentrieb contra Fluchttrieb

Eine Ihrer wichtigsten Aufgaben besteht daher darin, dafür zu sorgen, dass Ihr Pferd – wo auch immer es sich aufhält – möglichst weder sich noch Sie selbst noch andere verletzt oder Dinge beschädigt. Dies geschieht zum einen, indem Sie mögliche Gefahren im voraus erkennen. Sie gehen wach und bewusst mit Ihrem Pferd um. Sie verhalten sich auf eine Weise, die seinen Herdentrieb aktiviert. Wenn Sie mit Ihrem Pferd zusammen sind, sind Sie „seine Herde": Mutterstute, Leitstute und Leithengst. Je sicherer und geborgener es sich in Ihrer Nähe fühlt, desto weniger stark ist der Drang, seinem Fluchttrieb nachzugeben, sobald es sich erschrickt oder ängstigt. (Wie Sie sich verhalten müssen, erfahren Sie bei den einzelnen Übungen).

Schutz und Sicherheit durch die Ausrüstung

Ebenso wichtig wie Ihr vorbildliches Verhalten ist die richtige Ausrüstung für Ihr Pferd. Sie schützt besonders gefährdete Körperteile und/oder ermöglicht es Ihnen, das Pferd gewaltlos und sicher unter Ihrer Kontrolle zu halten. Durch besondere Ausrüstungsteile stellen Sie eine sichere Verbindung zum Pferd her und können behutsam auf seinen Körper einwirken.

Trittsicherheit

In freier Wildbahn suchen sich Pferde selbst ihren Weg und entwickeln durch das ständige Training eine ausgezeichnete Trittsicherheit. Das Hauspferd muss sich mit den Gegebenheiten abfinden, die der Mensch ihm in seinem Stall, seinem Auslauf, auf der Weide und beim Reiten oder Fahren anbietet. Bei der Courtesy Methode beschäftigen Sie sich mit Ihrem Pferd in verschiedenen Aktionsräumen und somit auch auf unterschiedlichen Böden – Grobbeton, Verbundpflaster, Holzboden, Sand, Hackschnitzeln, Splitt, Schotter, Asphalt, Naturgrund undsoweiter.

Sie selbst fühlen sich nur wohl und sicher, wenn Sie überall festen Stand finden und gut ausschreiten können. Auch ihr Pferd soll überall gefahrlos und sicher auftreten können. Jedes unnötige Ausrutschen, jedes Stolpern, jeder Sturz verunsichern es.

Ein ganz wichtiger Hinweis

Jedes in der Courtesy Methode angewandte Ausrüstungsteil hat den Sinn, Ihr Pferd zu fördern und ihm zu mehr Wohlbefinden zu verhelfen. Wie immer und überall auf der Welt in allen Lebensbereichen können Sie gute Dinge auch falsch und mit unerwünschten Ergebnissen anwenden. Halten Sie sich daher ganz genau an die Empfehlungen, um nicht ungewollt Ihrem Pferd zu schaden.

Der „Barfußhuf" – der unbeschlagene Huf

Falls Ihr Pferd richtig „gestellte" Gliedmaßen und gesunde, harte und feste Hufe hat, möchten Sie in Absprache mit dem Schmied vielleicht auf den Beschlag verzichten. Sie lassen die Hufe regelmäßig ausschneiden und die Ränder berunden. Bitte überprüfen Sie die Bodengegebenheiten Ihrer Stallanlage und der Bahnen, auf denen Sie nach der Courtesy Methode üben möchten. Ausgleiten kann ein unbeschlagenes Pferd leicht auf nassen Holzbohlen, Rasenreitplätzen, (vor allem nassen) Wiesen und Wiesenwegen und auf festgetretener Schneedecke. Zu schnell abreiben kann sich das Hufhorn auf Split, Grobbeton, Schotter, Steinboden und Asphalt. Finden sich vorwiegend diese Materialien in Ihrer Anlage oder der direkten Umgebung, lassen Sie Ihr Pferd besser beschlagen.

Normaleisen

Ein Eisenbeschlag hat den Sinn, den Huf Ihres Pferdes vor zu starkem und schnellem Abrieb zu schützen und durch die metallene „Schutzschicht" zwischen Hufhorn und Boden unempfindlicher gegenüber Unebenheiten zu machen. Da Eisen im glühenden Zustand sehr gut formbar ist, kann der Schmied durch besonders gestaltete Hufeisen – einen orthopädischen Beschlag – Fehler in der Stellung der Gliedmaßen ausgleichen. Normaleisen reichen im allgemeinen aus, wenn Sie viel auf Reitbahnen mit Sand-Hackschnitzel-Tretschicht arbeiten und sich im Gelände überwiegend auf Naturgrund bewegen. Auf Splitbahnen, Rasenplätzen, Wiesen und wenn Sie im Gelände auch häufig Wirtschaftswege begehen, schützen Normaleisen Ihr Pferd meist nicht genug vorm Ausgleiten.

Für Leika habe ich einen Beschlag mit Stollen ausgewählt – er gibt ihr viel Sicherheit.

Gleitschutz – Stollen

Möchten Sie Ihr Pferd vorm Ausgleiten schützen, lassen Sie einen Gleitschutz-Beschlag anbringen. Statt normaler Hufnägel benutzt der Schmied dann „Widia-Stifte", deren Köpfchen etwas herausragen und dem Huf einen guten „Griff" auch auf glattem Boden geben. Ebenfalls sehr guten Halt auf jeder Art von Boden geben Stollen. Dies sind kleine Aufsätze, die auf die Enden der Hufeisenschenkel geschweißt oder als Schraubstollen eingeschraubt werden. Schraubstollen sollen vor der Arbeit eingesetzt und danach wieder herausgeschraubt werden. Dies ist in der Praxis schwierig, da sich die Öffnung mit Erde und Mist zusetzt. Da bei einem Stollenbeschlag das Pferd etwas erhöht – wie auf Schuhen mit kleinem Absatz – steht, soll der Hufmechanismus etwas beeinträchtigt werden. Doch die große Tritt- und Sturzsicherheit heben diesen kleinen Nachteil wieder auf. Voraussetzung für einen Stollenbeschlag ist, dass Ihr Pferd in einer Pferdegruppe lebt, in der sich die einzelnen Tiere kennen und die Rangordnung fest steht. In Gruppen mit ständigen Neuzugängen kommt es immer wieder zu Rangordnungskämpfen. Zankt sich ein Pferd mit Stollenbeschlag mit seinen Artgenossen, kann es ihm mit diesem Beschlag schwerere Verletzungen zufügen als mit einem Normaleisen.

Kunststoffbeschlag

Leichter und preisgünstiger als Eisen ist der Kunststoffbeschlag, der wie ein konservatives Hufeisen aufgenagelt wird. Die meisten Kunststoffplatten sind hinten geschlossen. Dadurch können Sie den Huf schlechter säubern. Die Trittsicherheit ist ähnlich wie beim Barfuß-Huf. Stellungsfehler können Sie mit Kunststoffplatten nicht orthopädisch ausgleichen. Ziehen Sie daher besser Ihren Schmied und Ihren Tierarzt zu Rate, wenn Sie bei der Wahl des richtigen Beschlages unsicher sind.

Hufschuhe

Wenn Ihr Pferd barfuß geht, können Sie ihm auch Hufschuhe anziehen beziehungsweise anschnallen. Sie sind gut geeignet, wenn Ihr Pferd aus medizinischen Gründen nicht beschlagen werden darf. Hufschuhe dämpfen die beim Auffußen auftretenden Stöße gut. Leider machen viele Modelle den Gang schwerfällig. Auch ist es oft schwierig, die richtige Größe zu finden und den Huf wirklich sicher zu befestigen. Ein nicht passender und haltender Hufschuh ist sowohl ein Gesundheits- als auch ein Sicherheitsrisiko.

Hoofgrip

Natürlich wollen Sie auch im Winter und bei Schnee und Eis mit Ihrem Pferd draußen arbeiten. Bei einem Eisenbeschlag haftet der Schnee am Eisen und tritt sich unterm Huf zu einem dicken Schneeballen fest. Ihr Pferd läuft wie auf Stelzen! Die Gefahr, dass es stürzt oder sich vertritt und eine Zerrung zuzieht, ist sehr groß! Bitten Sie Ihren Schmied, zu Winterbeginn vorsorglich Hoofgrip zwischen Eisen und Hufhorn anzubringen. Diese elastische Gummiwulst verhindert das „Ankleben" des Schnees und schleudert den Ballen bei jedem Tritt nach hinten heraus. Für Kunststoffplatten ist Hoofgrip ungeeignet, da sie hinten geschlossen sind.

Gliedmaßenschutz

Der Teil des Pferdebeines zwischen Karpalgelenk (dem „Knie" des Vorderbeins) beziehungsweise Sprunggelenk am Hinterbein und Hufrand ist besonders empfindlich. Verletzungen hier sind oft schwer und heilen langsam. Beugen Sie Tritt-, Stoß- und Schürfverletzungen unbedingt vor, indem Sie die Beine Ihres Pferdes – zumindest die Vorderbeine – für die Übungen schützen. Zugleich möchten Sie die Gliedmaßen ein wenig stützen. Vergleichen Sie diese Stütze mit einem Elastikstrumpf, den Sie anziehen oder einer Stützbandage, die Sie beim Tennisspielen um Ihren Ellbogen oder beim Lauf- oder Fahrrad-Training um Ihre Knie legen. Stützstrumpf oder -bandage unterstützen die Funktion von Bändern und Sehnen und regen durch die leichte Massagewirkung die Durchblutung an. Diesen Effekt erzielen Sie beim Pferd ganz einfach mit einer Arbeitsbandage aus elastischer Baumwolle oder Baumwoll-Mischgewebe. Eine gute, leider teure Alternative ist eine Stützgamasche aus abwaschbarem Neopren. Sie lässt sich durch Klettverschlüsse leicht anlegen und stützt und schützt vom Fesselgelenk bis hinauf zum Karpalgelenk.

So legen Sie die Bandage richtig an:

- Prüfen Sie, ob die Bandage korrekt aufgerollt wurde: Das Ende mit dem Klettverschluss muss sich innen befinden.
- Stellen Sie sich seitlich neben das zu bandagierende Pferdebein. Steht Ihr Pferd anfangs noch unruhig, bitten Sie einen Helfer, das Gegenbein aufzuheben.
- Legen Sie das Ende der Bandage so um die Mitte des Röhrbeins, dass Sie die Bandagenrolle von außen auf sich zu abrollen.
- Wickeln Sie zunächst ein- bis zwei Runden nach oben in Richtung Karpalgelenk, so dass zirka ein Zentimeter Bandagenrand zu sehen ist.

- Achten Sie darauf, dass die Bandage gut anliegt und „haftet". Ziehen Sie sie aber nicht so stramm, dass die Durchblutung behindert wird.
- Wickeln Sie dann lagenweise hinunter bis zur Fessel. Je tiefer Sie kommen, desto schräger ziehen Sie die Bandage, so dass Sie den Fesselkopf mit zwei Lagen ebenfalls einfassen, das Fesselgelenk vorn aber frei lassen.
- Wickeln Sie dann wieder gerade aufwärts. Je nach Länge der Bandage gelangen Sie wieder zur Mitte des Röhrbeins.
- Verschließen Sie die Bandage mit dem jeweiligen Verschluss (kurzer Klettverschluss, langes Klettband mit Öse oder ähnliches).
- Achten Sie beim Verschließen darauf, dass die letzte Runde nicht zu locker gerät.
- Überprüfen Sie den Sitz der Bandage.
- Rechnen Sie damit, dass Ihr Pferd bei den ersten Schritten die Beine staksig anhebt, wenn es bislang keine Bandagen gewohnt ist. Das gibt sich nach wenigen Minuten.

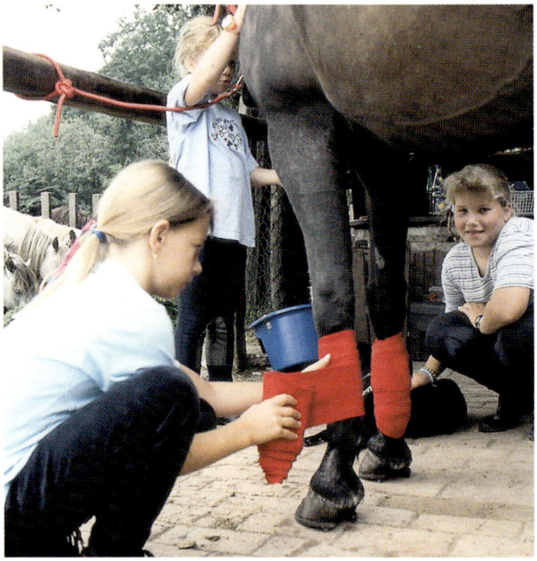

Unter Beobachtung können auch Kinder bereits lernen, wie man eine Bandage korrekt anlegt.

Nehmen Sie die Bandage nach Ihrer Arbeit am Putzplatz sofort und als erste Maßnahme nach dem Festbinden wieder ab. Das Entfernen der Bandage dürfen Sie niemals vergessen, da unter einer dauerhaft angelegten Bandage die Blutzirkulation beeinträchtigt werden kann. Eine Ausnahme ist das Bandagieren aus medizinischen Gründen auf tierärztliche Anweisung. Nehmen Sie verschmutzte Bandagen zum Reinigen nach Hause; ansonsten wickeln Sie sie sofort wieder – am Verschlussteil beginnend – auf. Verstauen Sie Ihre Bandagen separat, ordentlich und griffbereit in einem hierfür reservierten Kunststoff-Körbchen in Ihrem Stallschrank.

Halfter

Über das Halfter wirken Sie bei vielen Übungen nach der Courtesy Methode auf Ihr Pferd ein. Es muss stabil sein, sich von Ihrem Pferd angenehm tragen lassen und darf bei der Arbeit nicht stören. Sinngemäß ist es wie ein Schuh, in den Sie hineinschlüpfen und mit dem Sie sich in jeder Situation einfach wohl und sicher fühlen wollen. Halfter gibt es aus Leder, Gewebeband, Natur- und Nylonseil. Viele Arten der Seilhalfter mit Verknotungen werden von Pferden gern getragen. Die meisten eignen sich aber nicht so gut für unsere Arbeit. Bei manchen löst sich der Knoten, der das Halfter am Kopf festhält, wenn das Pferd versehentlich auf den Führstrick tritt. Oder die Enden unterm Pferdekinn sind so lang, dass sie an der Longe oder am langen Führseil hin und her schlenkern und das Pferd irritieren.

Achten Sie beim Anlegen des Halfters auf folgendes:

- Das Nasenband verläuft so hoch auf dem Nasenbein, dass die Atemwege nicht beengt werden,
- zwischen Pferdekopf und Kinnstück muss Ihre flache Hand passen,
- das Genickstück verläuft ein bis zwei cm hinter den Pferdeohren,
- das Kehlband darf etwas enger sitzen als der Kehlriemen des Trensenzaumes.

Führstrick

Mit dem Führstrick halten Sie Ihr Pferd nicht nur fest, sondern verständigen sich auch mit ihm. Sie zupfen daran oder machen aus dem Handgelenk heraus Schlenkerbewegungen. Zupfer und Schlenker sind Signale an Ihr Pferd, die es fühlt. Das Strickende, das sich in Ihrer Hand befindet, legen Sie zu einer großen Schlaufe. Wenn Sie diese Schlaufe aus Ihrem Handgelenk heraus nach oben werfen, ist dies ein Signal, das Ihr Pferd sieht. Wenn Sie damit zusätzlich gegen seine Brust oder seine Nase klapsen, fühlt Ihr Pferd dieses Signal auch. Um so mit einem Strick zu arbeiten, muss er lang genug sein. Eine gute Länge ist 2,40 m.

Bitte tragen Sie beide Enden der Schlaufe grundsätzlich in Ihrer Hand. Wickeln Sie sie niemals um Ihre Hand! Erschrickt sich Ihr Pferd und springt fort, reißt es Sie sonst unweigerlich mit. Auf diese Weise könnten Sie über den Boden schleifen, sich das Handgelenk brechen oder die Schulter auskugeln. Der Strick ist das „Verbindungsstück" zwischen Ihnen und Ihrem Pferd. Da Sie ihn ständig in der Hand halten, muss er sich auch angenehm „handhaben" lassen. Es gibt Stricke aus Nylon- und Naturfaserseil. Probieren Sie einen Strick vorm Kauf mit den Handschuhen aus, die Sie am häufigsten tragen. Das Material muss sich griffig und nicht zu leicht anfühlen. Legen Sie das Ende zu einer großen Schlaufe. Sie muss gut in Ihre Hand passen.

Außer den gängigen Stricken gibt es auch bandartige Perlon-Führzügel. Sie besitzen am Ende oft eine kleine Handschlaufe. Diese Führzügel sind für unsere Übungen nicht geeignet. Sie können damit Ihr Pferd nicht korrekt an einem Anbindeholm festbinden, denn durch das glatte, bandartige Material zieht sich der Sicherheitsknoten so fest zu, dass er sich nicht mehr mit einem Zug lösen lässt. Beim Führen liegt das flache Band schlecht in der Hand – die Handschlaufe ist zur Übermittlung von Signalen an Ihr Pferd ungeeignet.

Karabiner- und Panikhaken

Der Führstrick wird mit einem normalen Panikhaken, einem Drehpanikhaken, einem Karabiner oder einem Feuerwehrhaken am Halfter befestigt. Panikhaken öffnen sich bei (sehr) starkem Zug, Drehpanikhaken erst bei Zug und Drehung. Karabiner und Feuerwehrhaken müssen Sie selbst aufklinken.

Der normale Panikhaken ist oft klobig und schwer und baumelt dadurch bei Führübungen unangenehm unterm Pferdekinn hin und her. Der Drehpanikhaken ist leichter und kleiner, kann aber ausleiern und sich dann bei Übungen im Gelände vorschnell lösen. Karabiner und Feuerwehrhaken lösen sich im Notfall nicht von selbst. Reißt Ihr Pferd Ihnen den Strick aus der Hand und tritt darauf, wird sein Kopf unter Umständen hart nach unten gezogen. Jede Hakenform hat also Vor- und Nachteile. Ich selbst arbeite am liebsten mit einem nicht zu großen Karabiner.

Der Führstrick ist eines Ihrer wichtigsten Arbeitsmittel – er muss daher gut in Ihrer Hand liegen.

Führkette

Die Übungen nach der Courtesy Methode sind so aufgebaut, dass Sie sich die Aufmerksamkeit und den Gehorsam Ihres Pferdes in erster Linie über Signale erarbeiten, die das Pferd sieht und hört und indem Sie beharrlich und konsequent üben. Erst in zweiter Linie wenden Sie Berührungen im Sinne von Bestrafung an. Sie brauchen daher nur in sehr seltenen Fällen eine Führkette einzusetzen, mit der Sie impulsartig, aber dennoch fühlbar und daher auch nicht immer ganz schmerzlos auf den Kopf Ihres Pferdes einwirken. Der Einsatz einer Führkette ist immer mit einem Risiko verbunden. Viele Menschen haben sich durch falsche Handhabung einer Führkette einen oder mehrere Finger abgerissen. Erlauben Sie niemals einem Kind, einen Strick mit einer Führkette zu benutzen!

Führketten sind im allgemeinen an einen Führstrick angearbeitet und mit einem Karabiner versehen. Ob und wann Sie eine Führkette benutzen sollten, erfahren Sie bei den einzelnen Übungen. Wenn überhaupt, legen Sie die Führkette nur auf die zwei unten genannten Weisen an. Beide Methoden sind sehr alt und sehr wirksam. Auf welche Form der Einwirkung Ihr Pferd besser reagiert, müssen Sie selbst ausprobieren. Die unterm Kinn entlang führende Variante wird von vielen modernen Trainern abgelehnt. Sie hat bei einem sehr temperamentvollen Pferd jedoch eine deutlich bessere Wirkung und ist daher eine – zeitlich unbedingt begrenzte – Sicherheitsmaßnahme. Versuchen Sie aber, möglichst bald oder möglichst immer ohne die Führkette auszukommen.

Bei dieser Art wirkt die Führkette auf das Pferdekinn ein.

So führen Sie die Führkette über das Nasenbein des Pferdes.

Bei dieser Art wirken Sie auf den Nasenrücken ein:

- Ziehen Sie Ihrem Pferd ein Halfter an.
- Wenn Sie Ihr Pferd von links führen möchten, fädeln Sie die Kette durch die linke untere Halfteröse.
- Ziehen Sie sie über die Nase des Pferdes und zugleich über den Nasenriemen.
- Klinken Sie den Karabiner in die rechte untere Halfteröse ein.
- Wenn Sie Ihr Pferd von rechts führen möchten, ziehen Sie die Kette von rechts entsprechend zur linken Halfteröse.

Bei dieser Art wirken Sie auf das Pferdekinn ein:

- Fädeln Sie die Kette wiederum durch die linke untere Öse.
- Führen Sie sie unter dem Pferdekinn entlang zur rechten unteren Halfteröse.
- Klinken Sie sie in diese Halfteröse ein.

Führseil

Mit der Courtesy Methode erziehen Sie Ihr Pferd auch dazu, in respektvollem Abstand neben und hinter Ihnen zu laufen. In Ihrer Rolle als Leithengst schicken Sie es außerdem gelegentlich voraus. Bei fortgeschrittenen Übungen vergrößern Sie häufig den Abstand zum Pferd und bauen Übungen ein, die sich an die Arbeit mit der einfachen Longe anlehnen. Für diese Übungen muss Ihr Strick oder Seil lang genug sein. Gut für diese Zwecke lässt sich ein eher schweres Seil von 1,50 bis 2,40 m Länge handhaben. Denken Sie bei der Wahl des Materials daran, dass Sie das Ende eines so langen Seiles in mehrere Schlaufenpartien legen müssen. Der ganze „Schlaufenpacken" muss noch in Ihre Hand passen.

Ein dickes Seil fühlt sich angenehm an – es muss allerdings noch in Ihre Hand passen, wenn Sie es zu Schlaufen zusammen legen.

Zäumung

Nach den Führübungen und dem Gentle Training im Alltag beginnen Sie mit der Arbeit an der einfachen Longe. Zunächst benutzen Sie dafür das gewohnte Halfter. Dabei wirken Sie über die Leder- oder Textilgewebeteile des Halfters auf den Nasenrücken und das Genick des Pferdes ein. Danach aber beginnen Sie, Ihr Pferd mit einem Zaumzeug mit Gebiss zu longieren. Dieses Gebiss ist an einem ledernen Kopfstück befestigt. Es liegt in der Maulhöhle in einem handfreien zahnfreien Bereich zwischen Schneide- und Backenzähnen. Im Unterkiefer wird dieser Bereich als „Laden" bezeichnet. Sowohl auf die Laden als auch auf die Lefzen und ein wenig auch auf die Zunge Ihres Pferdes wirken Sie mit Ih-

Eine neuere Entwicklung ist das anatomisch günstigere doppelt gebrochene Trensengebiss.

rer Hand über die Longe auf das Pferdemaul ein. Diese direkte Einwirkung erreichen Sie ausschließlich mit einem Trensengebiss.

Trensengebisse

Eine Trense ist ein Mundstück, dessen beiden Enden direkt an den Trensenringen befestigt sind. In diese Ringe wird die Longe oder Doppellonge eingeschnallt. Longe und Doppellonge verbinden Ihre Hand mit den Trensenringen und somit dem Gebiss. Je nachdem, wie Sie die Longen in Ihrer Hand bewegen – also „annehmen" oder „nachgeben"–, leiten Sie Ihr Pferd in die gewünschte Richtung hinein. So wird die seitliche Biegung seines Körpers gefördert; es wird „gymnastiziert".

Gleichzeitig treiben Sie Ihr Pferd leicht vorwärts – durch Ihre Stimme oder ein Signal mit der Longierpeitsche. In Verbindung mit diesen „treibenden Hilfen" regt die Trense das Pferd an, auf ihr herumzukauen. Durch die Kaubewegungen gibt die Nackenmuskulatur nach, Ihr Pferd streckt sich nach vorwärts-abwärts. Genau dies möchten Sie bei den Longenübungen erreichen, denn diese Dehnungshaltung kräftigt seinen Rücken.

Gut geeignete Trensengebisse:

- Einfach gebrochene Trense („Wassertrense"). Ihre zwei Teile sind in der Mitte durch ein Gelenk verbunden.
- Doppelt gebrochene Trense. Sie besteht aus zwei größeren Teilen und besonders ausgeformten Mittelstück.

Weniger geeignete Trensengebisse:

- Ungebrochene Trensen. Da sie aus einem durchgehenden Stück ohne Gelenk bestehen, also starrer sind, leiten sie Ihr Pferd nicht so eindeutig in die gewünschte Richtung hinein.

Gebissmaterialien

Nicht nur die Trensenform, auch das Material soll das Pferd zum Kauen anregen. Gebrochene Trensengebisse gibt es aus Edelstahl, modernen Legierungen, Kunstwerkstoffen, Hart-

Bitte keine Kandare!

Außer den Trensengebissen gibt es das Kandarengebiss. Vereinfacht ausgesdrückt handelt es sich um eine Stange, die zwischen zwei mehr oder weniger langen Seitenteilen angebracht ist. Diese Seitenteile heißen Hebel, Anzüge oder Bäume. An ihnen werden die Zügel befestigt. Außerdem fixiert eine Kinnkette das Gebiss im Pferdemaul. Bewegen Sie die Zügel, wirken Sie nicht direkt, wie bei der Trense, sondern indirekt über die Hebelwirkung auf Ihr Pferd ein. Jede Kandarenzäumung ist nur für ein vorher auf Trense weit ausgebildetes, bereits sehr gut gerittenes Pferd und einen erstklassigen Reiter geeignet. Durch die Kandare wird ein Pferd nun noch in seiner Haltung verbessert und in seiner Reaktion auf die Hilfen verfeinert. Für die grundsätzliche Gymnastizierung vom Boden nach der Courtesy Methode sind alle Arten von Kandarengebissen absolut ungeeignet.

gummi und rostendem Eisen („sweet iron"). Edelstahl ist geschmacksneutral, moderne Legierungen wie Aurigan mögen viele Pferde. Auch die Westerntrense aus rostendem Eisen – das Snaffle Bit – ist beliebt, ebenso Gebisse aus Nathe, einem modernen Kunststoff. Welches Trensenmaterial Ihrem Pferd „schmeckt", müssen Sie ausprobieren. Sie können sich dazu in Fachgeschäften auch Gebisse ausleihen.

Reithalfter

In der Courtesy Methode können Sie das Trensengebiss mit dem normalen Kopfstück der Zäumung benutzen. Wichtig ist, dass das Gebiss ruhig im Pferdemaul liegt. Ist Ihr Pferd vom Typus her jedoch eher unruhig, kann es sinnvoll sein, die Lage des Gebisses in seinem Maul zu stabilisieren. Zu diesem Zweck ziehen Sie in das Kopfstück noch ein Reithalfter ein. Ohne das Pferd einzuengen, verhindert es, dass es ständig das Maul aufsperrt.

Englisches Reithalfter

Ein pferdefreundliches Reithalfter ist das englische Reithalfter. Es hat ein gepolstertes Nasenband, das ziemlich hoch auf dem Nasenrücken – etwa zwei Finger breit unterhalb des Jochbeins – sitzen muss. Zwischen Schnalle und Kehle finden zwei Finger Platz. Das Halfter verhindert das Aufsperren des Maules, beeinträchtigt jedoch weder die Atmung noch die freie Bewegung des Gebisses im Maul. Das englische Reithalfter gibt es mit einem Zusatzriemen – dem „Sperrriemen". Sollten Sie ein solches Halfter besitzen, ziehen Sie bitte den Sperrriemen aus der am Nasenband befindlichen Schlaufe heraus. Benutzen Sie das Reithalfter also unbedingt ohne Sperrriemen!

Hannoversches Reithalfter

Beim Hannoverschen Reithalfter sind die Backenstücke länger. Sie enden in Ringen, zwischen denen vorn ein Nasenriemen und hinten ein Kinnriemen angearbeitet ist. Auch wenn Sie viel Negatives über das Hannoversche Reithalfter lesen und hören werden, ist es – richtig eingesetzt – ein sehr gutes Halfter. Es hält das Gebiss im Pferdemaul schön ruhig und motiviert Ihr Pferd dadurch, darauf herumzukauen und sich zu entspannen. Achten Sie aber unbedingt auf korrekte Verschnallung: Der Nasenriemen liegt vier Finger breit über dem oberen Nüsternrand auf dem knöchernen Nasenteil. Die Kinnriemen schließen Sie unterhalb des Gebisses so, dass zwischen Riemen und Kieferästen knapp zwei Finger Platz finden – bitte nicht mehr und nicht weniger. Schauen Sie sich die Maulspalte Ihres Pferdes an. Verwenden Sie das Hannoversche Reithalfter nur bei einem Pferd mit langer Maulspalte. Bei einer kurzen Maulspalte liegt das Reithalfter unweigerlich zu tief und beeinträchtigt die freie Atmung!

Longiergurt

Natürlich können Sie für die fortgeschrittenen Übungen an der Longe Ihren gewohnten Sattel benutzen. Das werden Sie zum Beispiel auch immer dann tun, wenn Sie Ihr Pferd nach dem Longieren noch reiten möchten. Mit einem richtigen Longiergurt machen Sie es sich einfach ein bisschen bequemer. Es gibt sehr teure Longiergurte aus hochwertigem Leder. Für die Übungen nach der Courtesy Methode reicht jedoch ein sehr preiswerter, einfacher Longiergurt aus Gurtengewebe vollständig aus. Es gibt diese Longiergurte mit einer Kunstfellpolsterung. Fehlt diese Polsterung, legen Sie eine exakt zusammengefaltete kleine Decke oder Ihre Satteluntерlage darunter. So beugen Sie im Bereich des Widerrists Druck- und Scheuerstellen vor. Ziehen Sie den Gurt sanft und Loch für Loch, jedoch niemals ruckartig, an. Fahren Sie bei jedem Nachziehen mit Ihren Fingern zwischen Gurt und Pferdeleib entlang. So vermeiden Sie, dass Fellhaare schmerzhaft festgeklemmt werden. Ihr Longiergurt sollte an jeder Körperseite möglichst vier Ringe aufweisen. Diese Ringe brauchen Sie, um die Doppellonge oder – bei der Arbeit an der einfachen Longe – Hilfszügel daran zu befestigen. Der unterste Ring sollte tief sitzen. Die Ringe müssen groß sein. Durch zu kleine Ringe passen die Karabinerhaken von Longe oder Doppellonge nicht hindurch!

Es gibt heute preiswerte Longiergurte aus Gurtenmaterial, die Sie für Ihre Übungen durchaus verwenden können, wenn Sie nicht in einen teuren Ledergurt investieren möchten.

Sattel

Wenn Sie noch keinen Longiergurt kaufen möchten, benutzen Sie für die fortgeschrittenen Übungen an der einfachen Longe und der Doppellonge Ihren gewohnten Sattel. Dabei ist es ohne Bedeutung, ob Sie einen Westernsattel oder einen „englischen" Sportsattel besitzen. Wesentlich ist allerdings die Frage, ob der Sattel Ihrem Pferd richtig passt und von ihm als angenehm empfunden wird. Benutzen Sie auch einen Gurt, den Ihr Pferd verträgt. Für Übungen, bei denen Sie Hilfszügel benutzen, sind Schnurengurte am praktischsten. Hier lassen sich die Hilfszügel am leichtesten einhaken.

So überprüfen Sie die Passform:

- Der Sattel darf weder auf Widerrist noch Rückrat aufliegen noch die Luftzirkulation durch die vorn befindliche „ Kammer" behindern.
- Er darf die Schultern Ihres Pferdes nicht einengen, nicht auf seine Nierenpartie drücken und muss ihm auch im Bereich der Gurtung passen.
- Für das Reiten später ist es wichtig, dass sowohl die Größe des Sattelsitzes als auch Sattelblatt oder – beim Westernsattel – Fender zu Ihrer Körpergröße und Ihrem Gewicht passen.

Steigbügel

Bei Übungen an der einfachen Longe brauchen Sie keine Steigbügel. Entweder schnallen Sie sie ab oder – was einfacher ist – sorgen dafür, dass Sie nicht hin und her schwingen. Beim Westernsattel binden Sie die schweren „Stirrups" hierfür unterm Pferdebauch mit einem Gurt, einem Riemen oder langen Kleidergurten zusammen. Beim englischen Sportsattel ziehen Sie die Steigbügel – wie nach dem Reiten üblich – hoch. Winden Sie den Bügelriemen drei bis vier Mal um den hinteren Bügelrahmen, bis nur mehr eine kleine Schlaufe übrig bleibt. Durch diese kleine Schlaufe ziehen Sie den seitlichen Riemen hindurch und stecken ihn durch die Halteöse.

Bei Ihrer Arbeit mit der Doppellonge dienen die Steigbügel zur Führung der Leinen. Vorn ganz oder teilweise geschlossene Bügel (Kunststoffkörbchen, Camarguebügel) können Sie daher nicht verwenden. Auch werden die Bügel nicht hochgezogen. Schnallen Sie sowohl Sportbügel als auch Westernbügel ungefähr so kurz, dass sie in Höhe des unteren Randes des Sattelblatts (beim englischen Sportsattel oder Töltsattel) beziehungsweise am unteren Rand des Fenders (beim Westernsattel) hängen. Mit einem Bügelriemen oder einem anderen geeigneten Lederband binden Sie die Bügel unterm Bauch Ihres Pferdes zusammen. Fixieren Sie die Bügel quer zum Pferdekörper – in der Stellung also, in der Sie vom Sattel aus mit Ihren Füßen die Bügel aufnehmen würden. Auf diese Weise können die Leinen leicht hindurchlaufen, ohne sich festzuhaken.

Damit die schweren Westernbügel beim Longieren nicht hin und her baumeln, binden Sie sie unterm Pferdebauch mit einem Riemchen zusammen.

Kleinpferdebesitzer – aufgepasst!

Auch wenn Sie beim Reiten Ihres Kleinpferdes einen Schweifriemen benutzen, sollten Sie ihn bei der Longen- und Doppellongen-Arbeit möglichst fortlassen. Falls Sie ihn nämlich versehentlich zu fest schnallen, verhindert er das „Schwingen" des Pferderückens. Genau dieses elastische Schwingen ist jedoch ein wichtiges Ziel der Übungen nach der Courtesy Methode.

Einfache Longe

Eine normale Longe oder Longierleine, wie sie auch heißt, ist nicht teuer und, wenn Sie sie pfleglich behandeln, eine einmalige Investition. Sie benutzen sie in der Courtesy Methode für viele Führ- und Longenübungen. Die traditionelle – preisgünstige – Longe ist 7 bis 10 m lang und besteht meist aus braunem oder schwarzem Gurtmaterial mit kleinen aufgenähten Lederstegen. Moderne Versionen gibt es aus farbigem Kunstgewebe. Achten Sie darauf, dass sich das Material für Sie „griffig" anfühlt, nicht zu schwer ist und – in Schlaufen gelegt – gut in Ihrer Hand liegt. Möchten Sie alternativ zum Longieren zunächst Ihr langes Führseil benutzen, darf der Seildurchmesser nicht zu groß sein. Sonst tragen Sie ein unhandliches „Schlaufenpaket" in der Hand. Am Ende der Longe, das Sie in die Hand nehmen, befindet sich eine Handschlaufe. Benutzen Sie diese Handschlaufe anfangs jedoch nicht, ehe Sie nicht die Longe routiniert handhaben und die schlaufenartigen „Lagen" schnell aufnehmen und nachlassen können. Am anderen Ende der Longe befindet sich ein kleiner Karabiner. Damit können Sie auf vier einfache Arten und Weisen die Longe am Pferdekopf befestigen.

Longieren mit Halfter

Am gut sitzenden Halfter klinken Sie den Haken mittig in die Kinnöse ein, die sich unter dem Pferdekopf am Pferdekinn befindet. Sie können, ohne die Befestigung zu ändern, Ihr Pferd so in beiden Richtungen – rechts herum („rechte Hand") und links herum („linke Hand") – longieren.

Longieren mit Trensenzaum ohne Reithalfter

Sie möchten auf der „linken Hand" beginnen. Führen Sie den Karabinerhaken von außen durch den linken Trensenring und ziehen ihn am Backenstück des Zaumzeuges nach oben Richtung Pferdeohren.

- Führen Sie die Longe hinter den Ohren parallel zum Genickstück auf die andere Kopfseite.
- Leiten Sie die Longe hier am Backenstück wieder hinunter zum rechten Trensenring und klinken Sie den Karabiner ein.
- Möchten Sie auf der „rechten Hand" longieren, gehen Sie in umgekehrter Richtung vor.

Longieren mit Trensenzaum mit Hannoverschem Reithalfter

- Sie möchten wieder auf der „linken Hand" beginnen. Haken Sie den Karabiner in den Ring am linken Ende des Nasenteils.
- Greifen Sie behutsam in den linken Trensenring, öffnen den Karabiner, ohne dass er sich aus dem Nasenriemen löst, und haken ihn zusätzlich in den Trensenring ein. Achten Sie darauf, dass der Karabiner oberhalb und nicht unterhalb des Gebisses eingehakt ist!
- So verteilen Sie den Druck der Longe sowohl auf den Nasenriemen als auch auf das Gebiss.
- Möchten Sie auf der „rechten Hand" longieren, gehen Sie in umgekehrter Richtung vor.

Longieren mit Trensenzaum mit Englischem Reithalfter

- Beim Englischen Reithalfter liegt das Nasenband deutlich höher als beim Hannoverschen Reithalfter. Sie können also nicht mit dem Karabiner sowohl das Halfter als auch den Trensenring erfassen.
- Ziehen Sie daher die Longe – wie beim Longieren mit Trensenzaum ohne Reithalfter – durch den inneren Trensenring und führen ihn über das Genick Ihres Pferdes zum äußeren Trensenring.
- Stattdessen können Sie auch eine Longierbrille benutzen.

Longierbrille

Eine Longierbrille ist die vierte Art, die Longe sicher zu befestigen. Sie besteht aus einem kleinen Riemen aus Leder oder Gurtenband. An beiden Enden sitzen zwei kleine Haken, die unterm Pferdekinn rechts und links in die Trensenringe eingeklinkt werden. In der Mitte des Bandes befindet sich ein Metallring, in den Sie die Longe einhaken. Schnallen Sie die Longe niemals nur in einen Trensenring ein! Damit würden Sie dem sensiblen Maul Ihres Pferdes schwer schaden!

Die „Longierbrille" zwischen den beiden Trensenringen macht das Befestigen der Longe sehr einfach, hat aber auch einige Nachteile.

Zwei Nachteile, die Sie selbst nachprüfen können:

- Sollte sich Ihr Pferd erschrecken und heftig an der Longierleine ziehen, wirkt die Longe nicht mehr gleichmäßig aufs Pferdemaul, sondern belastet den äußeren Trensenring. Das empfindet Ihr Pferd sicher als unangenehm.
- Vielleicht ist Ihr Pferd ein sehr verspielter Typ, der nach allem Beweglichen mit den Lippen hascht. Da sich die Longierbrille hin und her bewegt, wird es unter Umständen auch nach ihr zu haschen versuchen. Da es sie aber nicht erreichen kann, wird es möglicherweise unruhig werden und mit dem Kopf zu schlagen beginnen. Für ein solches Pferd ist die Longierbrille nicht geeignet.

Fixierung der Longe

Muss Ihr Pferd am Sattelplatz noch ein Weilchen stehen, bevor Sie den Longierplatz benutzen, klinken Sie die Longe aus Sicherheitsgründen aus. Ziehen Sie Ihrem Pferd ein Halfter über den Trensenzaum und binden es am Führstrick fest. Wenn Sie sich nicht von Ihrem Pferd entfernen, können Sie die Longe auch eingeklinkt lassen. Legen Sie sie – von der Handschlaufe beginnend – in großen Schlaufen über Ihre Hand, so dass der Longenteil, der sich am nächsten zum Pferd befindet, zuoberst liegt. Befestigen Sie die Schlaufen im Hilfsriemen am Sattelkopf oder in der seitlichen Halteöse des Bügelriemens.

Ob einfache oder Doppellonge: So befestigen Sie die Longe sicher am Sattel, ehe Sie mit der Arbeit beginnen.

Hilfszügel/Allgemeines

Vielleicht erschrecken Sie bei dem Gedanken, dass Sie bei einer Ausbildungsmethode, die sich Gentle Training – also „sanfte Ausbildung" – nennt und bei der Sie und Ihr Pferd einander mit liebenswürdiger Höflichkeit begegnen wollen – Hilfszügel benutzen sollen. Sie haben sehr viele negative Kommentare über Hilfszügel gelesen und unschöne Bilder von „zusammengezogenen", mit Hilfszügeln geradezu gefolterten Pferden gesehen. Tatsächlich lassen sich Hilfszügel auf quälerische Weise einsetzen und vielfach werden sie wirklich ausschließlich dazu verwendet, um Mängel im Können des Reiters auszugleichen. Daher lehnt die Courtesy Methode den Einsatz von Hilfszügeln beim Reiten weitgehend ab. Bei der Arbeit vom Boden aus ist es jedoch sinnvoll, ab einem gewissen Ausbildungsstand für bestimmte Übungen an der einfachen Longe Hilfszügel zu verwenden. Richtig angelegt, werden sie hier ihrem Namen gerecht und helfen Ihrem Pferd, sich vorwärts-abwärts zu dehnen und seinen Körper sanft zu formen. Zum Vergleich: Grob vereinfacht ausgedrückt wirken Hilfszügel im weitesten Sinne wie ein Gymnastik-Stretchband, das Sie selbst zwei oder drei Mal in der Woche zehn Minuten lang im Rahmen Ihres Fitnessprogramms benutzen, um Dehnübungen zu machen und bestimmte Muskeln zu kräftigen.

In der Courtesy Methode wenden Sie bei fortgeschrittenen Übungen an der einfachen Longe auch nur wahlweise drei Hilfszügelarten an: Den einfachen Ausbindezügel, den Halsverlängerer und den Schlaufzügel.

Auch wenn Ihnen häufig weitere Hilfszügel für das Longieren empfohlen werden – wie „Chambon", „Gogue" oder „Aufsatzzügel" –, sollten Sie diese nicht verwenden. Ihre Wirkweise ist umstritten und Sie können damit Ihrem Pferd deutlich mehr schaden als nutzen. Welchen Hilfszügel Sie im einzelnen bei Ihren Übungen anwenden und wie Sie seine Wirkung auf Ihr Pferd ganz inviduell beurteilen, erfahren Sie im Kapitel über die einfache Longe.

Bitte merken Sie sich folgende grundsätzlichen Regeln:

- *Auch in der Courtesy Methode benutzen Sie einen Hilfszügel erst dann, wenn Ihr Pferd körperlich und seelisch reif ist. Im Kapitel über die einfache Longe lesen Sie nach, was Sie und Ihr Pferd beherrschen müssen, ehe Sie mit Hilfszügeln longieren und an welchen Zeichen Sie die Reife Ihres Pferdes erkennen.*
- *Wenn Sie einen Hilfszügel benutzen, darf er niemals so kurz oder eng verschnallt werden, dass er die Stirnlinie Ihres Pferdes hinter die Senkrechte zieht. Die Stirnlinie sollte auch nicht senkrecht, sondern etwas vor der Senkrechten stehen.*
- *Ein Hilfszügel darf niemals Ihr Pferd daran hindern, seinen Hals lang zu machen und sich zu dehnen und zu strecken.*
- *Achten Sie beim Anlegen der Hilfszügel strikt darauf, dass sie auf beiden Körperseiten Ihres Pferdes absolut gleich lang geschnallt werden. Binden Sie Ihr Pferd niemals innen kürzer aus als außen – auch wenn Sie diesen Ratschlag in vielen Reitlehren lesen oder ein Ihnen bekannter Ausbilder dies auch tut.*

Was bewirken Hilfszügel?

Beim Longieren verbinden Hilfszügel über die Trensenringe das Gebiss mit dem Sattel beziehungsweise Longiergurt, so wie ein normaler Zügel beim Reiten das Gebiss mit Ihren Händen verbindet. Das Pferd spürt einen sanften Druck auf dem Gebiss, wird aber nicht durch unruhige Hände, wie sie bei vielen Reitern üblich sind, gestört. Es lernt, dem Gebiss im Maul zu vertrauen und beginnt, damit zu spielen und auf ihm herum zu kauen. Dieses Kauen wirkt entspannend – das Pferd streckt sich an das Gebiss heran und dehnt und kräftigt dabei seine Rückenmuskulatur. Da es dabei aktiv vorwärts tritt, wird auch seine Hinterhand gestärkt. So wie Sie selbst durch Gymnastikübungen Ihren Körper „formen" können, um beispielsweise eine bessere Figur zu erzielen, formt sich in der Bewegung in dieser „Dehnungshaltung" auch der Körper Ihres Pferdes positiv. Ein unschöner Unterhalsmuskel wird abgebaut, dafür entwickelt sich die Oberlinie und die Muskulatur der Hinterhand zu ihrem Vorteil.

Ihr Pferd wird durch den behutsamen Einsatz von Hilfszügeln bei der Longenarbeit nach und nach „rund und hübsch", sein Rücken beginnt zu schwingen, seine Bewegungen werden ausdrucksstärker. So wie Sie sich als schöner empfinden, wenn Sie beweglich und fit sind und Ihr Spiegelbild Ihnen das Bild eines gut geformten Körpers zeigt, so „fühlt" sich auch Ihr Pferd besser – und dieses körperliche Wohlgefühl wirkt sich günstig auf sein seelisches Befinden aus.

Ausbindezügel

Der klassische Ausbindezügel gibt Ihrem Pferd eine sichere seitliche Führung, wirkt beruhigend und hilft dem Pferd dadurch, sich ohne Angst auf seine Aufgabe zu konzentrieren. Ausbindezügel werden immer „als Paar" – also rechts und links – angelegt und bestehen also aus zwei langen Lederriemen mit einem Karabiner zum Einhaken in den Trensenring und am anderen Ende mit einer großen, mit einer Schnalle versehenen Schlaufe. Diese Schlaufe kann um den Sattelgurt oder eine Gurtstrippe beziehungsweise durch einen Ring des Longiergurtes gezogen und befestigt werden. Durch eingestanzte Löcher können die Ausbindezügel kürzer oder länger verstellt werden. In den vorderen Teil des Riemens ist ein gepolsterter Lederring eingearbeitet. Er gibt den ansonsten starren Riemen etwas Elastizität. Diese Elastizität ist wichtig, da das Pferd beim Gehen „schwingt". Vollkommen starre Ausbinder würden Ihrem Pferd bei jedem Schritt einen kleinen Ruck im Maul versetzen. Um die Elastizität noch zu erhöhen, haben einige Hersteller ihre Ausbindezügel mit einem elastischen, gummiartigen Zwischenstück versehen. Benutzen Sie bei der Courtesy Methode ruhig die vorhandenen Ausbindezügel, falls Sie solche bereits besitzen oder leihen können.

So klinken Sie die Enden der Ausbindezügel in die Trensenringe ein.

Sie können Ausbinder nur benutzen, wenn Ihr Pferd einen Longiergurt oder einen Satteltyp mit Gurtstrippen trägt. Bei der Arbeit mit Longiergurt befestigen Sie die Ausbinder zwischen Trensenringen und Longiergurtring, bei der Arbeit mit Sattel zwischen Trensenringen und Gurtstrippe. Bietet der Sattel keine unverrückbare Befestigungsmöglichkeit an der Seite, müssen Sie auf den Ausbinder verzichten oder sich mit Lederriemchen eine Möglichkeit zum exakten Einschnallen basteln.

So legen Sie die Ausbinder an:

- Rüsten Sie Ihr Pferd mit Sattel oder Longiergurt und Trensenzaum aus.
- Arbeiten Sie mit Sattel und möchten nach der Longenarbeit noch reiten, knüpfen Sie die Zügel am Ende auf, führen beide Zügelenden durch den geschlossenen Kehlriemen hindurch, legen sie um den Pferdehals und schnallen sie wieder zu. So können sie bei der Longenarbeit nicht stören.
- Möchten Sie nicht reiten, schnallen Sie die Zügel auf jeden Fall aus den Trensenringen.
- Schnallen Sie den rechten Ausbinder um die vordere rechte Sattelgurtstrippe oder in den untersten rechten Ring des Longiergurtes.

Ganz einfache Hilfszügel sind Ausbindezügel. Schnallen Sie sie bitte beide gleich lang.

- Klinken Sie den Karabiner des rechten Ausbinders noch nicht in den Trensenring, sondern in eine der am Sattel befindlichen Ösen beziehungsweise am Longiergurt in den Ring, der oben in der Mitte befestigt ist.
- Schnallen Sie jetzt den linken Ausbinder um die vordere linke Sattelgurtstrippe beziehungsweise den unteren linken Longiergurtring.
- Klinken Sie den Karabiner des linken Ausbinders ebenfalls in eine der am Sattel befindlichen Ösen oder den oberen Longiergurtring.
- Erst auf dem Longierplatz (!) wählen Sie die richtige Länge des Ausbinders.
- Stellen Sie sich vor Ihr Pferd, fassen mit beiden Mittelfingern rechts und links in die Trensenringe und erfühlen, ob beide Ausbinder gleich lang sind.
- Wenn ja, können Sie mit der Arbeit beginnen, wenn nein, bringen Sie die Ausbinder rechts und links auf die gleiche Länge.

Behelfsmöglichkeit: Der eigene Zügel

Vielleicht besitzen Sie noch keine Ausbindezügel und möchten sich zum jetzigen Zeitpunkt noch keine leisten. Tatsächlich können Sie sich behelfen: Benutzen Sie die vorhandenen Zügel! Leider haben die normalen Zügel den Nachteil, dass Sie meist gar nicht elastisch sind. Sie „rucken" also Ihrem Pferd im Maul. Haben Sie geschickte Finger, können Sie versuchen, normale „Weckgummis" (aus dem Geschäft für Haushaltsbedarf) an die Zügelenden zu knoten und statt der Zügelenden diese am Sattel oder Longiergurtring zu befestigen. Dieses elastische Zwischenstück ermöglicht Ihrem Pferd, sich besser nach vorn zu dehnen. Leider besteht die Gefahr, dass der Gummi reißt oder der Befestigungsknoten sich löst. Fällt der Zügel dann herab, kann Ihr Pferd hineintreten, stolpern und den Zügel zerreißen.

Halsverlängerer

Der Halsverlängerer ist ein schlichter, aber sehr wirksamer Hilfszügel, den die meisten Pferde gut akzeptieren. Er besteht aus einem langen, leicht elastischen Rundband mit je einem Kunststoffhaken an den Enden und einem „Schieber" in der Mitte. Mit diesem Schieber können Sie das Band im Genick Ihres Pferdes bei Bedarf verkürzen. Je nachdem, wie Sie den Halsverlängerer anlegen, wirkt er einmal ähnlich wie Ausbinderzügel (Möglichkeit 1), ein anderes Mal eher wie ein Schlaufzügel (Möglichkeit 2). Anders als Ausbinderzügel und Schlaufzügel drückt er aber zugleich etwas auf das Genick Ihres Pferdes. Genau diesen Druck lehnen einige – wenige – Pferde jedoch strikt ab, was Sie leicht am ständigen Kopfschlagen erkennen. In einem solchen Fall sollten Sie auf den Halsverlängerer verzichten.

So legen Sie den Halsverlängerer an:

Möglichkeit 1:

- Führen Sie den Halsverlängerer von innen nach außen durch den linken Trensenring an den Backen Ihres Pferdes hinauf zum Genick und auf der anderen Kopfseite wieder hinunter.
- Dort leiten Sie ihn wieder von innen nach außen durch den rechten Trensenring.
- Haken Sie die Enden des Halsverlängerers rechts und links in den Sattelgurt zirka in Höhe des unteren Randes des Sattelblatts ein. Wenn Sie einen Longiergurt benutzen, haken Sie ihn in eines der unteren Longiergurtringe.
- Um den von der Höhe her passenden Ring zu wählen, drücken Sie den Kopf Ihres Pferdes für einen Moment sanft so weit hinunter, dass die Stirnlinie etwas vor der Senkrechten steht. In dieser Kopfposition sollte das „Band" zwischen Trensenring und Longiergurtring oder Sattelgurt eine waagerechte Linie bilden.
- Schlackert das Band locker hin und her, ist der Halsverlängerer noch zu lang. Ziehen Sie ihn genau in der Mitte des Genicks Ihres Pferdes durch den Schieber zu einer Schlaufe.
- Entweder verhaken Sie die Schlaufe nun rechts und links im Schieber oder – was haltbarer ist – machen einfach einen Knoten in die Schlaufe. Lassen Sie sich Zeit und verändern Sie die Größe der Schlaufe so lange, bis Sie die ideale – für die Übung geeignete – Kopfhaltung erreicht haben, die Ihr Pferd nicht einengt.

Möglichkeit 2:

- Wie unter „Möglichkeit 1" beschrieben, ziehen Sie den Halsverlängerer durch den Trensenring von innen nach außen, führen ihn über das Genick Ihres Pferdes und auf der anderen Kopfseite – wieder von innen nach außen – durch den zweiten Trensenring hindurch.
- Statt ihn jedoch an der Seite von Sattel oder Longiergurt zu befestigen, führen Sie beide Enden des Rundbandes zwischen den Vorderbeinen Ihres Pferdes hindurch zur Bauchmitte Ihres Pferdes.
- Beim Sattel klinken Sie die Haken dort in den Gurt ein (das geht nur bei einem Schnurengurt oder ei-

Können Sie sich die Ausgabe für Hilfszügel noch nicht leisten, dürfen Sie ersatzweise Ihr Pferd mit seinen Zügeln leicht „ausbinden".

Der Halsverlängerer besteht eigentlich nur aus einem elastischen Band mit Befestigungshaken an beiden Seiten.

nem Gurt mit einem dort befindlichen Ring) oder in den am Longiergurt dort angebrachten Bauchring.
- Um den Halsverlängerer auf die korrekte Länge zu kürzen, müssen Sie sich nun eine waagerechte Linie zwischen Pferdemaul und seitlichen Ringen „denken".

Noch ein wichtiger Befestigungstipp:

Bei einem Pferd, das sich noch leicht ablenken lässt und öfter einmal hin und her schaut, kann es passieren, dass die Schlaufe im Genick immer wieder verrutscht. Sie müssten Ihr Pferd dann immer wieder zum Halten durchparieren und die Schlaufe in die Genickmitte schieben. Am besten ziehen Sie sie daher gleich unter dem Genickstück des Zaumzeuges hindurch. Zwar sieht die aufrecht stehende Schlaufe zwischen den Pferdeohren recht witzig aus, aber wenigstens ist sie so einigermaßen fixiert und kann nicht mehr hin und her rutschen!

Schlaufzügel

Der Schlaufzügel ist ein Riemen aus Leder oder Gurtband. Der Longierschlaufzügel besitzt an beiden Enden Schlaufen und Schnallen zur Befestigung am Longiergurt oder am Sattel – der Reitschlaufzügel besitzt an einem Ende die Befestigungsschlaufe, am anderen Ende nur eine kleine Schnalle, mit der er mit dem zweiten Schlaufzügel (wie bei einem normalen Zügelpaar) verbunden wird. Sie können beide Varianten für Ihre Übungen benutzen.

So legen Sie den Schlaufzügel an – Möglichkeit 1:
- Schnallen Sie den linken Schlaufzügel an der Bauchmitte am Sattelgurt (entweder um die Schnuren oder im – an manchen Westernsätteln – dort befindlichen Ring) oder im Bauchring des Longiergurtes fest.
- Führen Sie den Schlaufzügel zwischen den Vorderbeinen Ihres Pferdes hindurch zum linken Trensenring und durch diesen von innen nach außen.
- Leiten Sie den Schlaufzügel weiter zum Sattel oder Longiergurt und befestigen Sie ihn am Gurt oder im Longiergurtring.
- Beim Longierschlaufzügel benutzen Sie dazu die Befestigungsschlaufe, den Reitschlaufzügel knoten Sie fest und winden die Enden um das Gurtband, damit sie nicht herumflattern.
- Beachten Sie dabei die „Ideallinie" – eine Waagerechte zwischen Pferdemaul und seitlicher Befestigung.
- Verfahren Sie ebenso mit dem rechten Schlaufzügel.

Eine Aufklärung, die not tut!

Auch wenn sich gerade um ihn die gruseligsten Schauergeschichten ranken, ist der Schlaufzügel der pferdefreundlichste Hilfszügel bei der Longenarbeit. Beim Reiten mit Schlaufzügel können Sie – gewollt oder ungewollt – tatsächlich sehr viele Fehler machen. Beim Longieren jedoch wird der Schlaufzügel sorgsam fixiert und erlaubt Ihrem Pferd, seinen Hals in idealer Weise vorwärts und zugleich abwärts zu dehnen, ohne es in irgend einer Weise einzuengen.

Wieder haben Sie zwei Möglichkeiten, den Schlaufzügel zu befestigen. Meistens wenden Sie die Möglichkeit 1 an, durch die Ihr Pferd sehr schön gymnastiziert wird. Möglichkeit 2 entspricht in der Wirkweise einem – allerdings starren – Ausbinderzügel. Sie wenden diese Möglichkeit nur an, wenn Ihr Pferd dazu neigt, den Kopf auf der Zirkellinie immer seitlich nach außen zu richten und sie ihm behutsam zur richtigen Kopfhaltung verhelfen möchten.

So schnallen Sie den Schlaufzügel „als Dreieckszügel" oder „Ersatz-Ausbinder" fest – Möglichkeit 2:

- Schnallen Sie den linken Schlaufzügel in den unteren Longiergurtring oder in den Sattelgurt in Höhe des unteren Sattelblatt-Randes.
- Leiten Sie ihn zum Pferdemaul weiter und ziehen ihn von innen nach außen durch den Trensenring.
- Führen Sie ihn zurück zum Longiergurt beziehungsweise Sattel und befestigen ihn ein Stück weiter oben im nächsten Ring oder in der Sattelgurtstrippe.
- Verfahren Sie in gleicher Weise mit dem rechten Schlaufzügel.

Bei dieser Befestigungsart fördert der Schlaufzügel die Vorwärts-Abwärts-Dehnung.

In der Wirkung dem Ausbinder ähnelt der Schlaufzügel, wenn Sie ihn als „Dreieckszügel" anlegen.

Wäre es nicht sicherer, bei einer aus zwei Stücken gearbeiteten Doppellonge die Schnalle zu öffnen?

Das können Sie durchaus tun, vor allem bei Ihren ersten Trainingseinheiten mit der Doppellonge, dem sogenannten Anlongieren. Nach klassischer Methode wird mit der am Ende geschlossenen Leine gearbeitet. Dabei lautet die Grundregel, dass die Leinen nicht über den Boden laufen dürfen. Offene Leinen dürfen das jedoch. Sie werden in den USA gern benutzt. Hier in unseren Breiten ist es allerdings schon aufgrund der Witterungsverhältnisse angeraten, mit geschlossenen Leinen zu arbeiten. Anders als in den sonnigen Teilen der Vereinigten Staaten, wo die Leinen im trockenen Sand höchstens staubig werden, verschmutzen sie auf unseren Außenplätzen ständig und werden durch Nässe und Schlamm zudem schwer in Hand und Pferdemaul. Generell sind geschlossene Leinen leichter zu handhaben, vor allem bei einhändiger Longenführung.

Doppellonge

Wenn Ihr Pferd die Übungen an der einfachen Longe beherrscht, beginnen Sie, gelegentlich auch mit „zwei Leinen" zu arbeiten – von der Zirkelmitte aus ebenso wie hinter dem Pferd gehend, also das Pferd vom Boden aus „fahrend": Dazu benutzen Sie eine Doppellonge. Sie ist zirka doppelt so lang wie die einfache Longe, misst also zwischen 14 und 18 m. Entweder ist sie durchgehend aus einem Stück gearbeitet oder besteht aus zwei, am Ende durch eine Schnalle verbundene Stücke. Da Sie erst lernen müssen, die Schlaufen geordnet über Ihre Hand zu führen und gleichzeitig darauf zu achten, dass die Leinen nicht über den Boden schleifen, ist die kürzere Spielart besser für Sie geeignet.

Materialien

Doppellongen gibt es auch aus verschiedenen Materialien: Gurtenband, Leder, Kunstleder, Nylonseil. Je schwerer das Material, desto unhandlicher wird die Longe für Sie selbst und desto mehr belastet sie durch ihr Eigengewicht das Pferdemaul, vor allem, wenn sie nass geworden ist. Sehr schön zu handhaben ist eine leichte, schmale Kunstleder-Doppellonge. Sie saugt sich bei Regen nicht mit Wasser voll und lässt sich im Nu durch Abspritzen säubern. Der Nachteil ist ihr hoher Preis. Günstiger, aber unhandlicher ist die Gurtenband-Doppellonge, auch als „Fahrleine" bezeichnet. Baumwollleinen sind im Durchmesser oft zu dick und daher für zierliche Hände – besonders beim einhändigen Arbeiten – weniger geeignet.

Verschnallungsmöglichkeiten der Doppellonge

Sie haben mehrere Möglichkeiten, die Doppellonge zu befestigen und dabei unterschiedliche Wirkungen zu erzielen.

Verschnallungsart Nr. 1 – zum Anlongieren:

Für die allerersten Übungen benutzen Sie die Befestigungsmöglichkeiten 1 oder 2. Die 1. Möglichkeit macht es Ihrem noch unerfahrenen Pferd leichter, sich auf der gebogenen Linie des Zirkels auch wirklich sanft zu biegen. Gleichzeitig gibt ihm die äußere Leine eine behutsame seitliche Begrenzung nach außen. Diese Begrenzung vermittelt ihm das Gefühl der Sicherheit. Vertrauensvoll und ohne Angst kann es sich auf die ihm neue Form der Arbeit konzentrieren.

So machen Sie es richtig:

- Rüsten Sie Ihr Pferd mit Trensenzaum und Sattel oder Longiergurt aus.
- Schnallen Sie die Zügel ganz aus dem Trensenzaum.
- Falls Sie anschließend noch reiten möchten und zum Longieren einen Sattel benutzen, belassen Sie die Zügel am Zaumzeug. Fixieren Sie normale Zügel, indem Sie die Enden aufschnallen, durch den Kehlriemen ziehen und auf dem Hals des Pferdes wieder zusammenschnallen. Lange Western Split Reins binden Sie am Sattelhorn fest. Ihr Pferd darf weder hinein treten können noch am Strecken des Halses behindert werden.
- Bringen Sie die Bügel auf die Höhe des unteren Sattelblattrandes oder des Western-Fenders und binden Sie so unter dem Pferdebauch zusammen, dass sie quer zum Pferdekörper stehen.
- Nehmen Sie das eine Ende der Longe und fädeln Sie es von außen nach innen durch den linken Trensenring. Leiten Sie die Longe weiter zum Longiergurt oder Sattel und befestigen Sie den Karabiner im unteren seitlichen Longiergurtring oder unterm Sattelblatt am Gurt. Achten Sie wieder auf die (unter „einfacher Longe" beschriebene) „Ideallinie" – die Waagerechte zwischen Trensenring und Sattel beziehungsweise Gurtring.
- Führen Sie nun das andere Ende der Longe über den Sattel auf die rechte Körperseite Ihres Pferdes.
- Ziehen Sie das Ende der Longe von hinten nach vorn durch den Steigbügel oder durch den unteren Longiergurtring und führen die Leine weiter bis zum rechten Trensenring.
- Klinken Sie den Karabiner in den Trensenring ein.
- Ordnen Sie die Leinen in Ihrer Hand, indem Sie von der Mitte der gesamten Leine aus (das ist „das Ende" einer aus einem Stück gefertigten oder in der Mitte zusammen geschnallten Doppellonge, das Sie beim Üben dann in der Hand halten) die Longe in großen gleichmäßigen Schlaufen übereinander aufnehmen. Die letzte Schlaufe liegt ganz oben, so dass Sie leicht „Leine zugeben" können,

wenn sich Ihr Pferd später vorwärts bewegt.

- Jetzt ist die Doppellonge so angelegt, dass Sie Ihr Pferd auf dem Longierzirkel im Gegenuhrzeigersinn – also auf der „linken Hand" – arbeiten können.
- Wenn Sie auf der „rechten Hand" arbeiten möchten, verfahren Sie in umgekehrter Weise.

Mit dieser Verschnallungsart können Sie Ihr Pferd nicht vom Boden „fahren".

Für die allererste Doppellongen-Stunde wählte Ausbilder Walter Feldmann für die damals noch sehr „überschäumende" Leika die Verschnallung nach Art des Dreiecks-Zügels.

Verschnallungsart Nr. 2 – nach Art des Dreieckszügels:

Auch die zweite Möglichkeit, die Doppellonge einzuschnallen, ist sehr gut für Ihre allerersten Übungen geeignet. Man nennt sie „Verschnallung nach Art des Dreiecks-Zügels". Ihr Pferd fühlt sich dabei von beiden Seiten sicher geführt. Die sichere Führung ist wichtig, wenn es vielleicht zu bocken beginnt oder erschrocken angaloppiert, sobald Sie die Leinen über seine Kruppe hinunterführen und die ungewohnte Berührung an seiner Hinterhand es irritiert. Sie selbst können bei dieser Verschnallung Ihr Pferd ohne großen Krafteinsatz ruhig auf der Zirkellinie halten, sogar wenn es zu einem Temperamentsausbruch kommen sollte. Das vermittelt auch Ihnen ein Gefühl der Sicherheit, so dass Sie die Ruhe ausstrahlen, die notwendig ist, um auch Ihr Pferd schnell wieder zu beruhigen.

Auch mit dieser Verschnallungsart sollten Sie Ihr Pferd nicht vom Boden „fahren"!

So machen Sie es richtig:

- Rüsten Sie Ihr Pferd mit Trensenzaum und Sattel oder Longiergurt aus und schnallen Sie wieder beim Sattel, wie oben beschrieben, die Bügel fest.
- Führen Sie die Longe aber nicht direkt zum Trensenring, sondern von hinten nach vorn durch den linken Steigbügel oder den unteren seitlichen Longiergurtring weiter zum linken Trensenring.
- Führen Sie die Longe durch diesen Trensenring von außen nach innen hindurch und wieder – an der linken Körperseite entlang – zum Longiergurt oder Sattel.

Mit sich und der Welt zufrieden „streckt" sich Leika an die einfach verschnallte Doppellonge heran.

- Beim Sattel befestigen Sie den Karabiner unter dem Sattelblatt im Gurt, beim Longiergurt im mittleren seitlichen Ring.
- Legen Sie das andere Ende der Longe über den Pferderücken und verfahren Sie auf der anderen Körperseite in gleichem Maße (von hinten nach vorn durch den Steigbügel oder unteren Longiergurtring – weiter von außen nach innen durch den Trensenring hindurch – und zurück zum Sattelgurt unterm Sattelblatt beziehungsweise zum mittleren Longiergurtring.
- Mit dieser Verschnallung können Sie Ihr Pferd „auf beiden Händen", also sowohl im Uhrzeigersinn als auch im Gegenuhrzeigersinn arbeiten.

Verschnallungsart Nr. 3 – die „einfache Art":

Nach wenigen Übungseinheiten hat sich Ihr Pferd an die Doppellonge gewöhnt, so dass Sie zu den nächsten beiden Verschnallungsmöglichkeiten übergehen können. Dazu zählt die „einfache Verschnallung". Sie wirkt wie ein ganz normaler Zügel und behindert Ihr Pferd in keiner Weise, so dass es einfach locker vorwärts gehen kann. Wählen Sie immer wieder zwischendurch

Mit dieser Verschnallungsart können Sie Ihr Pferd hervorragend vom Boden „fahren" – und zwar auf Reitbahnen ebenso wie im Geschicklichkeitsparcours und im Gelände!

diese einfache Verschnallungsart, auch wenn Sie gelegentlich die weiter unten beschriebene vierte Verschnallungsmöglichkeit „nach Art des Schlaufzügels" anwenden. So kann sich Ihr Pferd immer wieder entspannen und lockern und einen schönen Vorwärtsdrang entwickeln. Vor allem Pferde, die durch falsches Reiten einen starken Unterhals entwickelt haben oder „schief" gehen, brauchen diese einfache Verschnallung immer wieder, um zum Vertrauen in die Menschenhand zurück zu finden!

So machen Sie es richtig:

- Rüsten Sie Ihr Pferd wie üblich mit Trensenzaum, Longiergurt oder Sattel mit festgebundenen Bügeln aus.
- Führen Sie das Ende der Doppellonge von hinten nach vorn durch den unteren Longiergurtring oder den Steigbügel und zum Trensenring.
- Klinken Sie den Karabiner in den Trensenring ein.
- Falls Ihr Pferd ein Hannoversches Reithalfter trägt, können Sie den Karabiner auch auf jeder Seite in Trensenring und Reithalfter zugleich einklinken. Dadurch wird der Druck der Leine gleichmäßig auf Maul und Nase verteilt. Legen Sie nun das zweite Ende der Doppellonge wieder über den Pferderücken, ziehen es von hinten nach vorn durch den Bügel beziehungsweise unteren Longiergurtring.
- Führen Sie die Doppellonge weiter nach vorn bis zum Trensenring und klinken den Haken hier ein.
- Mit dieser Verschnallung können Sie, ohne Änderung wieder „auf beiden Händen" longieren.

Verschnallungsart Nr. 4 – nach Art des Schlaufzügels:

Ab und an möchten Sie auch bei der Doppellongen-Arbeit sanft formend auf den Pferdekörper einwirken. Dazu verschnallen Sie die Doppellonge „nach Art des Schlaufzügels". Sie hilft Ihrem Pferd, sich zu entspannen und weist ihm behutsam den Weg in die Dehnungshaltung, ohne es in seiner Beweglichkeit groß einzuengen. Wenn Sie feststellen, dass sich Ihr Pferd bei dieser Art der Verschnallung im Genick „eng" macht und den Kopf an die Brust heran zieht, ist es hierfür noch zu früh. Sie kehren für eine Weile zu Verschnallung 3 oder 1 zurück und versuchen es später noch einmal.

Auch mit dieser Verschnallungsart können Sie Ihr Pferd vom Boden „fahren" – allerdings bitte nur auf der Reitbahn und weder im Geschicklichkeitsparcours noch im Gelände!

Da Leika ein Hannoversches Reithalfter trägt, wird der Führstrick in den Kinnriemen eingehakt.

So machen Sie es richtig:

- Wieder rüsten Sie Ihr Pferd mit Trensenzaum, Longiergurt oder Sattel mit festgebundenen Bügeln aus.
- Führen Sie das Ende der Doppellonge von hinten nach vorn durch den unteren Longiergurtring beziehungsweise den Bügel hindurch nach vorn zum Trensenring.
- Fädeln Sie die Longe von außen nach innen durch den Trensenring hindurch und leiten sie zwischen den Vorderbeinen hindurch zum Bauch Ihres Pferdes. Hier klinken Sie den Karabiner in den Schnurengurt oder den dort befindlichen Ring des Longiergurtes ein.
- Verfahren Sie auf der anderen Körperseite genauso.
- Auch bei dieser Verschnallungsmöglichkeit können Sie „auf beiden Händen" arbeiten.

Verschnallungsart Nr. 5 – "am nackten Pferd":

Zusätzlich gibt es noch eine sehr interessante „Verschnallungsart" – auf die diese Bezeichnung eigentlich gar nicht zutrifft. Sie können die Doppellonge nämlich auch dazu benutzen, Ihr Pferd ohne Sattel und ohne Longiergurt vom Boden zu „fahren". Dies tun Sie allerdings erst, wenn Sie beide ein tiefes Vertrauen ineinander entwickelt haben und wenn Sie beide die Doppellongen-Übungen sehr gut beherrschen. Dann rüsten Sie Ihr Pferd gelegentlich nur mit einem Trensenzaum aus und klinken die Karabiner an den Enden der Doppellonge direkt in die Trensenringe ein. Hinter dem Pferd gehend, „fahren" Sie es, ohne dass die Leinen durch die Ringe eines Longiergurtes oder die Steigbügel des Sattels eine Führung erhalten. Diese Übung stellt eine wunderschöne Abwechslung in Ihrem Alltag dar. Aus Sicherheitsgründen führen Sie sie allerdings nur auf einer eingefriedeten Reitbahn durch.

Führen mit der Doppellonge

- Können Sie nicht sofort mit der Doppellongen-Arbeit beginnen, führen Sie die aufgenommenen Schlaufen zum Sattel oder Longiergurt hinauf. Beim Longiergurt befestigen Sie sie mit einem Lederriemchen, beim Sportsattel mit dem „Hilfsriemen" am Sattelkopf. Beim Westernsattel legen Sie sie sorgfältig über das Horn.
- Klinken Sie in das Reithalfter – nicht in den Trensenring – den Karabiner des Führstricks ein.

- Gehört zur Zäumung kein Reithalfter, führen Sie den Karabiner des Stricks durch den inneren Trensenring unter dem Pferdekinn entlang zum äußeren Trensenring und haken ihn dort fest. Klinken Sie den Strick niemals nur in einen Trensenring ein!

Vor und nach der Doppellongen-Arbeit befestigen Sie die Leinen sicher am Sattel und führen Ihr Pferd mit dem Strick.

Hilfengebung in der Courtesy Methode

Alle Lebewesen sind von dem Wunsch angetrieben, mit Wesen der gleichen Art Kontakt aufzunehmen und sich ihnen mitzuteilen. So haben die verschiedenen Tierarten auch gänzlich unterschiedliche Verständigungsmöglichkeiten entwickelt. Vögel beispielsweise kommunizieren durch Rufe ebenso wie durch Körperbewegungen miteinander. Viele Insektenarten reagieren auf Botschaften in Form von Düften. Ihr Pferd verständigt sich mit seinem Artgenossen in erster Linie über Körperhaltungen und Körperbewegungen. Seine „Stimme" – die verschiedenen Formen des Wieherns und Brummelns – spielen eine völlig untergeordnete Rolle. Auch wir Menschen benutzen über die Lautsprache hinaus Mimik und Gesten zur Verständigung. Oft drücken unser Gesichtsausdruck, unsere Haltung und unsere Körpersprache sogar etwas völlig anderes aus als unsere wörtliche Rede!

Verständigung mit dem Pferd

Wenn Sie mit Ihrem Pferd eine harmonische Partnerschaft aufbauen möchten, müssen Sie miteinander kommunizieren – also „Botschaften" austauschen. Dazu müssen Sie selbst die „Sprache" Ihres Pferdes nicht nur möglichst gut verstehen, sondern Sie müssen sich ihm gegenüber auch in seiner „Sprache" verständlich machen können. Zugleich sollten Sie für Ihr Pferd ein guter Lehrer sein und ihm die wichtigsten Begriffe unserer menschlichen Lautsprache beibringen.

Die „Alles in Ordnung"-Botschaft

Ihr Pferd verständigt sich mit seinen Artgenossen mittels der Körpersprache. Es ist die Körpersprache eines „Fluchttieres", das die Botschaft „Gefahr im Anzug!" möglichst schnell erkennen muss, um darauf zu reagieren. Das Fluchttier Pferd weidet in freier Wildbahn inmitten seiner Herde. Aus den Augenwinkeln heraus beobachtet es seine Artgenossen, die – wie es selbst – grasen oder mit hängendem Kopf dösen oder hin und her schlendern. Alle sind entspannt, denn nirgendwo ist ein Angreifer in Sicht. Entspanntheit zeigt sich in quer verlaufenden, also waagerechten Körperlinien und schwingenden, lockeren Bewegungen.

Die „Vorsicht!"-Botschaft

Von einer Sekunde zur anderen jedoch geht ein Ruck durch die Herde: Ein verdächtiges Rascheln im Gras lässt die Pferde aufhorchen. Die Hälse schießen hoch, die Mäuler hören auf zu kauen. Die Nüstern weiten sich, steil stellen sich die Schweife auf. Mit angespannten Muskeln macht die Leitstute einige ruckartige hohe Tritte und „schnorchelt" laut: „Vorsicht, wir sollten fliehen!" Angst, Erregung und Alarmbereitschaft zeigen sich also in allen ausgeprägt aufrechten, also senkrechten Körperlinien, in angespannter Muskulatur und ruckartigen Bewegungen.

Die Pferdesprache besteht aus einer Vielzahl von Körperhaltungen und -bewegungen. Die I-Tüpfelchen der Ausdrucksstärke sind Augen, Maulpartie und Ohren.

Die „Angriff – Todesgefahr!"-Botschaft

Oft hat eine solche Geschichte aus der freien Wildbahn für ein bestimmtes Pferd kein „happy end". Dieses Pferd ist alt und krank oder schwach. Es kann das Fluchttempo nur kurze Zeit durchhalten, dann fällt es zurück. Der Verfolger – in unserem Beispiel ein Berglöwe – hat es in wenigen Sätzen eingeholt. Zum letzten Angriff richtet er sich auf den Hinterbeinen auf und hebt die Vorderpranken, um mit ein paar kräftigen Hieben das alte Pferd niederzureißen. Einen aufrechten Gang, schnelle aggressive Bewegungen und hoch erhobene Arme deutet Ihr Pferd als Angriff und Todesgefahr!

Noch einmal „auf den Punkt gebracht" bedeutet dies:

- sanft schwingende, lockere Bewegungen bei quer verlaufenden Körperlinien heißen in der Pferdesprache „Alles ist in Ordnung!"
- ruckartige Bewegungen, harte laute Töne und alle aufrechten Körperlinien heißen in der Pferdesprache „Vorsicht – seid fluchtbereit!"
- schnelle Bewegungen auf das Pferd zu in aufrechter Haltung auf zwei Beinen mit hoch erhobenen Armen bedeuten „Angriff – Todesgefahr!"

Was Sie daraus für sich selbst schließen:

- Wenn Sie sich entspannt und gelassen ohne hektische Gesten bewegen und mit ruhiger Stimme sprechen, signalisieren Sie Ihrem Pferd, dass es sich nicht zu fürchten braucht.
- Wenn Sie selbst angespannt sind, ruckartige Bewegungen machen und Ihre Stimme deutlich anheben, signalisieren Sie Ihrem Pferd, dass etwas nicht in Ordnung ist.
- Wenn Sie selbst sich in betont aufrechter Position, mit erhobenen Armen und schnellen Bewegungen auf das Pferd zu bewegen, vermitteln Sie ihm das Gefühl, in echter Gefahr zu sein! Ein unterwürfiges Pferd werden Sie damit in Angst und Fluchtstimmung versetzen, bei einem selbstbewussten Pferd unter Umständen einen Angriff herausfordern!

Aufrecht verlaufende Körperlinien weisen auf hohe Erregung hin. Dieses Pferd „kämpft" gegen seinen Reiter.

Individualdistanz

Ist es Ihnen schon einmal passiert, dass Sie spontan zurückwichen, als ein aufdringlicher Zeitgenosse Ihnen „ganz nah auf den Pelz rückte", um Ihnen eine „vertrauliche Mitteilung" zu machen? Unbewusst versuchten Sie, die „Individualdistanz" wieder herzustellen. Wer diese Distanz unterschreitet, löst ein unbehagliches Gefühl in Ihnen aus. Sie fühlen sich bedrängt, werden unsicher, ängstlich oder ärgerlich, je nachdem, ob Sie Ihr Gegenüber instinktiv als stärker oder schwächer als Sie selbst einschätzen. Auch Ihr Pferd empfindet einen Bereich von zirka ein bis zwei Meter um sich herum als unantastbar. In seiner Pferdewelt dürfen nur das eigene Fohlen, befreundete Pferde oder – in der Paarungszeit – der Hengst diese Individualzone betreten, ohne dass es bei einem Ranghöheren zurückweicht oder einen Rangniedrigeren mit einer Drohgeste vertreibt.

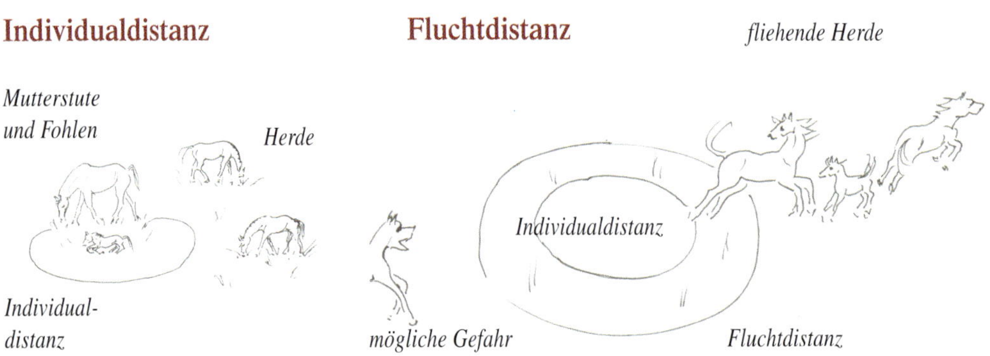

Fluchtdistanz

Als echtes Fluchttier kann das Pferd seine Reaktionsschnelle und seine Fluchtgeschwindigkeit gut einschätzen. Mit einem Blick erkennt es, wie nah es einen potentiellen Angreifer herankommen lassen darf, ehe es wirklich in Gefahr gerät. In dem Augenblick jedoch, in dem der „Fremdling" diese Fluchtdistanz unterschreitet, wendet es sich ab und flieht.

Rangordnung

Das Leben in der Herde ist von der Rangordnung geprägt. Das ranghöchste Pferd hat als erstes Zugang zu den besten Futterplätzen und zu den Wasserstellen. Jedes rangniedrigere Pferd weicht ihm dabei respektvoll aus. Es darf den Ranghohen weder überholen noch sich unaufgefordert nähern. Aber natürlich erlaubt auch das ranghohe Pferd dem rangniedrigen Herdengenossen, der ihm sympathisch ist, Seite an Seite neben ihm zu grasen oder seinen Widerrist zu beknabbern. Winzige Gesten – eine leichte Schlenkerbewegung des Halses oder ein Augenrollen – genügen jedoch, um das rangniedrige Pferd wieder aus diesem Bereich „hinaus zu komplimentieren". Das rangniedrige Pferd nimmt dies weder übel noch reagiert es beleidigt.

Was Sie aus diesen kleinen Geschichten lernen:

- Eines Ihrer Ziele besteht darin, das Vertrauen und die Freundschaft Ihres Pferdes zu erwerben, damit es sich nicht von Ihnen bedrängt oder angegriffen fühlt, wenn Sie sich in seiner direkten Körpernähe – also innerhalb seiner Individualzone – befinden.
- Wenn Sie sich Ihrem Pferd aus größerer Entfernung nähern, verhalten Sie sich in einer Weise, die ihm signalisiert: „Ich bin dein Freund!". Damit verhindern Sie, dass es sich bedroht fühlt und versucht, zwischen sich selbst und Ihnen die Fluchtdistanz aufrecht zu erhalten. Dies ist beispielsweise wichtig, wenn Sie es auf der Weide einfangen möchten.
- Sie nehmen Ihrem Pferd stets die Rolle des Ranghöheren ein. In dieser Rolle entscheiden Sie darüber, ob Sie das Pferd einladen, Körperkontakt mit Ihnen aufzunehmen oder ob Sie es höflich mit einer kleinen Bewegung auffordern, Ihre Individualzone in dem bestimmten Moment zu respektieren beziehungsweise wieder zu verlassen.

Hilfengebung

Was sind „Hilfen"?

Weiter vorn in diesem Buch haben Sie schon einmal das Wort „Hilfengebung" gelesen. In der Fachsprache ist damit gemeint, dass Sie beim Reiten durch Ihr Körpergewicht, Ihre Schenkel und Zügel auf das Pferd einwirken (Gewichtshilfe, Schenkelhilfe, Zügelhilfe). Sie können es damit antreiben oder zurückhalten, seine Gangart, sein Tempo und seine Richtung beeinflussen. Mit einer Gerte oder mit Sporen unterstützen Sie die Schenkel- und Gewichtshilfen. Mit Ihrer Stimme beruhigen Sie Ihr Pferd, muntern es auf, loben oder tadeln es, je nachdem, wie Sie diese „Stimmhilfe" benutzen. Vom Boden aus wirken Sie mit Führstrick, Leine oder Longe, aber auch mit einer langen Gerte, einer Longierpeitsche und natürlich Ihrer Stimme auf das Pferd ein. Darüber hinaus benutzen Sie – und das ist sehr wichtig – auch Ihre Körpersprache. Wie Sie dies alles im einzelnen tun, erfahren Sie in den nächsten Absätzen.

Erste Annäherung

Wir Menschen verständigen uns in erster Linie mit der Lautsprache. Daher ist es aus unserer Sichtweise auch verständlich, dass Sie – wenn Sie sich zum ersten Mal einem Pferd nähern – Ihre Stimme dabei einsetzen. Sie locken es mit einem „Komm her!“, loben sein Herankommen mit einem „So ist es brav“ und versuchen, sich vor möglichen Gefahren durch wörtliche „Befehle“ („Aber nicht beissen!“) zu schützen. Ihr Pferd reagiert anfangs auf Ihre Worte nur in Verbindung mit Ihrer Körpersprache. Unbewusst signalisieren Sie ihm, dass Sie Kontakt aufnehmen möchten. Ist es selbst neugierig und an Ihnen interessiert, kommt es herbei und hält sich eine Weile in Ihrer Nähe auf, bis Sie ihm langweilig werden. Erst in Verbindung mit anderen „Hilfen“ lernt es, bestimmte Worte als Wünsche, Kommandos oder Befehle zu deuten.

Optische – also sichtbare – Signale

Das „Sehen“ spielt im Leben des Pferdes eine große Rolle. Seine Augen sitzen seitlich am Kopf, so dass es ein deutlich breiteres Blickfeld überwacht als Raubtiere (und Menschen) mit ihrem nach vorn gerichteten Blick. Wie Sie bereits erfahren haben, lauten die zwei Grundregeln der Pferdesprache: Fließende, schwingende Bewegungen und quer verlaufende Linien = alles in Ordnung! Und: Ruckartige Bewegungen und aufrechte Linien = Achtung! Auf diesen Grundregeln bauen in der Courtesy Methode Ihre „sichtbaren Botschaften“ an Ihr Pferd auf. Die optischen Signale „senden“ Sie durch:

- Ihren Körper,
- die Gerte,
- die Longierpeitsche,
- sichtbare Bewegungen von Führstrick, Seil, Longe oder sonstigen Hilfsmitteln.

Berührungssignale – also „fühlbare“ Signale

So wundervoll eine Verständigung zwischen Mensch und Pferd ohne jegliche Hilfsmittel erscheint, so muss sie doch auf den eingefriedeten Raum beschränkt bleiben. In unserer hoch technisierten Umwelt ist es aus Sicherheitsgründen unverzichtbar, dass Sie Ihr Pferd unter Kontrolle halten und es daran hindern, auf eigene Faust davon zu wandern und sich und andere dabei ohne böse Absicht in Gefahr zu bringen. Indem Sie Ihr Pferd in Ihrer Nähe halten, geben Sie ihm durch ein fühlbares Signal zu verstehen: „Du musst bei mir bleiben!“ Führstrick, Seil und Longe sind in der Courtesy Methode Ihre Verbindungsstücke zwi-

Warum optische Signale so wichtig sind:

Anders als beim Reiten fühlt Ihr Pferd Sie bei den Übungen nicht auf seinem Rücken. Etwas auf seinem Rücken zu spüren, ist für ein Pferd zunächst sehr beängstigend, denn in freier Wildbahn bedeutet dies Todesgefahr! Da Sie bei der Courtesy Methode jedoch ausschließlich vom Boden aus mit ihm arbeiten, sieht Ihr Pferd Sie bei den meisten Übungen vor, neben oder seitlich hinter sich oder in einiger Entfernung von sich stehen oder gehen. Das erleichtert Ihnen und Ihrem Pferd die Verständigung ungemein, denn so können Sie in die Rolle eines Herdenmitglieds schlüpfen und sich in einer Sprache mit ihm verständigen, die es versteht und von klein auf geübt hat. Da Sie die einfachen Regeln dieser Sprache leicht erlernen und anwenden können, schaffen Sie auf pferdegerechte Art eine wunderbare Basis des Vertrauens.

schen sich selbst und dem Körper Ihres Pferdes. Indirekt berühren Sie Ihr Pferd über das Halfter an seinem Kopf oder über das Trensengebiss in seinem Maul, wenn Sie an dem Strick ziehen oder zupfen, mit dem Seil „schlenkern" oder umgekehrt Leine nachlassen. Sie wirken damit auf die Richtung ebenso wie auf das Tempo ein. Mit der Gerte berühren Sie es – je nachdem, an welchem Körperteil Sie dies tun, verlangsamen Sie damit seinen Gang und halten es an oder Sie fordern es auf, fleißiger vorwärts zu gehen. Berührungen mit der Gerte oder der Hand lassen es nach allen Seiten hin ausweichen.

So, wie Sie Ihrem Pferd beibringen, auf fühlbare Signale aufmerksam zu reagieren, lehren Sie es in der Courtesy Methode – zum Beispiel beim Gentle Training im Alltag – jedoch auch, im alltäglichen Umgang Ihre Berührungen zu dulden und als angenehm zu empfinden. Ihr Pferd orientiert sich dabei an Ihrer Körpersprache, Ihrer Stimme und Ihrer gesamten Ausstrahlung. Sie machen es ihm möglich, zwischen den unterschiedlichen Arten der Berührung zu unterscheiden.

Akustische – also „hörbare" Signale

Während Sie beim Reiten niemals nur mit dem Pferd, sondern stets auch mit sich selbst beschäftigt sind (manchmal tatsächlich auch mit dem Problem, bloß nicht herunter zu fallen), arbeiten Sie am Boden von deutlich sichererer Warte aus. Je häufiger Sie die unten aufgezeigten praktischen Übungen machen und je routinierter Sie die verschiedenen Ausrüstungsteile handhaben, desto weniger lenken Sie die „technischen" Handgriffe ab. Sie können Ihrem Pferd also immer mehr Aufmerksamkeit schenken und Ihre optischen Hilfen zum passenden Zeitpunkt mit einem Wortkommando, einem Schnalzen oder einem leisen Flöten, aber natürlich auch einmal mit einem Peitschenknall kombinieren. Auf diese Weise lernt es sehr bald die Bedeutung der akustischen Signale kennen, so dass die sichtbaren und fühlbaren Signale allmählich in den Hintergrund treten.

Kombination verschiedener Signale

Aus Ihrer Schulzeit wissen Sie, dass Sie am leichtesten lernten, wenn Ihr Lehrer Ihnen eine Aufgabe nicht nur mündlich erklärte, sondern dazu Bilder zeigte oder Sie bei einer praktischen Vorführung mitwirken ließ. Auch Ihr Pferd lernt am leichtesten, wenn Sie am Anfang einer Übung möglichst verschiedene Signale miteinander kombinieren. Sie zupfen am Seil (Berührungssignal), sagen „Steh!" (akustisches Signal), treten seitlich von vorn auf das Pferd zu und heben gleichzeitig die Gerte (zwei optische Signale), um es zu lehren, anzuhalten. Fast alle Übungen der Courtesy Methode lassen sich auf diese Weise durch verschiedene Signale verständlich machen.

Trockenübungen

Vorbereitung auf die Praxis

Möchten Sie mit einem aufgeregten Pferd an der Hand feststellen, dass Sie sich in die Longe „eingewickelt" haben und nun in Panik geraten, weil sie befürchten, Ihr Pferd könne davon stürmen und Sie mitschleifen? Nein, natürlich nicht! Ein unverzichtbarer Bestandteil der Courtesy Methode sind daher „Trockenübungen". Bevor Sie mit den Übungen am „lebenden Pferd" beginnen, üben Sie allein oder mit einem Helfer, welche Körperhaltung Sie einnehmen, welche Bewegungen Sie machen und wie Sie Führstrick, Longe oder die anderen verschiedenen Ausrüstungsteile handhaben. Sie überlegen auch, welche Stimmkommandos Sie künftig bevorzugt geben möchten. Je mehr Sie „trocken" üben und mit Ihrem Helfer auch mögliche kritische Situationen „durchspielen", desto mehr Routine gewinnen Sie bei den praktischen Handgriffen.

So sollten Sie vorgehen:

- Bevor Sie eine neue Übungsreihe mit Ihrem Pferd in Angriff nehmen, üben Sie die wichtigsten Haltungen, Bewegungen, Stimmkommandos und Handgriffe „trocken."
- Machen Sie mit einem Helfer ein Spiel daraus, sich zahlreiche Eventualitäten auszudenken und studieren Sie Ihr korrektes Verhalten darauf ein. Gehen Sie nach der „Als-ob"-Methode vor. Handeln Sie immer so, wie ein routinierter souveräner Ausbilder mit jahrzehntelanger Erfahrung wahrscheinlich handeln würde, auch wenn Ihnen dies manchmal komisch vorkommen sollte und Sie viel lachen werden. Jede „souveräne" Handlung prägt sich als Muster in Ihre Denkstrukturen ein und wird zu einer „Erfolgserinnerung", auf die Sie im praktischen Fall zurückgreifen können!
- Vernachlässigen Sie die Trockenübungen auch dann nicht, wenn Sie längst mit Ihrem Pferd praktisch arbeiten. In der Praxis machen Sie ja niemals jede Übung an jedem Tag! Durch die Trockenübungen können Sie sich daheim in Ihrem Garten oder im Wohnzimmer selten durchgeführte Übungen ins Gedächtnis zurückrufen und sich sowohl geistig als auch technisch darauf vorbereiten!

Körperkontrolle

Ihr Pferd ist ein erstklassiger „Körpersprachler" und besitzt eine ausgezeichnete Beobachtungsgabe. Wenn Sie sich mit ihm beschäftigen, tauschen Sie – ohne dass es Ihnen bewusst wird – ununterbrochen Botschaften mit ihm aus. Ihr Pferd „liest" aus Ihrem Körper, so wie Sie aus einem aufgeschlagenen Buch lesen. Ein wichtiges Ziel in der Courtesy Methode besteht darin, dass Sie lernen, Ihren eigenen Körper zu kontrollieren. Dabei helfen Ihnen die unten vorgestellten „Körperübungen".

Die wichtigsten Körperübungen

Übung Nr. 1 – richtig stehen:

Ob Sie neben oder vor Ihrem Pferd stehen oder aus größerer Entfernung – zum Beispiel von der Mitte des Longierzirkels aus – mit ihm arbeiten möchten – Sie müssen „standfest" und damit sicher stehen und diese Sicherheit auch Ihrem Pferd übermitteln. Sicher zu stehen heißt nicht, fest und unverrückbar zu stehen, sondern elastisch und reaktionsschnell zu bleiben:

- Stellen Sie sich auf die Fußspitzen und wippen auf und nieder. Wenn Sie dann den Fuß wieder auf die Sohle stellen, sollten Sie das Gefühl guter und sicherer Bodenhaftung haben.
- Federn Sie aus den Hüften heraus leicht in angedeutete Kniebeugen hinunter, um Ihr Becken in eine Position zu bringen, in der Sie sich „standfest", aber zugleich elastisch fühlen.
- Nehmen Sie eine aufrechte Haltung ein und kreiseln Sie mit Ihren Schultern, bis Sie sie gelockert haben, so dass Sie gerade, aber nicht steif, sondern im Oberkörper entspannt stehen.
- Ziehen Sie den Bauch nicht ein!
- Lassen Sie den Kopf vorsichtig kreisen (es sollte nicht zu sehr knirschen) und schauen Sie dann ge-

radeaus nach vorn. Werfen Sie weder den Kopf zurück noch schielen Sie ständig nach unten.

- Lassen Sie Ihre Arme aus den Schultern kreisen und lassen Sie dann locker hängen. Werfen Sie in Gedanken einen weichen Schaumstoffball von einer Hand in die andere und erinnern Sie sich an das Gefühl des Fangens, wenn Sie später einen Strick oder die Longe in die Hand nehmen.
- Machen Sie sich unbedingt die Position Ihrer Hände klar: Sie sollten sich in Höhe ihrer Oberschenkel, höchstens knapp unter Hüftknochenhöhe befinden. Achten Sie bewusst auf Ihre Hände – sie bleiben in Höhe der Oberschenkel. Ertappen Sie sich später bei der Praxis dabei, dass Ihre Hände hoch schnellen (und das werden sie anfangs oft tun), senken Sie sie bewusst. Sie werden entdecken, dass das Senken der Hände Ihre Aufregung mindert und Ihr Pferd ruhiger macht.
- Setzen Sie eine selbstbewusste Miene auf und lächeln Sie freundlich!
- Sehen Sie sich im Geist von der Grundposition mit gesenkten Händen aus ruhig und gelassen an Ihrem Pferd stehen. Es wird Sie weder angreifen noch wegzulaufen versuchen. Sie strahlen die Ruhe der Mutterstute aus, in deren Schutz sich Ihr Pferd geborgen fühlt.

Dies ist die neutrale Körperhaltung des ranghöheren Pferdes. Aus dieser Position heraus können Sie in jeder Form auf ein rangniedrigeres Pferd einwirken.

Berührungen sind „fühlbare“ Hilfen. Hier weicht Blesa gehorsam dem sanften Druck von Ulrikes Hand.

Hier demonstriert Veronika sehr schön das „richtige Stehen“.

Ein wesentliches Ziel in der Courtesy Methode

Im Laufe der Zeit werden Ihre „Hilfen" immer dezenter und leiser. Sie und Ihr Pferd kennen einander so genau, dass nur mehr angedeutete Bewegungen, eine kleine Veränderung Ihrer Körperhaltung und ein kaum hörbares akustisches Signal genügen, um eine bestimmte Übung „abzurufen". Auch die Berührungssignale - die Hilfen über Strick, Longe oder Leinen - sind auf ein Mindestmaß reduziert und wirken eher wie ein behutsames Zwiegespräch. Dieses Ziel zu erreichen, vermittelt Ihnen ein großes Glücksgefühl und schenkt Ihrem Pferd Zufriedenheit und Geborgenheit.

Übung Nr. 2 – richtig gehen

Täglich gehen Sie viele Male mit Ihrem Pferd „irgendwo hin" – zum Anbindeholm, zum Longierzirkel, zum Waschplatz. Oft sind Sie eilig, unkonzentriert, mit den Gedanken „wo anders". Ihr Verhalten spiegelt sich in dem respektlosen oder uninteressierten „Mitgehen" Ihres Pferdes wider. Prägen Sie sich für das richtige Gehen mit Ihrem Pferd den Grundsatz ein: „Ich geleite mein Pferd zu einem sicheren Ort – mein Pferd folgt mir voller Vertrauen!" Dieser Grundsatz verhindert, dass Sie sich in Gedanken zu viel mit der Frage „Benimmt sich mein Pferd richtig, wenn ich mit ihm gehe?" beschäftigen. Bauen sie lieber die Gewissheit auf: „Als Leitstute weiß ich mit absoluter Sicherheit, dass mein Pferd mir folgt und nicht daran denkt, mich zu überholen oder sonstige Schwierigkeiten zu machen!"

- „Schreiten" Sie aus der Grundposition „Richtig stehen" heraus locker abwechselnd mit größeren und kleineren Schritten vorwärts, bis Sie Ihre individuelle Schrittlänge gefunden haben.
- Gehen Sie zügig, aber nicht eilig.
- Übertragen Sie die entspannte und zugleich zielgerichtete Körperhaltung, die Sie aus der Übung Nr. 1 kennen, auch auf die schreitende Bewegung. Sie vermittelt Ihnen das Selbstvertrauen, in einem Gefahrenfall blitzschnell zu reagieren.
- Denken Sie an Ihre Hände, die sich unterhalb der Höhe Ihres Hüftgelenks befinden sollten.
- Setzen Sie eine selbstbewusste Miene auf und lächeln Sie freundlich!
- Praktizieren Sie diese Form des aufrechten und zugleich lockeren Gehens in Ihrem alltäglichen Leben außerhalb des Pferdestalls – im Büro, auf der Straße mit Ihren Kindern, wenn Sie Besucher herumführen und so weiter. Sie werden feststellen, dass man Sie höflicher behandelt, seltener Ihre Entscheidungen anzweifelt und Ihre Bitten bereitwilliger befolgt.
- Sehen Sie beim Schreiten in dieser Körperhaltung und mit diesen Bewegungen im Geist immer Ihr Pferd hinter sich gehen. Sie sind die Leitstute, der es bedingungslos folgt!

Dies sind Körperhaltung und Bewegungsablauf des Leitpferdes, das unbeirrt seinen Weg geht.

Übung Nr. 3 – das Pferd „verlangsamen"

Wenn Sie einen aufgeregten Menschen in Ihrer Umgebung beruhigen möchten, machen Sie unbewusst mit Ihrer Hand eine gleichmäßige Auf- und Abbewegung, bei der Ihre Handinnenfläche nach unten zeigt. Diese Handbewegung dient auch dazu, Ihr Pferd langsamer zu machen, wenn es hektisch oder eilig wird. Sinnbildlich entspricht sie dem Senken des Kopfes der Mutterstute. Sie verwandelt damit die aufrechte Halslinie, die Erregung signalisiert, in die quer verlaufende Linie, die „Entwarnung" anzeigt.

- Wenn Sie stehen oder gehen, atmen Sie bewusst aus, lassen ein wenig Ihre Schultern fallen und senken Sie leicht den Kopf. Bewegen Sie Ihren Oberkörper etwas zurück (nicht nach vorn!) hinter die Senkrechte
- Auch wenn Sie gehen, verlangsamen Sie etwas Ihren Schritt und bewegen Sie den Oberkörper etwas zurück hinter die Senkrechte.
- Arbeiten Sie mit Ihrem Pferd gerade auf der linken Hand (es läuft also im Gegenuhrzeigersinn), dann machen Sie die entsprechende Handbewegung mit der linken Hand. Arbeiten Sie auf der rechten Hand, machen Sie die Handbewegung mit Ihrer rechten Hand.
- Achten Sie darauf, dass Sie Ihre Hand auch bei der Aufwärtsbewegung nicht über die Höhe Ihrer Hüftknochen anheben.
- Bewegen Sie die Hand weiter sanft nach unten, bis das Pferd auf das gewünschte Tempo verlangsamt hat. Lächeln Sie liebevoll!
- Sehen Sie sich in Gedanken mit dieser Bewegung Ihr Pferd immer wieder beruhigen – Sie sind die Mutterstute, deren Entscheidung es voll vertrauen kann.

Dies sind Körperhaltung und – im übertragenen Sinne – Bewegung des souveränen und erfahrenen Muttertieres, welches durch sein Vorbild das Fohlen besänftigt.

Übung Nr.4 – das Pferd zu sich „einladen"

Im täglichen Umgang mit Ihrem Pferd sind Sie regelmäßig darauf angewiesen, dass es freiwillig zu Ihnen kommt. Sicher kennen Sie viele frustrierte Pferdebesitzer, die im Paddock oder auf der Weide hinter ihren Tieren herrennen müssen. Durch das Fortlaufen demonstriert ein Pferd deutlich, dass es keinerlei Interesse an einer Beschäftigung mit „seinem" Menschen hat. In der Position des Ranghöheren, dem das Pferd vertraut, werden Sie Ihr Pferd jedoch bald jederzeit zu sich „einladen" können. Das Leitpferd in der Herde übermittelt eine solche Einladung durch entspannte Körperlinien, einen freundlichen Blick und durch leichte Seitwärtsdrehung oder -stellung des Körpers.

In der höfischen Gesellschaft des 17. Jahrhunderts erwiesen die Edelleute einander mit einer eleganten leichten Verbeugung bei etwas seitwärts gerichteter Körperhaltung Reverenz, wobei sie ihren Hut (oder nur ihre Hand) in einer fließenden Geste nach hinten führten. Diese Bewegung findet sich auch in der ersten Phase des Hofknickses der Dame wieder. Wenn Sie sich eine solche Szene gedanklich vor Augen führen, wissen Sie auch, wie Sie mit Ihrem Körper die Einladung an Ihr Pferd ausdrücken.

- Nehmen Sie die Körperhaltung aus Übung Nr. 1 ein.
- Stellen Sie sicher, dass Sie ganz entspannt stehen.
- Führen Sie die „höfische Reverenzbewegung" in abgemilderter Form durch und lächeln dabei liebenswürdig.
- Senken Sie leicht den Kopf und bewegen ihn dabei etwas seitwärts.
- Stellen Sie sicher, dass Ihre Arme locker herabhängen mit den Händen in Höhe der Oberschenkel.
- Treten Sie einen halben Schritt – bitte keinen ganzen – Schritt zurück.
- Sehen Sie vor Ihren geistigen Augen Ihr Pferd zu Ihnen herankommen und in respektvollem Abstand von zirka einem Meter vor Ihnen stehenbleiben.

Am „lebenden Modell" führe ich hier mit Leika die Übung „Das Pferd einladen" vor und übertreibe absichtlich die „Reverenz-Haltung" ein wenig.

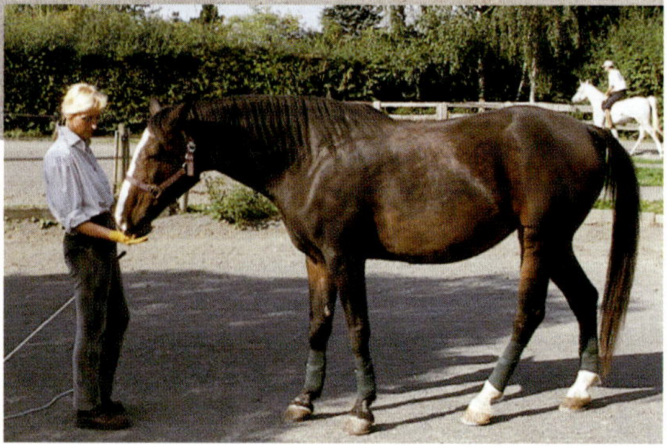

Leika ist meiner Einladung nachgekommen.

Dies ist die Körperhaltung und -bewegung eines ranghöheren Pferdes, das sicher ist, dass seine freundliche Einladung willig befolgt wird.

Übung Nr. 5 – das Pferd anhalten

Kein Pferd würde es jemals wagen, das Leitpferd „umzurennen". Die Individualzone des Leitpferdes ist eine „Tabu-Zone", die es wie ein unsichtbarer Zaun umgibt. Diesen „Zaun" können Sie selbst auch durch Ihre Körperhaltung nachahmen und zugleich durch Ihre Arm- und Handbewegung und -haltung betonen. Reicht der Aufbau dieses „Zaunes" nicht, fügen Sie als zusätzliches Signal die entsprechende Körperbewegung hinzu, indem Sie sich auf Ihr Pferd zu bewegen. Der Leitstute weicht das rangniedrigere Pferd grundsätzlich aus! Bitten Sie Ihren Helfer, das Pferd zu spielen, das in der Praxis auf der linken Hand – also im Gegenuhrzeigersinn – auf Sie zu käme.

- Nehmen Sie die Grundposition aus Übung Nr. 1 ein.
- Stehen Sie aufrecht mit leicht zurückgenommenen Schultern.
- Ziehen Sie den Bauch nicht ein.
- Heben Sie auch Ihr Kinn ein wenig.
- Heben Sie nun schnell und ruckartig den linken Arm mit erhobener Hand – die Handfläche ist nach vorn gerichtet.
- Machen Sie gleichzeitig einen energischen Schritt ganz von vorn oder schräg von vorn auf Ihren Helfer zu, ohne den Arm zu senken.
- Vergessen Sie, trotz Ihres energischen „Entgegentretens" nicht, freundlich zu lächeln. Damit überzeugen Sie Ihr eigenes Unterbewusstsein, dass diese Übung

Durch diese Körperhaltung und -bewegung demonstrieren Sie das Selbstvertrauen des Leitpferdes, das ohne zu zweifeln darauf vertraut, dass das rangniedrigere Pferd gehorcht und anhält.

Ihnen leicht fällt, obgleich Sie im praktischen Leben vielleicht nicht der „energische Typ" sind.

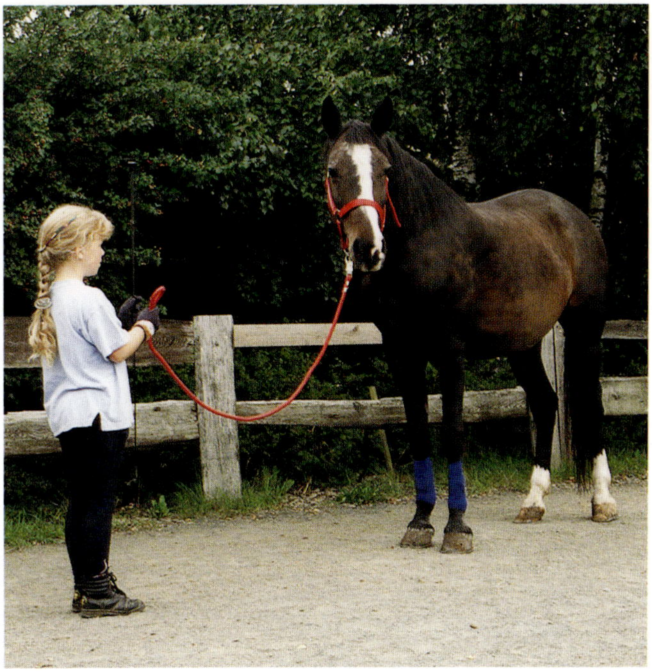

Dass Pferde und Kinder hervorragend zusammen arbeiten, stellt Kerstin bei dieser „Anhalt"-Übung mit Leika unter Beweis.

Übung Nr. 6 – die Aufmerksamkeit des Pferdes erhalten

Von seiner Aufmerksamkeit hängt in der Wildnis oft genug das Leben des Pferdes ab. Aufmerksamkeit ist aber auch unverzichtbar in der Zusammenarbeit mit dem Menschen. Nur ein aufmerksames Pferd wird Ihre Wünsche in einer Weise befolgen, die nicht nur Ihrer vergnüglichen Beschäftigung, sondern auch Ihrer beider Sicherheit dient. Aufmerksamkeit zu erzielen und zu erhalten steht wieder in engem Zusammenhang mit den aufrechten Körperlinien und ruckartigen Bewegungen des Körpersprachlers Pferd, die „Achtung" signalisieren.

- Nehmen Sie die Grundposition aus Übung Nr. 1 ein.
- Nehmen Sie den Kopf ein wenig zurück, ziehen Sie den Bauch nicht ein.
- Heben Sie mit einer schnellen Bewegung den Arm und weisen Sie mit dem Zeigefinger nach oben. Der Zeigefinger ist Ihr Signalgeber, auf den sich später die Aufmerksamkeit Ihres Pferdes richtet.
- Sehen Sie Ihr Pferd in Gedanken vor sich stehen und den Finger im Auge behalten.
- Wann immer Ihr Pferd den Blick abwendet, rucken Sie noch einmal mit dem Finger nach oben, um die Aufmerksamkeit Ihres Pferdes wieder auf sich zu ziehen.
- Später senken Sie mit einer ruhigen Bewegung den Arm, um Ihr Pferd aus der Aufmerksamkeitshaltung zu entlassen.

Dies sind Körperhaltung und -bewegung des Leitpferdes, das sicher ist, dass sein Signal „Achtung" von der ganzen Herde beachtet wird und dass alle Herdenmitglieder so lange achtsam bleiben, bis das Leitpferd „Entwarnung" signalisiert.

Übung Nr. 7 – das Pferd „antreiben" und „fortschicken"

Wenn Sie Ihr Pferd antreiben oder fortschicken möchten, begeben Sie sich in Gedanken in die Position des Leithengstes. Er befindet sich im allgemeinen seitlich hinter dem Pferd und treibt es vorwärts oder seitwärts, indem er sich selbst zielgerichtet und zügig bewegt und seine Bewegungen durch entsprechende Halsbewegungen unterstreicht.

- Nehmen Sie die Körperhaltung aus Übung Nr. 1 ein.
- Gehen Sie, wie in Übung Nr. 2 beschrieben, und geben Ihrem Gang jedoch mehr energischen Vorwärts- oder Halb-Seitwärts-Impuls, je nachdem, in welche Richtung Sie Ihr Pferd in Gedanken treiben möchten.
- Heben Sie Ihr Kinn leicht an.
- Bleiben Sie dabei in der Hüfte elastisch und ziehen Sie den Bauch keinesfalls ein.
- Winkeln Sie Ihre Arme einige Zentimeter vom Körper ab und heben Sie Ihre Hände bis zirka Taillenhöhe. Richten Sie die Handinnenflächen nach außen, so dass sie auf das Pferd weisen.
- Heben und senken Sie die Arme in fließenden Bewegungen, ohne dabei hektisch zu werden und ohne dass die Armbewegungen den Rhythmus Ihres Vorwärtsschreitens behindern.

Dies sind Körperhaltung und -bewegung des Leithengstes, der Gehorsam voraussetzt und nicht erwartet, Gewalt einsetzen zu müssen.

Übung Nr. 8 – das Pferd rückwärts schicken:

In allen Kulturkreisen können Sie eine Handbewegung des „Fortscheuchens" beobachten, die man meist noch mit einem Laut kombiniert, der sich wie ein „Tsch, tsch..." anhört. So hat Ihre Großmutter die Gänseschar zurück auf die Wiese geschickt. Oder Sie selbst haben Ihr Kind und seine Freunde mit dieser Geste dazu animiert, doch draußen im Garten weiterzuspielen, als die kleine Schar im Wohnzimmer zu viel Unsinn veranstaltete. Auch Ihr Pferd wird später hervorragend auf dieses optische Signal reagieren, wenn Sie es rückwärts schicken möchten, ohne es zu berühren. Üben Sie ruhig einmal mit Helfer. Bei der Übung stehen Sie und Ihr Helfer einander gegenüber – mit dem Gesicht zueinander. Ihr Helfer tritt auf Ihre Handbewegung hin zurück.

- Nehmen Sie die Grundposition aus Übung Nr. 1 ein.
- Winkeln Sie Ihre Arme vor Ihrem Körper leicht an und lassen Sie Ihre Hände locker – mit nach innen gerichteten Handflächen – hängen.
- „Treiben" Sie Ihr Gegenüber zurück, indem Sie Ihre Finger immer vor und zurück schnellen lassen.
- Gehen Sie dabei ruhig, aber energisch auf Ihr Gegenüber zu.

Dies sind Körperhaltung und -bewegung des ranghöheren Pferdes, das ohne zu zögern annimmt, dass sein rangniedrigeres Gegenüber zurück weicht, wenn er auf es zu tritt.

Stimmübungen

Als „Lautsprachler" ist für uns selbst der Umgang mit unserer Stimme absolute Selbstverständlichkeit, dennoch benutzt jeder Mensch seine Stimme höchst individuell. Viele Menschen reden ständig, auch mit sich selbst – andere neigen zur Schweigsamkeit. Über Sprechgeschwindigkeit, Tonfall und Klangfarbe können Sie Ihre Stimme wirkungsvoll verändern. Ihr Pferd benutzt gelegentlich auch Laute, um sich mit seinen Artgenossen zu verständigen oder Ihr Kommen zu begrüßen. Daher ist es nach einiger Zeit auch in der Lage, Silben und Worte aufgrund der Sprachmelodie und des Klanges als solche wahrzunehmen. Es muss jedoch lernen, Ihre stimmlichen Äußerungen als Signal für bestimmte Handlungen zu verstehen. Machen Sie ruhig auch daheim Stimmübungen. Stellen Sie sich dazu vor den Spiegel und kombinieren Sie diese Übungen gelegentlich mit den oben beschriebenen Körperübungen.

Wortkommandos und ihre Aussprache

- Entscheiden Sie sich für einfache und deutliche Wortkommandos mit klangvollen Vokalen und sprechen Sie diese melodisch aus: „Komm!", „Steh!" (ausgesprochen wie „Steeeeh!") oder „Whoaa!" (ausgesprochen wie „Uoooooh!") und „Halt" („Haaaalt!") .
- Vermeiden Sie ähnlich klingende Worte für unterschiedliche Signale. Sagen Sie nicht „Nein!", wenn Sie mit „Fein!" loben, es sei denn, Sie sprechen das „Nein!" kurz, abgehackt und hoch aus und lassen das „Fein" lang ausschwingen.
- Senken Sie die Stimme, wenn Sie Ihr Pferd beruhigen und sein Tempo verlangsamen möchten – "Scheeerittt!" oder „Schöööööön ruhig!".
- Heben Sie die Stimme und lassen Sie sie aufmunternd und eifrig klingen, um es zu motivieren oder anzutreiben: „Hopp – Galopp!".
- Tadeln Sie – selten – in scharfem Ton: „Nein!" „Lass das!"
- Üben Sie generell – auch im Alltag außerhalb des Pferdestalls – klangvoll, deutlich und mit angenehmer Tonlage zu sprechen. Überlegen Sie, was Sie sagen wollen, ehe Sie hektisch „Unsinn" heraussprudeln.

Was Sie beherzigen sollten:

- Reden Sie im alltäglichen Umgang nicht ununterbrochen mit Ihrem Pferd, wie viele Pferdebesitzer dies tun. Denken Sie daran, dass Ihr Pferd als Wildpferd ein Körpersprachler ist. Sein Gehör richtet sich auf seine Umgebung, um Gefahren frühzeitig wahrzunehmen. Ständiges Plappern verunsichert es oder stumpft es ab. Hat es erst einmal seine Aufmerksamkeit von Ihnen abgezogen, ist es schwer zu motivieren, Ihnen bei den Übungen volle Aufmerksamkeit zu schenken.
- Schimpfen Sie auch nicht ständig mit ihm, weil es dies oder jenes nicht tut, wie Sie es sich vorstellen. Denken Sie stets daran: Ihr Pferd reagiert immer nur auf Ihr Verhalten! Verhalten Sie sich wie ein Leittier, wird es Ihren Wünschen stets umgehend nachkommen. Wer herumschimpft, tadelt im Grunde nur sich selbst. Dem Pferd ist es lediglich lästig, es verliert das Interesse und „schaltet auf stur".
- Geben Sie bei der Arbeit mit dem Pferd einmal das Kommando – nur als Wortkommando oder in Verbindung mit anderen Hilfen. Gehorcht das Pferd, wiederholen Sie das Kommando keinesfalls. Loben Sie auch nicht überschwenglich. Ihr Pferd könnte meinen, dass es die Übung nun wieder beenden soll.

Summen, Flöten, Schnalzen

Ausgesprochen wirksame und zugleich dezente Stimmhilfen sind Summen, Flöten und Schnalzen. Das Summen einer kleinen Melodie oder das kurze melodische Flöten einer Oktave beruhigt Ihr Pferd, ein Schnalzton mit der Zunge spornt es an. Summen, flöten und schnalzen Sie später bei Ihrer praktischen Arbeit nicht ununterbrochen. Dies stumpft Ihr Pferd ab und lässt seine Aufmerksamkeit auf Null sinken. Fordern Sie Ihr Pferd beispielsweise zum Galopp auf (Wortkommando „Galopp!" und ein einmaliges Schnalzen) und es galoppiert gehorsam an, geben Sie kein Stimmkommando mehr. Beobachten Sie Ihr Pferd stattdessen sehr genau. Erst wenn Sie aufgrund seiner Bewegungen merken, dass es aus dem Galopp in den Trab zurückfallen will, spornen Sie es mit einem einzigen Schnalzlaut an, weiter zu galoppieren. So erhalten Sie seine Aufmerksamkeit!

Handhabung von Führstrick und -seil

Wie Sie Führstrick oder -seil handhaben, hat großen Einfluss auf den Erfolg Ihrer praktischen Übungen mit dem Pferd. Strick oder Seil sind Verbindungsstücke zwischen Hand und Pferdekopf. Bewegungen am Strick nimmt Ihr Pferd als eine Form der Berührung wahr, denn sie übertragen sich auf die Halfteröse, in die der Strick eingehakt ist. Um im Umgang mit Strick und Seil „trocken" Routine zu erwerben, üben Sie am besten mit einem Helfer, der am anderen Ende das Pferd mimt. Steht Ihnen kein Helfer zur Verfügung, binden Sie den Strick an einem Gegenstand fest.

Übungen mit dem Führstrick

- Fassen Sie den Strick nicht am Strickende an, sondern formen ihn zu einer großen – etwa 40 cm langen – Schlinge.
- Nehmen Sie beide Enden in die Hand, aber wickeln Sie sie niemals um die Hand.
- Positionieren Sie Ihre Hand etwa in Hüftknochenhöhe und bleiben Sie in Schulter und Ellbogengelenk locker.
- Zupfen Sie am Strick – diese Hilfe macht Ihr Pferd aufmerksam. Es darf das Zupfen nicht als Zug, sondern muss es als kurzen Impuls fühlen.
- Schlenkern Sie den Strick leicht hin und her. Mit diesem Berührungssignal fordern Sie Ihr Pferd auf, zurück zu bleiben und Abstand zu halten.
- Schleudern Sie die Schlinge aus Ihrem Handgelenk nach oben. Dieses optische – ruckartig nach oben weisende – Signal imitiert die ruckartigen aufrechten Alarmbewegungen des Leitpferdes. Sie signalisieren Ihrem Pferd, dass es aufzupassen hat.
- Lassen Sie den Strick nicht so weit durchhängen, dass er knapp oder gar ganz den Boden berührt. Sie oder Ihr Pferd könnten sich beim Gehen darin verfangen oder darauf treten. Ihr Pferd erhält dabei einen unangenehmen Schlag gegen den Kopf. Es kann stolpern, Sie selbst könnten sogar stürzen.

Handhabung der Führkette

Vielleicht haben Sie das Gefühl, Ihr Pferd sei ausgesprochen respektlos. Eine solche Respektlosigkeit ist allerdings selten das Zeichen für einen bösartigen Charakter. Vielmehr betrachtet sich das Pferd selbst als ranghöher als Sie. Es sieht keine Veranlassung, den Anordnungen eines rangniedrigeren Herdenmitgliedes zu folgen und ignoriert Sie daher. Um die Aufmerksamkeit Ihres Pferdes auf Sie zu richten, ist es sinnvoll, dass Sie sich bei den ersten Führübungen einer Führkette bedienen, die Sie, wie weiter vorn beschrieben, ins Halfter knüpfen. Ihr Ziel muss es jedoch sein, damit Ihre Einwirkung über den Führstrick Ihrem Pferd verständlicher zu machen, nicht, es zu strafen! Bitten Sie einen Helfer, die Führkette am Ende zu halten und über seine Hand zu legen. Er sollte dazu unbedingt Handschuhe und eine Jacke mit festen Ärmeln tragen, um sich an der Führkette, die bei diesen Übungen hochspringt, nicht zu verletzen!

Übungen mit der Führkette

Der Erfolg der Führkettenarbeit beruht auf dem „Pull and Slack"-System oder „Zupf und lass los!"- System des kurzen impulsartigen Annehmens und sofortigen Nachlassens. Niemals dürfen Sie dauerhaft daran ziehen!

- Lockern Sie zunächst Ihr Handgelenk, indem Sie es mehrfach nach beiden Seiten hin kreisen lassen.
- Fassen Sie den Strick mit der Führkette wie unter den Übungen mit Führstrick beschrieben.
- Zupfen Sie impulsartig am Führstrick.
- Wiederholen Sie dies mehrere Male, bis Sie das blitzartige Zupfen und sofortige Nachlassen sicher beherrschen.

Übungen mit dem Führseil

- Da das Führseil deutlich länger ist als der normale Strick, müssen Sie das Ende mehrfach schlaufen.
- Um jederzeit Seil nachfassen oder zugeben zu können, wickeln Sie grundsätzlich die Schlinge vom Seilende her auf.
- Legen Sie das Seilende so über Ihre Hand, dass die letzte (dem Pferd nächste) Schlinge ganz oben liegt. So führen Sie später Ihr Pferd, wenn Sie in einer Hand das Seil und in der anderen die Gerte halten möchten.
- Möchten Sie später Ihr Pferd führen, ohne dass Sie eine Gerte mitführen, können Sie etwas Seil zugeben. Fassen Sie die Schlingen in der linken Hand und leiten Sie mit Ihrer rechten Hand weiter vorn am Seil das Pferd.
- Üben Sie, Seil zuzugeben, indem Sie die Schlingen nach und nach aus Ihrer Hand gleiten lassen (Ihr Helfer sorgt dafür, dass der Strick unter leichter Zugspannung bleibt).
- Fassen Sie danach wiederum Seil nach, indem Sie die Schlingen wieder von unten nach oben aufnehmen.

Den Fehler, die Seilschlaufen über den Boden schleifen zu lassen, machen viele „Anfänger" unabsichtlich.

Je länger das Seil, desto größer ist auch die Gefahr, dass Sie die Schlingen verwirren. Je häufiger Sie das Zugeben und Nachfassen trocken „unter Zug" mit einem Helfer üben, desto geringer ist das Risiko. Das Seil darf nicht auf den Boden fallen oder so weit durchhängen, dass Ihr Pferd oder Sie selbst hinein treten. In einem solchen Fall lassen Sie das Seilende sofort los, treten vom Seil zurück und heben es dann wieder auf. Das mindert die Gefahr, dass Sie stürzen oder mitgerissen werden.

Handhabung der Longe

Mit der Longe arbeiten Sie Ihr Pferd später auf der Kreislinie, aber auch auf normalen „Hufschlagfiguren" in der Reitbahn oder bei Longen- und Führübungen in anderen Teilen Ihrer Reitanlage oder im Gelände. Die Longe ist deutlich länger als ein Führseil, dafür aber schmaler, weniger dick und je nach Material (zum Beispiel durch eingearbeitete Lederstege) griffiger. Um wirkungsvoll mit der Longe „trocken" zu üben, benötigen Sie einen Helfer, der die Longe hält und auch einmal daran zieht oder auf Sie zu springt, so dass die Longe auf den Boden fällt. Fehlt ein Helfer, binden Sie die Longe an einem Gegenstand fest.

Übungen mit der Longe

- Nehmen Sie die Longe – von dem Ende angefangen, das später in Ihrer Hand liegt – in aufeinander liegenden Schlaufen auf. Dabei muss jede neue Schlaufe ein wenig größer sein als die vorhergehende.
- Da Longen aus Gurtenband sehr leicht dazu neigen, sich zu verdrehen, achten Sie darauf, dass die gesamte Longe unverdreht in Ihrer ganzen Hand liegt.
- Achten Sie auf die zu Ihrer Körpergröße passende Schlaufengröße. Zu viele zu kleine Schlaufen sind unhandlich – in zu lange Schlaufen könnten Sie versehentlich hineintreten.
- Nehmen Sie die Longe sachte an und geben wieder nach, während Ihr Helfer Pferd spielt und durch Auf- und Abbewegungen seiner Hand das leichte Nicken des Pferdekopfes imitiert. Üben Sie, mit „leichter Hand" die Verbindung zum Pferdemaul zu halten und keinen anhaltenden Zug auszuüben.
- Während Ihr Helfer – wie ein unerfahrenes Pferd – die Zirkellinie verkleinert, üben Sie das zügige Nachfassen der Longe in Schlaufen, um zu verhindern, dass die Leine über den Boden schleift.
- Gleichzeitig führen Sie mit der Longe kleine Schlängelbewegungen aus. Damit treiben Sie „Ihr Pferd" wieder nach außen auf die Zirkellinie zurück.
- Nehmen Sie die Longe nach Ihrer „Arbeit" in großen gleichmäßigen und unverdrehten Schlaufen auf, knoten Sie das Ende mit dem Karabinerhaken um den oberen Teil der Schlaufe und hängen Sie die Longe sorgfältig fort. So brauchen Sie sie vor der nächsten Benutzung nicht mühsam wieder aufzuwickeln.

Handhabung der Doppellonge

Mit der Doppellonge nehmen Sie rechts und links direkten Kontakt zum Maul Ihres Pferdes auf. Bei geschickter Longenführung können Sie daher wie beim Reiten auf Ihr Pferd ganz individuell einwirken und über die Leinen Gangart, Tempo und Richtung deutlich besser beeinflussen als mit der einfachen Longe. Sie können mit der Doppellonge beidhändig und einhändig arbeiten. Üben Sie – wenn mög-

Gertrud (links) mimt das Pferdchen, damit Veronika vorführen kann, dass die Longe stets leicht durchhängen sollte.

lich – wieder mit einem Helfer. Wenn Sie die Longe an einem Gegenstand festbinden, können Sie leider nur die einfachsten Handgriffe „trocken“ vorbereiten.

Noch einmal aus der Nähe: So nehmen Sie die Longe in großen Schlaufen auf.

Übungen mit der Doppellonge

- Machen Sie sich zunächst mit den langen Leinen vertraut, indem Sie die Doppellonge der Länge nach auslegen, zur Hälfte „falten“ und dann vom Ende her in großen Schlaufen aufnehmen.
- Achten Sie auf die zu Ihrer Körpergröße passende Schlaufengröße.
- Möchten Sie mit beiden Händen arbeiten, halten Sie die Leinen wie Zügel und lassen Sie rechts und links zwischen kleinem und Ringfinger durchlaufen. Die restlichen Schlaufen nehmen Sie mit der linken Hand auf.
- Möchten Sie einhändig Ihr Pferd auf der linken Hand (also im Gegenuhrzeigersinn) arbeiten, nehmen Sie die linke (innere) Leine zwischen Daumen und Zeigefinger auf. Die rechte (äußere) Leine nehmen Sie zwischen Ring- und Mittelfinger auf. Den übrigbleibenden Rest der Leine halten Sie zwischen kleinem und Ringfinger.
- Bleibt kein Rest Leine übrig, weil die Doppellonge eher kurz ist, nehmen Sie die Leinen zwischen kleinem und Ringfinger sowie Daumen und Zeigefinger auf.
- Durch Drehen Ihrer Hand aus dem Handgelenk können Sie einmal die innere, dann die äußere Leine mehr annehmen.
- Üben Sie auch das Fahren vom Boden, indem Sie die Doppellonge so verkürzen, dass Sie in zwei Metern Abstand hinter Ihrem „Helfer-Pferd“ her gehen.
- Fahren Sie unterschiedlichste Figuren – bitten Sie Ihren Helfer, Ihre Zügelhilfen genau umzusetzen. So können Sie erkennen, ob Sie beide Trensenringe gleichmäßig belasten und Ihr Pferd korrekt lenken.
- Schlaufen Sie die Doppellonge nach Beendigung Ihrer Übungen

Auf diesem Bild übt Brigitte die beidhändige Führung der Doppellonge...

sorgsam auf und umknoten Sie mit dem letzten Teil der Leine den oberen Teil der Schlaufen, um sie dann sorgsam weg zu hängen.

Da jeder Mensch ein sehr individuelles Gefühl in seinen Händen hat, können Sie die Leinen auch zwischen anderen als den oben genannten Fingern verlaufen lassen. Probieren Sie aus, wie Sie sie am leichtesten und vor allem präzisesten handhaben können. Wichtig ist, dass Sie gezielt über den äußeren ebenso wie über den inneren Trensenring Ihres Pferdes einwirken können. Ihr Helfer, der die Doppellonge vorn bei Ihren Trockenübungen hält, kann Ihnen eine Rückmeldung geben, welche Zügelhaltung am angenehmsten für das Pferdemaul sein könnte.

... und macht uns hier dann die einhändige Führung vor.

Handhabung der Gerte

Bei Ihren ersten Führübungen ist die Gerte ein wichtiges Ausrüstungsteil. Sie verlängert Ihren Arm und ermöglicht Ihnen, Ihr Pferd an allen Körperteilen zu berühren, ohne dass Sie dabei Ihre Grundposition aufgeben müssten. Ebenso bedeutend ist die Funktion der Gerte als optisches Signal. Wenn Sie sie aufrecht stellen, symbolisiert sie in der Pferdesprache die aufrechte Körperlinie – also das Zeichen für „Achtung" und „Aufgepasst!"

Wenn Sie sie quer vor Ihren Körper halten, symbolisiert sie die Querlinien, welche Entspannung signalisieren. Dabei macht die Gerte Sie „breiter" und gibt Ihnen die Möglichkeit, Ihr Pferd über die gesamte Länge seines Körpers hin nach allen Richtungen zu treiben, ohne dass es dabei Furcht oder Stress empfindet. Bitten Sie einen Helfer, das Pferd zu spielen.

Achten Sie bei der Handhabung der Gerte darauf, dass Ihr Daumen oben liegt.

Grundhaltung der Gerte beim Führen von links

- Umfassen Sie die Gerte mit der linken Hand ungefähr 15 cm vom oberen Knauf entfernt.
- „Krallen" Sie sich nicht an der Gerte fest, sondern bleiben im Handgelenk elastisch und locker.
- Der Daumen liegt oben und weist in Richtung auf Ihren Zeigefinger.
- Für jede weitere Hilfengebung bewegen Sie Ihren Arm aus dem Ellbogengelenk heraus, um die Gerte zu heben, zu senken, vor das Pferd zu führen und ihm damit die gewünschte Richtung zu weisen.

Antreiben:
- Halten Sie die Gerte in der Grundhaltung.
- Führen Sie sie links an Ihrem Körper vorbei nach hinten in Richtung Flanke des Pferdes.
- Aus dem Handgelenk heraus lassen Sie die Gerte gegen die Flanke tippen.

Anhalten:
- Halten Sie die Gerte in der Grundhaltung.
- Machen Sie einen energischen Schritt seitlich vor das Pferd.
- Heben Sie dabei die Gerte und halten Sie sie schräg vor seine Nase.
- Senken Sie die Gerte, sobald das Pferd steht.
- Ist es unaufmerksam und möchte weitergehen, heben Sie die Gerte, bis Ihr Pferd steht.
- Ist es entspannt, senken Sie die Gerte auf die Höhe Ihrer Hüfte.
- Zum Wiederantreten nehmen Sie die Gerte wieder an Ihre Körperseite zurück. Tippen Sie das Pferd nur an der Flanke an, wenn es Ihrer Aufforderung zum Antreten beim zweiten Mal nicht gehorcht.

Wenden:
- Halten Sie die Gerte in der Grundposition.
- Heben Sie sie bis zur Höhe der Nüstern an und weisen Sie damit – wie ein verlängerter Zeigefinger – in die gewünschte Richtung nach rechts.
- Folgen Sie der Bewegung mit Ihrem ganzen Körper und gehen Sie dabei ohne zu zögern in diese Richtung.
- So leiten Sie Ihr Pferd souverän in die Wendung hinein.

Rückwärtsrichten:
- Halten Sie die Gerte in der Grundposition.
- Treten Sie vor Ihr Pferd, so dass Sie es anschauen (halten Sie einen Abstand von zirka 1,5 m ein, damit Ihr Pferd die Gerte auch sehen kann)
- Führen Sie die Gerte wie einen verlängerten Zeigefinger in Richtung Pferdebrust.
- Tippen Sie die Pferdebrust nur an, wenn das Pferd auf das optische Signal hin nicht zurückweicht.
- Senken Sie die Gerte, wenn das Pferd die gewünschte Anzahl der Rückwärtstritte durchgeführt hat.

Handhabung der Longierpeitsche

Noch viel deutlicher als die kürzere Gerte kann Ihr Pferd die lange Longierpeitsche als optisches Signal wahrnehmen. Nur in den seltensten Fällen werden Sie daher mit der Longierpeitsche Ihr Pferd berühren müssen. Die Longierpeitsche benutzen Sie
- bei allen Übungen mit der einfachen und der Doppellonge,
- als lange „Handgerte" bei fortgeschrittenen Führübungen, bei denen Sie mit einem längeren Seil oder eine Longe aus größerer Entfernung arbeiten,

- als lange „Handarbeitsgerte“ beim Fahren vom Boden.

Grundhaltung der Longierpeitsche

- Umfassen Sie den Griff der Peitsche, so dass der Peitschenschlag auf das Pferd (Ihren Helfer) weist.
- Legen Sie den Daumen nicht auf die Peitsche, sondern seitlich unten an die Peitsche.
- Wird Ihnen so die Peitsche nach einer Minute zu schwer, greifen Sie sie direkt hinter dem Griff auf die gleiche Weise (viele Frauen mit zierlichen Händen werden dies tun müssen, wenn sie eine normale Longierpeitsche und keine leichte, dünne besitzen).
- Bleiben Sie im Ellbogen- und im Handgelenk locker und geschmeidig und bewegen Sie aus beiden Gelenken heraus die Peitsche in allen Richtungen, um ein Gespür für die Handhabung und die Bewegung des Peitschenschlages zu bekommen.
- Große weite Schlagbewegungen erzielen Sie mit aus dem Ellbogengelenk, kleine präzise oder schlängelnde Schlagbewegungen aus dem Handgelenk heraus.
- Nehmen Sie jetzt zusätzlich die einfache und später auch die Doppellonge in der jeweiligen Grundposition in die Hand. Halten Sie die Longierpeitsche (als Rechtshänder) in der rechten Hand über der jeweiligen Leine, so dass der Stab flach über den Leinen „schwebt“.
- Machen Sie Ihre Bewegungsübungen aus dieser Haltung – mit Longe oder Doppellonge in der Hand – wie oben. Ihr Helfer spielt „Pferd“ und geht dabei im Kreis um Sie herum. So entwickeln Sie ein Gespür für die verschiedenen Gegenstände in Ihrer Hand.

Die „richtige“ Hand

Nach klassischer Manier halten Sie die Longierpeitsche immer in der „äußeren Hand“. Geht Ihr Pferd auf der linken Hand, also im Gegenuhrzeigersinn, ist seine rechte Körperseite seine äußere Seite. Sie halten die Longierpeitsche in der rechten Hand. Geht Ihr Pferd auf der rechten Hand, also im Uhrzeigersinn, halten Sie die Longierpeitsche in der linken Hand. Dadurch ist gesichert, dass Sie das Pferd niemals durch eine ungeschickte Handhabung in seinem nach vorn gerichteten Bewegungsfluss stören. Denken Sie daran, was auch immer Sie von vorn auf das Pferd zu bewegen (Ihren ganzen Körper, Ihren Arm, eine Gerte, eine Longierpeitsche), „bremst“ das Pferd ab.

- Lassen Sie Ihren Helfer als Pferd auf der linken Hand gehen.
- Nehmen Sie die einfache Longe in die linke Hand und die Longierpeitsche in die rechte Hand. Führen Sie die Peitsche flach und sacht in einem großen Kreis hinter dem „Pferd“ her (der Schlag schleift über den Boden).
- Aus dieser Grundhaltung heraus heben und senken Sie die Peitsche mehrere Male.
- Lassen Sie Ihren Helfer als Pferd auf der rechten Hand gehen.
- Nehmen Sie die einfache Longe in die linke Hand und machen Sie die gleichen Übungen.
- Wiederholen Sie diese Übung mit der Doppellonge. Bei beidhändiger Führung der Leinen halten Sie dann – wenn Ihr Pferd auf der linken Hand geht – in der rechten Hand sowohl eine Leine als auch die Longierpeitsche. Bewegen Sie die Longierpeitsche und bemühen Sie sich, dabei dem Pferd nicht im Maul zu ziehen. Ihr Helfer teilt Ihnen mit, wie Ihre Bewegungen am Pferdemaul „ankommen“, ob Sie rucken, vibrieren oder ziehen.
- Wiederholen Sie die Übungen auf der anderen Hand.

- Üben Sie mit der Doppellonge die einhändige Longenführung. Geht Ihr Helfer-Pferd auf der linken Hand, halten Sie die Doppellonge in der linken und die Peitsche in der rechten Hand. Geht Ihr Helfer Pferd auf der rechten Hand, halten Sie die Doppellonge in der rechten Hand und die Longierpeitsche in der linken.

Die „ruhende Peitsche"

Wenn Sie Ihrem Pferd keinerlei Peitschensignal geben möchten:

- Drehen Sie Ihre Hand aus dem Handgelenk nach hinten, so dass Stab und Peitschenschlag hinter Ihren Körper flach nach hinten weisen.

Das Pferd antreten lassen

- Heben Sie aus der Grundposition die Peitsche, so dass der Schlag hinter dem Pferd in Richtung Sprunggelenke weist.

Das Tempo beschleunigen, Antraben, Angaloppieren

- Heben Sie aus der Grundposition die Peitsche, vollführen Sie einen Kreis in Richtung Sprunggelenke und lassen Sie den Schlag zugleich impulsartig nach oben wippen.

Das Tempo im Galopp halten

- Neigt Ihr Pferd dazu, aus dem Galopp in den Trab zu fallen, halten Sie die Peitsche noch höher (zirka in Höhe seiner Schweifwurzel) und gehen Sie in energischen Schritten auf einem winzigen Kreis in der Mitte des Longierzirkels mit. Bleiben Sie dabei mit Ihrem Körper hinter dem Pferd!

Das Tempo absenken

- Senken Sie die Peitsche, bis sie wieder flach und bewegungslos über dem Boden „schwebt" oder – sollte dies nicht reichen – bringen Sie sie in die „ruhende Position".

Die Peitsche in die andere Hand wechseln

- Führen Sie die Hand, die die Peitsche hält, hinter Ihren Rücken. Dabei behalten Sie die Longe in einer Hand.
- Greifen Sie mit der anderen freien Hand ebenfalls hinter Ihren Rücken und übernehmen Sie dort die Peitsche.
- Führen Sie die Peitsche nun an Ihrer anderen Körperseite entlang flach nach vorn.

Das Pferd anhalten

- Ihr Pferd geht auf der linken Hand, Sie halten die Peitsche in der rechten Hand.
- Führen Sie einen Peitschenwechsel von der rechten in die linke Hand durch – hinter Ihrem Rücken, wie oben beschrieben.
- Heben Sie die Peitsche mit ausgestrecktem Arm – treten Sie (an der einfachen Longe) einen energi-

schen Schritt von schräg vorn auf das Pferd zu. Die Peitsche begrenzt die Bewegung des Pferdes nach vorn und stoppt es.

- Senken Sie die Peitsche etwas, sobald das Pferd zum Stehen gekommen ist – halten Sie die Peitsche nun in der Höhe der Pferdebrust.

Das Pferd rückwärts richten

- Ihr Pferd ist auf der linken Hand zum Stehen gekommen.
- Bewegen Sie die Peitsche mit der linken Hand vor seinem Kopf sachte auf und abwärts – vermeiden Sie hektische Bewegungen.
- Wenn Ihr Pferd ein oder zwei Tritte rückwärts gemacht hat, senken Sie die Peitsche als Bestätigung, dass es richtig gehandelt hat.
- Bewegen Sie die Peitsche wieder auf- und abwärts, bis es zwei weitere Schritte gemacht hat.
- Senken Sie die Peitsche bis auf Brusthöhe und lassen das Pferd ruhig stehen.

Das Pferd nach dem Anhalten wieder antreten lassen

- Ihr Pferd steht auf der linken Hand und Sie halten die Peitsche mit der linken Hand in Höhe der Pferdebrust.
- Senken Sie die Peitsche und führen Sie einen Peitschenwechsel hinter Ihrem Rücken zur rechten Hand durch. Jetzt halten Sie die Peitsche wieder in der Grundposition.
- Geben Sie die Peitschenhilfe zum Antreten.

Handhabung von zwei Longierpeitschen

Bei der Arbeit mit dem freilaufenden Pferd können Sie eine oder zwei Longierpeitschen benutzen. So können Sie jederzeit elegant und, ohne die eine Longierpeitsche hinter dem Rücken zu wechseln, von beiden Richtungen her auf Ihr Pferd einwirken. Bitten Sie wieder Ihren Helfer, das Pferd zu mimen.

Handhabung der Longierpeitsche: Veronika lässt das Pferd antreten,

... fordert mehr Tempo,

- Wiederholen Sie die Übungen mit einer Longierpeitsche – ohne Longe oder Doppellonge – und halten Sie die zweite Longierpeitsche in der neutralen „ruhenden" Position in der anderen Hand, so dass Ihr Pferd sich in keiner Weise durch sie im Bewegungsablauf beeinträchtigt fühlt.
- Möchten Sie Ihr Pferd anhalten, brauchen Sie nun aber die Peitsche nicht hinter Ihrem Rücken in die andere Hand wechseln zu lassen, sondern heben einfach die andere Longierpeitsche.
- Geben Sie mit der zweiten Longierpeitsche das Signal zum Anhalten.
- „Rahmen" Sie Ihr Pferd mit der ersten Peitsche nun auch behutsam von hinten „ein", indem Sie mit der ersten Peitsche hinter seinem Körper knapp unter das Sprunggelenk weisen.
- Richten Sie das Pferd rückwärts, indem Sie die zweite Peitsche vor seiner Brust oder seinem Kopf auf und nieder bewegen und die erste Peitsche entsprechend der Rückwärtstritte nach hinten gleiten lassen.
- Halten Sie das Pferd aus dem Rückwärtstreten an, indem Sie jetzt die erste Peitsche (hinter dem Pferd) ganz sachte heben, ohne dass Ihr Pferd das als Zeichen zum Antreten versteht. Helfen Sie ihm – wenn erforderlich – mit einem sanften Heben der zweiten Longierpeitsche – , dies zu verstehen.
- Soll das Pferd wieder antreten, senken Sie die zweite Longierpeitsche (vor dem Pferd) und geben mit der ersten Longierpeitsche von hinten das Signal zum Antreten.

Den Weg weisen

Mit der Longierpeitsche wollen Sie Ihr Pferd nicht strafen oder tadeln, sondern ihm – wie mit einem verlängerten Arm und dem ausgestreckten Zeigefinger – noch besser den Weg weisen. Je aufrechter Sie dabei die Peitsche halten, desto mehr signalisieren Sie Ihrem Pferd „Aufgepasst!" und desto mehr verdeutlichen Sie Ihr Kommando. Je mehr Sie die Peitsche senken, desto flacher – sprich waagerecht – verlaufen Stab und Schlag über den Boden. Wie die quer verlaufenden Körperlinien der Leitstute signalisiert die „ruhende Peitsche", dass es seine Arbeit richtig macht und mit der Übung in genau dieser Weise fortfahren soll.

wechselt die Peitsche hinter ihrem Körper in die andere Hand,

..um zum Anhalten auszuholen und hält schließlich ihr Pferd an.

Praktische Arbeit

Sie und Ihr Pferd stehen einander zunächst wie Fremde gegenüber, auch wenn Sie Ihrem Pferd gleich von Anfang an Liebe schenken möchten und von ihm Zuneigung erwarten. Unabhängig von einer gefühlsmäßigen Bindung tragen Sie vor allem Verantwortung für Ihr Pferd. Sie müssen für seine Nahrung, seine Unterkunft, seine Pflege, seine Bewegung und seine Beschäftigung sorgen. Bei allem, was damit zusammen hängt, dürfen weder Ihr Pferd noch Sie noch andere, die mit ihm umgehen, in Gefahr geraten. Da dies kein Buch über Pferdehaltung ist, gehen wir davon aus, dass Sie für Nahrung, Unterkunft und Pflege im Sinne des Horsemanship bestmöglich gesorgt haben. Stall, Paddock und Weide bietem Ihrem Pferd die Möglichkeit, zumindest zeitweise mit anderen Pferden zusammen zu sein, so dass es sich ausreichend bewegen kann und Geborgenheit erfährt.

Wunsch nach stressfreiem Umgang

Darüber hinaus verbringen Sie regelmäßig Zeit mit Ihrem Pferd, um sich mit ihm zu beschäftigen. Unabhängig von der Art der Beschäftigung, möchten weder Sie noch Ihr Pferd dabei Angst, Ärger oder Stress erleben.

Ihr Wunsch nach stressfreier Freizeit mit Ihrem Pferd ist verständlich und dient der Sicherheit aller, die mit Ihrem Pferd umgehen.

In der Beziehung zwischen Ihnen und Ihrem Pferd tragen Sie auch die Verantwortung für die partnerschaftliche Harmonie. Harmonie in Form des Gefühls, beschützt zu sein, erlebt Ihr Pferd, sobald es genau weiß, wo sein Platz in der Hierarchie – also der Rangfolge – ist. Kann es sich auf Ihre Führungsqualitäten als Leitpferd verlassen, atmet es im übertragenen Sinne auf. Nun befolgt es Ihre Anweisungen gern, denn aus der Jahrmillionen währenden instinktiven Erfahrung weiß es, dass alles, was Sie tun und von ihm wünschen, in seinem Sinne und zu seinem Wohl geschieht. Sie sind Mutterstute, Leitstute und Leithengst in einer Person. Zugleich sind Sie als intelligenter Mensch in der Lage, Situationen, in denen die Leitpferde unter Umständen ihre Körperkraft benutzen, um sich durchzusetzen, mit liebenswürdiger Höflichkeit zu entschärfen. Dank Courtesy brauchen Sie keine Gewalt einzusetzen.

Sicherheitsmaßnahmen

Ehe Sie mit Ihrer praktischen Arbeit beginnen, treffen Sie alle notwendigen Sicherheitsvorkehrungen. Sie gelten für jeden der auf den folgenden Seiten beschriebenen Trainingsbestandteile:

Für sämtliche Lebensbedingungen Ihres Pferdes tragen Sie allein die Verantwortung.

- Arbeiten Sie bei hellem Licht. Sie und Ihr Pferd müssen einander gut sehen können. Sorgen Sie dafür, dass Sie nicht geblendet werden, indem Sie zum Beispiel eine Schirmkappe oder einen Hut tragen. Leider können Sie Ihrem Pferd keinen Hut aufsetzen. Denken Sie jedoch daran, dass es bei schräg einfallendem Licht genau so schlecht sehen kann wie Sie und rechnen Sie damit, dass es dann die Augen zukneift und nicht so auf Sie achtet, wie Sie sich das wünschen.
- Arbeiten Sie anfangs zu einer Tageszeit, in der wenige Störungen zu erwarten sind. Lärmende Kinder, freilaufende Pferde, die sich austoben, ein Galopptraining auf der Nachbarbahn sind Faktoren, die Ihr Pferd anfangs sehr ablenken können. Im weiteren Verlauf des Trainings schlüpfen Sie mehr und mehr in die Rolle des Leitpferdes. Jetzt wird Ihr Pferd von allein seine Aufmerksamkeit auf Sie richten. Daher ist es später sogar sinnvoll, auch an unruhigen Tagen zu üben, um Ihrer beider Übereinstimmung weiter zu festigen.
- Arbeiten Sie bei Bodenverhältnissen, die keine Gefahr für die Gliedmaßen Ihres Pferdes darstellen. Auch Sie selbst sollten nicht Angst haben, zu stolpern oder zu stürzen. Später werden Sie bei Ihren Geländeübungen nach und nach gezielt schwierigeren Boden suchen, um Konzentration und Trittsicherheit zu schulen.
- Bitten Sie, wenn möglich, anfangs zu den Übungen Ihren vertrauten Helfer hinzu. Er spielt mit Ihnen die entsprechende Trockenübungen noch einmal durch, bevor Sie sie in der Praxis mit Ihrem Pferd versuchen.

- Halten Sie die Telefonnummer Ihres Tierarztes, der nächsten Tierklinik, des Hufschmiedes und der Unfallstation bereit und sorgen Sie für ein betriebsbereites Telefon in Ihrer Nähe. Ihr Handy sollten Sie allerdings während der Übungen beiseite legen, damit Sie nicht abgelenkt und in Ihrer Arbeit unterbrochen werden.

Führtraining

„Zeigen, wo's lang geht..."

Um von Ihrem Pferd voll und ganz als Leitpferd anerkannt zu werden, müssen Sie es „nur" richtig führen (können). Das schlichte Führen an der Hand – sei es vom Stall zum Putzplatz oder von der Reitbahn zur Weide – ist der Schlüssel zu Ihrem künftigen Verhältnis zu Ihrem Pferd. Es entscheidet buchstäblich und im wahrsten Sinne des Wortes, ob Sie „Führungsqualität" haben oder nicht. Eine Führungspersönlichkeit ist achtsam und aufmerksam, höflich, liebenswürdig, geduldig und zugleich konsequent. Der volksmundliche Ausdruck „Er zeigt dir, wo es lang geht..." formuliert es auf eine sehr treffende Weise, wenngleich er sehr unliebenswürdig klingt. „Zeigen, wo es lang geht" heißt zum einen, den Weg weisen, zum anderen auch, eine andere Richtung nicht zuzulassen. Beim Führtraining nach der Courtesy Methode setzen Sie dies mit Ihrem Pferd jedoch auf liebenswürdige Art und Weise in die Praxis um.

Führen als Fundament

Das Führtraining ist in der Courtesy Methode der erste und allerwichtigste Baustein, der durch keinen anderen Baustein zu ersetzen ist und auf dem alle weiteren Bausteine – sprich Trainingsbestandteile und Übungen – fußen. Er ist der Betonsockel, auf dem Sie das Haus Ihrer neuen und harmonischeren Partnerschaft mit Ihrem Pferd aufbauen. Sparen Sie niemals am „Zement" für diesen Betonsockel. Versuchen Sie nicht, die Übungen möglichst schnell hinter sich zu bringen, weil Sie „weiter hinten im Buch" viel interessantere Lektionen gesehen haben. „Füllen" Sie ruhig auch später immer wieder „ein wenig Zement" nach und bauen Sie Führübungen wieder und wieder in Ihren normalen Alltag ein – einfach so. Ihrem Pferd schaden Sie damit nicht – im Gegenteil, Sie bestärken es in seinem vertrauensvollen Wissen, in Ihnen das beste Leitpferd der Welt gefunden zu haben!

Sinn und Zweck von Führübungen

Mit den Führübungen nach der Courtesy Methode klären Sie die Rangfolge zwischen sich und Ihrem Pferd sicher, höflich und schmerzlos. Sie entwickeln seine Fähigkeit zur Aufmerksamkeit und Konzentration, festigen seinen Gehorsam und erwerben sein Vertrauen. Gleichzeitig lernen Sie Ihr Pferd und seine Möglichkeiten des Ausdrucks – in Verhalten und Bewegung – kennen. Sie lernen, seine Bewegungen immer feinfühliger zu steuern und entwickeln damit sein Bewusstsein für seinen eigenen Körper. Sie verbessern Ihre eigene Körperkontrolle und parallel dazu Ihr Selbstbewusstsein. Sie trainieren Ihr Gefühl der Vorausschau („Was könnte passieren, wenn in diesem Augenblick...?"). Dadurch schaffen Sie einen wertvollen Sicherheitsfaktor, mit dem sie zahllosen möglichen Unfällen vorbeugen.

Grundregeln

Sie brauchen kein fortgeschrittener Reiter zu sein, um das Führtraining erfolgreich durchzuführen. Wichtig ist allein, dass Sie die Grundregeln beherrschen. Bei den ersten Übungen gehen Sie vor Ihrem Pferd – bei den fortgeschrittenen Übungen auch in Höhe der Pferdeschulter. Dazu nehmen Sie die Grundhaltung Nr. 1 ein, die Sie bei den Trockenübungen gelernt haben. Sie signalisieren dem Pferd Ihre Anweisungen, indem Sie

1. am durchhängenden Führstrick zupfen,
2. ihm mit dem Strick,
3. über eine Drehung Ihres Körpers
4. beziehungsweise Anheben von Arm und Hand und eine bestimmte Gertenhaltung gut sichtbar die Richtung weisen,
5. ein bestimmtes (immer gleiches) Wortkommando erteilen und es – wenn erforderlich –
6. mit der Gerte antippen, um seine Aufmerksamkeit zu erhöhen.

Räumliche Voraussetzungen

Um jedes Sicherheitsrisiko für Sie, Ihr Pferd und Ihre Umwelt auszuschließen, arbeiten Sie anfangs nur innerhalb Ihrer Reitanlage und dort zunächst in einer kleineren Räumlichkeit. Gut geeignet sind nach beiden oder zumindest einer Seite/n hin stabil und verletzungssicher begrenzte Wege (zum Beispiel der Weg entlang des Stallgebäudes). Gut üben können Sie auch auf einer kleinen Ovalbahn, einem eingefriedeten Longierkreis, einer Signalreitbahn oder einer kleineren Bewegungshalle. Meiden Sie anfangs weite Räume wie die große Reithalle. Sie könnte Ihnen Angst einflößen und Ihr Pferd verunsichern. Auf Ihrem Übungsgelände dürfen sich keine Hindernisse befinden, die Ihr Pferd ängstigen oder an denen Sie oder Ihr Pferd sich verletzen könnten. Der Boden muss trittfest sein und sollte keine Stolperfallen in Form großer Steine, ausgeprägter Senken und Kuhlen oder Bodenwellen, Rampen oder Stufen aufweisen.

Ausrüstung des Pferdes

Erfolg hat das Führtraining nur, wenn Sie Ihre Signale Ihrem Pferd verständlich und schmerzlos übermitteln können. Jede Form der Berührung darf nur impulsartig erfolgen. Rüsten Sie Ihr Pferd daher nicht mit einem Trensenzaum, sondern mit einem gut sitzenden Stallhalfter und Führstrick aus. Nur wenn Ihr Pferd Ihnen bislang jeden Respekt vollständig verweigert und Sie befürchten, nicht genügend auf Ihr Pferd einwirken zu können, benutzen Sie einen Führstrick mit angearbeiteter Führkette.

Ihre eigene Ausrüstung

Kleiden Sie sich, dem Wetter angepasst, wie im Kapitel 3 beschrieben. Unverzichtbar sind feste, dennoch nicht zu schwere Schuhe mit griffiger Sohle. Sie müssen Ihnen sowohl guten Halt geben als auch erlauben, in allen Gangarten entspannt neben dem Pferd mitzulaufen. Die Lederstärke muss einem Huftritt standhalten, falls Ihr Pferd einmal scheut. Im Idealfall schützen spezielle Polsterungen Fesselbereich und Rückfuß. Ebenso wichtig sind Handschuhe. Ansonsten brauchen Sie noch Ihre lange Dressurgerte.

Führübung Nr. 1 – Steh still!

Vielleicht wundern Sie sich, dass Sie mit dem Stillstehen beginnen sollen. Tatsächlich ist das Stillstehen eine der grundlegendsten Gehorsams- und Sicherheitsübungen beim gesamten Führtraining. Hat Ihr Pferd gelernt, gelassen stillzustehen, wenn und solange Sie es darum bitten, hat es Ihre Rolle als Leitpferd weitgehend anerkannt. Auf dieser Grundlage wird es Ihnen mit großer Wahrscheinlichkeit gelingen, jede andere Schwierigkeit auszuräumen. Daher ist dies die erste und durch nichts zu ersetzende Führübung in der Courtesy Methode.

- Versuchen Sie zunächst gar nicht, auf das Benehmen Ihres Pferdes beim Führen Einfluss zu nehmen. Gehen Sie mit ihm einfach an einen ruhigen, sicheren Platz in eine eher enge Räumlichkeit und stellen Sie sich in größerem Abstand neben das Pferd.
- Nehmen Sie die Grundhaltung, beschrieben in Körperübung Nr. 1, ein, gleichgültig, ob Ihr Pferd herum hampelt, hin und her trippelt oder gar nicht auf Sie schaut.
- Um die Aufmerksamkeit Ihres Pferdes auf sich zu lenken, heben Sie ruckartig die Hand mit dem Führstrick bis ungefähr in Höhe Ihrer Brust.
- Gleichzeitig – als weiteres optisches Signal – heben Sie die Hand mit der aufrecht stehenden Gerte.
- Tun Sie dies impulsartig weiter, bis Ihr Pferd zu Ihnen schaut und einen Augenblick verharrt.
- Geben Sie das Kommando „Steh!" oder „Whoa!" mit ruhiger, tiefer Stimme. Lächeln Sie Ihr Pferd dabei an, um sich selbst zu entspannen.
- Macht Ihr Pferd einen oder mehrere Schritte auf Sie zu, schlenkern Sie mit dem Strick und stupsen Sie mit der Gerte gegen seine Brust, damit es wieder zurückweicht.
- Steht es wieder in Ausgangsstellung, heben Sie erneut Hand und Gerte und sagen „Steh!" oder „Whoa!"
- Bleibt es auch nur zwei oder drei Sekunden lang ruhig und aufmerksam stehen, senken Sie Hand und Gerte und loben es mit einem sanften „Fein gemacht!" oder „Brav!"
- Kraulen Sie ihm den Widerrist und beenden Sie die Übung.

Gerade das Stillstehen ist für viele Pferde anfangs sehr schwierig. Daher ist es wichtig, anfangs nur wenige Sekunden des ruhigen Stehenbleibens zu verlangen und die Übung mit einem bestätigenden Lob zu beenden, ehe das Pferd wieder zu zappeln beginnt. Dadurch lernt es allmählich, das Stillstehen als Belohnung zu betrachten. Anfangs muss sich Ihr Pferd beim Stehtraining sehr konzentrieren – mit zunehmender Übung jedoch wirkt sich dieser Trainingsbaustein überaus entspannend aus – und zwar sowohl auf Ihr Pferd als auch auf Sie.

Was Sie an den folgenden Tagen, Wochen und Monaten üben

- Machen Sie die Stillstehübung täglich.
- Dehnen Sie sie nach und nach auf eine halbe bis eine Minute aus.
- Schicken Sie in dieser halben bis einen Minute das Pferd freundlich und höflich, doch absolut konsequent zurück, wenn es einen Tritt auf Sie zu macht.
- Behalten Sie Ihr Pferd dabei achtsam im Auge, so dass Sie beginnende Unruhe erkennen.
- Beenden Sie die Übung, bevor das Pferd nicht wegen fehlenden Gehorsams unruhig wird, sondern weil es sich nicht mehr konzentrieren kann.
- Dehnen Sie die Übung allmählich auf mehrere Minuten aus.

- Führen Sie diese Übung unbedingt auch durch, wenn andere Pferde in der Nähe sind, an Ihnen vorbeigehen und sich von Ihnen fortbewegen. Vielleicht gelingt sie anfangs nicht so perfekt, weil Ihr Pferd sich noch ablenken lässt. Bleiben Sie liebevoll und freundlich und akzeptieren Sie, dass Ihr Pferd zwischen der Höflichkeit gegenüber Ihnen, dem („fast"-) Leitpferd, und dem Drang, der Herde nachzufolgen, schwankt. Verkürzen Sie die Dauer des Stillstehens, wenn viele Ablenkungsfaktoren auf Ihr Pferd einwirken. Beenden Sie dann die Übung, bevor Ihr Pferd unruhig wird und danken Sie ihm durch Ihr Lob.
- Lernen Sie selbst, die Übung als wundervolle Möglichkeit, sich gemeinsam mit Ihrem Pferd zu entspannen, zu betrachten.
- Vergessen Sie niemals, höflich und liebenswürdig und mit unbedingter Konsequenz darauf zu bestehen, dass Ihr Pferd jeden Tritt, den es auf Sie zu macht, wieder zurück nehmen muss. Nur so sichern Sie sich Ihre Rolle als Leitpferd! Ihr Pferd nimmt Ihnen das nicht übel!
- Beherrscht Ihr Pferd die Stillstehübung über eine und mehr Minuten, lassen Sie zwischendurch den Strick los und auf den Boden hängen. Bleiben Sie in der Grundposition und achten Sie auf Ihr Pferd. Nehmen Sie den Strick wieder auf, bevor Sie die Übung beenden.
- Beherrscht Ihr Pferd auch diese Übung, lassen Sie den Strick los und gehen einen Schritt zur Seite. Achten Sie darauf, dass Ihr Pferd auch dann höflich stehen bleibt. Beginnt es zu zappeln, nehmen Sie den Strick in Ruhe wieder auf und schicken Ihr Pferd an den Ausgangspunkt zurück.

Gerade Führübungen eignen sich prima für Kinder, vor allem, wenn sie sie abwechslungsreich gestalten – wie beim Führen über eine Stange

... beim kleinen Gruppentraining – mit Hund!

... und bei Stillsteh-Übungen an einer improvisierten Aufsitzhilfe

- Verlieren Sie nie die Geduld, blicken Sie Ihr Pferd immer wieder liebevoll an. Diese Übung – auch wenn Sie anfangs so schwer erschien – ist die Schlüsselübung für ein echtes Vertrauensverhältnis!

Führübung Nr. 2 – Folge mir!

Parallel zu den Stillstehübungen beginnen Sie in den nächsten Tagen, Ihr Pferd zu lehren, Ihnen zu folgen. Vielleicht glauben Sie, es wäre logischer, nun mit dem richtigen Antreten – dem „Losgehen" – weiter zu machen. Tatsächlich macht die „Folge mir"-Übung in diesem Stadium mehr Sinn. Ihr Pferd ist im Führen noch ungeschult, Sie selbst in der Körpersprache noch ungeübt. Bei der „Tritt an"-Übung könnte Ihr vierbeiniger Schüler mit einem Satz nach vorn springen und an Ihnen vorbeirennen. Diese Erfahrung möchte die Courtesy Methode vermeiden. Ihr Pferd soll vielmehr gelassen und vertrauensvoll hinter Ihnen her gehen, wie es in der Herde hinter der Leitstute her ginge.

- Nehmen Sie den Strick, korrekt mit Schlaufe, wie Sie es gelernt haben, in die Hand.
- Gehen Sie aus der Grundposition heraus, wie in Körperübung Nr. 2 – richtig gehen – beschrieben, vorwärts. und fordern Sie Ihr Pferd durch leichtes Schlenkern am Führstrick auf, zurückzubleiben.
- Schlenkern Sie so lange, bis es in dem Abstand, wie Sie ihn sich wünschen (1 bis 2 m) hinter ihnen her läuft.
- Falls Ihr Pferd dennoch versucht, nach vorn zu kommen, schlenkern Sie erneut am Strick und lassen die Schlinge nun gegen seine Brust „hüpfen". Damit geben Sie ihm zwei deutliche Berührungssignale.
- Schickt sich Ihr Pferd gar an, Sie zu überholen, zeigen Sie mit der linken Hand die aufrecht gehaltene Gerte.
- Bleiben Sie freundlich, denken Sie daran, dass Ihnen und Ihrem Pferd nichts passieren kann.
- Schlenkern Sie, bis das Pferd wieder den gewünschten Abstand einhält.
- Beenden Sie die Übung, indem Sie anhalten und Ihrem Pferd mit einem liebevollen Lob danken.

Zwingen Sie Ihrem Pferd in dieser Phase keinesfalls schon ein langsames Tempo auf. Gehen Sie selbst zügig und stellen Sie, wenn erforderlich, selbst „diskret" den respektvollen Abstand wieder her, indem Sie ein paar größere Schritte machen. So bewahren Sie gegenüber Ihrem Pferd „Ihr Gesicht", ohne dass Sie ständig auf mahnende Signale zurück greifen müssen.

Hilfengebung

Bei allen Übungen kombinieren Sie einen natürlichen Reiz mit einem – für das Pferd – unnatürlichen Reiz. Ein optisches Signal (Sie heben den Arm oder die Gerte) ist ein natürlicher Reiz, ebenso ein Berührungssignal (Sie tippen Ihr Pferd mit der Gerte an). Diese Signale kennt der Körpersprachler Pferd. Auf die gehobene Hand – die senkrechte Linie des Signals „Achtung!"- reagiert es, indem es anhält. Auf die Berührung mit der Gerte tritt es reflexartig an.

Ein für das Pferd unnatürlicher Reiz ist Ihr Stimmkommando (Sie schnalzen mit der Zunge, um es anzutreiben oder sagen „Whoa" oder „Steh", um es anzuhalten). Was dieser Reiz bedeutet, muss das Pferd erst kennenlernen. Um ihm diesen Lernvorgang zu erleichtern, verbinden Sie den natürlichen Reiz mit dem unnatürlichen Reiz. Sie heben die Hand und sagen „Whoa". Wenn Sie dies viele Male üben, tritt nach einiger Zeit tritt etwas ein, das in der Fachsprache des Psychologen „Konditionierung" heißt. Ihr Pferd reagiert auf den unnatürlichen Reiz ebenso wie auf den natürlichen Reiz. Auch wenn Sie nicht mehr die Hand heben, sondern nur noch „Whoa" sagen, bleibt Ihr Pferd stehen.

Ulrikes Blesa lernte die „Folge mir"-Übung ausgesprochen schnell.

Hier muss Ulrike mit dem Strick schlenkern, um Blesa um mehr respektvollen Abstand zu bitten.

Was Sie an den folgenden Tagen, Wochen und Monaten üben

- Bauen Sie die „Folge-mir"-Übung in Ihre tägliche Beschäftigung mit Ihrem Pferd ein. Gelegenheit haben Sie dazu reichlich, da Sie Ihr Pferd immer hier- oder dorthin führen müssen.
- Gehen Sie innerlich davon aus, dass die Übung künftig dauerhaft gelingt.
- Überwinden Sie sich und werfen Sie die Schlinge, wenn erforderlich, schnell, ruckartig und spürbar gegen seine Brust.
- Lassen Sie sie – wenn nötig – auch gegen seine vorwitzige Nase hüpfen.
- Weisen Sie ihm ab sofort höflich, liebenswürdig, aber zugleich konsequent seinen Platz hinter Ihnen – dem Leitpferd – zu.
- Lassen Sie keine Ausnahmen gelten, auch dann nicht, wenn Sie sich aus persönlichen Gründen traurig, schwach, krank oder wütend fühlen.
- Führen Sie die Übung möglichst häufig auch im Beisein anderer Pferde durch – bitten Sie Ihren Helfer, mit einem anderen Pferd voraus zu gehen. Ihr Pferd wird sich dadurch angeregt fühlen, schneller zu werden, um den Anschluss an seinen „Herdenkumpel" nicht zu verlieren. Dulden Sie dies nicht, sondern machen ihm liebenswürdig klar, dass nicht der Herdenkumpel, sondern Sie das Leitpferd sind und es hinter Ihnen zu bleiben hat. Loben Sie es ausgiebig, wenn ihm diese besonders schwere Übung gelingt!
- Machen Sie sich immer wieder klar, dass diese Reihenfolge beim Führen Ihrem Pferd nicht schadet,

Warum bleibt mein Pferd einfach stehen?

Ihr Pferd hat Ihre Führungsrolle noch nicht akzeptiert. So sehr es Sie vielleicht mag, wichtig genug, Ihren Wünschen Aufmerksamkeit zu schenken, sind Sie ihm noch nicht. Machen Sie ihm liebenswürdig, aber konsequent klar, dass Sie als Leitpferd seine uneingeschränkte Aufmerksamkeit wünschen. Gehen Sie wie folgt vor:

- *Nehmen Sie die Grundposition wieder ein und stehen seitlich versetzt neben dem Pferd.*
- *Wiederholen Sie – kurz aufeinander folgend – beide Kommandos: Schnalzen Sie etwas lauter, zupfen Sie etwas spürbarer.*
- *Reagiert Ihr Pferd wieder nicht, wiederholen Sie die Kommandos noch einmal. Sie geben ihm also noch eine Gelegenheit, Ihre Bitte zu erfüllen.*
- *Tritt es darauf hin nicht prompt an, benutzen Sie die Gerte, wie Sie es im Kapitel „Handhabung der Gerte" beim „Antreiben" gelernt haben: Sie führen die Gerte linkerhand schnell und geschickt an Ihrem Körper vorbei zur Flanke Ihres Pferdes und tippen es blitzschnell, spürbar, jedoch nicht zu heftig an. Dieses Berührungssignal löst im allgemeinen eine reflexartige Reaktion auf. Ihr Pferd ist „aufgewacht"!*
- *Rechnen Sie mit einem erschreckten Sprung nach vorn.*

Ob Sie jetzt Gewalt angewendet haben?

Nein – ein Klaps erregt die Aufmerksamkeit, verursacht aber keine Schmerzen. Erfahrungsgemäß genügen höchstens zwei Tritt-an-Übungen, bei denen Sie es mit der Gerte antippen müssen. Danach hat Ihr Pferd die Lektion verstanden.

Warum gehorcht mein Pferd immer noch nicht?

Ihr vierbeiniger Freund ist sehr unhöflich. Er hat gemerkt, dass die Klapse ihm nicht weh tun und testet aus, wer der Stärkere ist. Lassen Sie sich nicht auf einen Kampf ein, indem Sie wieder an Ihrem Pferd herum zerren oder sich dazu verleiten lassen, immer heftigere Klapse auszuteilen. Ein solcher Kampf artet in unhöfliche Gewalt aus und verärgert Sie und Ihr Pferd. Bitten Sie einen Helfer, im Sicherheitsabstand von zirka zwei Metern mit einer Longierpeitsche hinter Ihrem Pferd zu stehen. Sie wiederholen nun Ihre Kommandos (geben Ihrem Pferd noch eine Chance), setzen aber selbst nicht die Gerte ein. Statt dessen treibt Ihr Helfer von hinten Ihr Pferd mit einem spürbaren Antippen der Longierpeitsche an. Dieses Signal versteht Ihr Pferd. Sie selbst haben Ruhe, Souveränität und „Ihr Gesicht" gewahrt.

sondern eine neue, vertrauensvolle und liebevolle Grundlage für Ihre Beziehung schafft, auch wenn Ihr Pferd anfangs ärgerlich erscheint.

Führübung Nr. 3 – Tritt an!

Wenn Sie sich ins Gedächtnis zurück rufen, wie Sie bislang Ihr Pferd aus dem Stall, vom Putzplatz, aus der Reitbahn geführt haben, werden Sie wahrscheinlich feststellen, dass stets Sie dabei den ersten Schritt gemacht haben. Durch einen Zug oder Ruck am Führstrick haben Sie Ihr Pferd aufgefordert, Ihnen zu folgen. In der neuen Rolle als Leitpferd lernen Sie umdenken und bitten Ihr Pferd, den ersten Schritt zu tun. Damit sichern Sie sich von der allerersten Minute des Führens an seine Aufmerksamkeit und seinen Gehorsam.

- Stellen Sie sich links neben Ihrem Pferd in Höhe seiner Schulter in der Grundposition auf. Ihr Körper und Ihr Blick weisen dabei in die Richtung, in der Sie sich bewegen wollen.
- Strecken Sie die Hand, in der Sie den Führstrick halten, nach vorn aus als Richtungsweiser.
- Fordern Sie Ihr Pferd mit Ihrer Stimme auf, anzutreten. Am besten schnalzen Sie einmal laut und deutlich mit der Zunge.

- Jetzt erst zupfen Sie am Strick. Sie geben also nach dem optischen Signal zuerst das Stimmkommando und dann das Berührungssignal.
- Tritt Ihr Pferd nun gehorsam an, gehen Sie zügig vorwärts und lassen es im gewünschten Abstand folgen.

Sarah macht vor, wie Sie die Gerte – wenn nötig – beim Antreten einsetzen.

Was Sie künftig tun sollten

Die „Tritt an"-Übung sollte zur Selbstverständlichkeit im alltäglichen Umgang mit Ihrem Pferd werden. Das ist schwieriger als Sie denken, da Sie es häufig vergessen werden. Wann immer Sie sich erinnern, achten Sie darauf, dass, wenn Sie Ihr Pferd „holen", es zuerst auf Ihr Kommando hin antritt.

Führübungen Nr. 4 und Nr. 5 – Lauf neben mir und halt an!

Nun kann Ihr Pferd bereits über eine kurze Zeitspanne still stehen. Es folgt Ihnen in respektvollem Abstand und tritt auch auf Ihr Stimmkommando hin an, ohne dass Sie selbst zuerst losgehen. Somit haben Sie eine hervorragende Basis gelegt! Wenn diese Übungen wirklich klappen, ist die richtige Zeit gekommen, Ihrem Pferd höflich zu gestatten, an Ihrer Seite – wie an der Seite einer Mutterstute – zu laufen. Die „Lauf neben mir"-Übung festigt das liebenswürdige Vertrauen ineinander. Sie ist die Grundlage, um Ihr Pferd in jeder Situation zuverlässig anzuhalten. Daher kombinieren Sie diese Übung gleich mit der „Halt an"-Übung. Außerdem ist sie Voraussetzung für das Wenden, das Sie anschließend lernen.

- Wählen Sie für den Anfang eine Strecke entlang einer Begrenzung (Hecke, Zaun, Wand), so dass Ihr Pferd keinesfalls zur Seite ausbrechen kann.
- Stehen Sie in der Grundposition seitlich neben Ihrem Pferd, Blick in Gehrichtung.
- Der Nase Ihres Pferdes befindet sich etwas hinter Ihrer Schulter, so wie die Nase eines Fohlens sich meist in der Höhe der Schulter der Mutterstute befindet.
- Fordern Sie das Pferd – wie in der „Tritt an"-Übung beschrieben – zum Antreten an.
- Sobald es den ersten Schritt gemacht hat, gehen Sie selbst zügig vorwärts, wie in „Richtig gehen" beschrieben.
- Lassen Sie den Führstrick leicht durchhängen; Ihr Arm leicht bleibt zum Pferd ausgestreckt.
- Achten Sie darauf, dass Ihr Pferd stets respektvoll Abstand hält. Es darf sich weder an Sie drängeln, noch Sie zu überholen versuchen noch sich ziehen lassen.
- Schlenkern Sie nicht mit dem Arm bequem hin und her, als wenn Sie allein – ohne Pferd – laufen würden.

- Halten Sie Ihre Hand am Führstrick ruhig.
- Fuchteln Sie nicht mit der Gerte herum, sondern halten Sie die Gerte ruhig neben sich.
- Jetzt wählen Sie einen bestimmten Punkt aus, um Ihr Pferd anzuhalten (einen Baum, einen Pfosten oder ähnliches).
- Fordern Sie Ihr Pferd durch das ihm durch die „Steh still"-Übung bekannte „Steh", „Halt" oder „Whoa" zum Anhalten auf.
- Zupfen Sie gleichzeitig kurz am Führstrick, heben Sie den linken Arm an und halten Sie die Gerte schräg vor den Pferdekopf.
- Reagiert Ihr Pferd nicht, wiederholen Sie die gleichzeitigen Kommandos und tippen mit der Gerte leicht auf die Pferdenase. Lächeln Sie, damit Sie nicht ärgerlich werden und versehentlich klapsen statt zu tippen.
- Achten Sie darauf, dass das Pferd nicht seitlich ausbricht, sondern in der vorherigen Bewegungsrichtung stehen bleibt.
- Fordern Sie keinesfalls Ihr Pferd sofort wieder zum Antreten auf, sondern lassen Sie es eine Weile stillstehen.

Was sie in der folgenden Zeit üben sollten

- Wenn diese Grundübung „sitzt", ist es sehr nützlich, mit Freunden und ihren Pferden zu arbeiten. Arbeiten Sie je nach Räumlichkeit neben- und hintereinander.
- Lassen sie Ihre Freunde mit ihren Pferden sowohl voraus als auch hinter Ihnen und Ihrem Pferd gehen. Achten Sie auf präzise Abstände und sorgfältige Ausführung der Übung, auch wenn Ihrem Pferd dies anfangs im Beisein seiner Herdenkameraden schwerer fällt, als beim Üben allein mit Ihnen. Gelingen aber solch schwierige Übungen, ist der Lerneffekt besonders groß! Bedanken Sie sich bei Ihrem Pferd mit ausgiebigem Loben.

Mögliche Fehler: Der Strick schleift über den Boden und wird zur Stolperfalle.

Überaus gefährlich ist die „Strickschlinge" um die Hand.

Ulrike geht viel zu nah neben Ihrem Pferd

Übung Nr. 6 – Weiche mir beim Abwenden nach rechts

Eigentlich klappt die „Lauf neben mir"-Übung gut – warum will mein Pferd dann nicht anhalten?

Entweder setzen Sie Ihre Körpersprache nicht ausdrucksvoll genug ein oder Ihr Pferd probiert spielerisch aus, ob es doch noch ein wenig über den Rang mit Ihnen diskutieren könnte. Um liebevoll-höflich zu bleiben, verzichten Sie auf Gewalt. Statt mit der Gerte fester zu klapsen, setzen Sie Ihren Körper deutlicher ein. Springen sie mit einem Satz vor Ihr Pferd, wenn es nicht anhalten will. Es wird – reflexbedingt – unverzüglich anhalten!

Beobachten Sie sich einmal selbstkritisch, wie Sie sich verhalten, wenn Sie mit dem Pferd an der Hand (Sie führen wie gewohnt von links) abwenden müssen. Wahrscheinlich eilt Ihr Pferd voraus und Sie lassen es in einer Volte – also einem großen Bogen – um sich herumlaufen. In diesem Augenblick geben Sie Ihre Rolle als Leittier auf, denn Sie schicken es nicht gezielt voran, sondern lassen sich einfach von ihm überholen.

Damit demonstrieren Sie ihm, dass Sie ihm ausweichen. Als Körpersprachler interpretiert Ihr Pferd dieses Ausweichen als Unterlegenheit. Stellen Sie künftig die Leitpferdrolle dadurch, sicher, dass Sie es nach rechts abwenden. Dadurch veranlassen Sie es, abzuwenden und Ihnen auszuweichen, so wie das Pferd in der Herde dem Leitpferd ausweicht.

- Suchen Sie sich einen Weg oder einen Bereich in Ihrer Anlage, der breit genug ist, um Ihnen das Abwenden gefahrlos zu erlauben.
- Führen Sie Ihr Pferd wie „Lauf neben mir"-Übung beschrieben!
- Suchen Sie einen Punkt, an dem Sie nach rechts abwenden wollen.
- Nehmen Sie das Tempo etwas zurück, achten Sie darauf, dass Ihr Pferd nicht mit der Nase vor Höhe Ihrer Schulter kommt.
- Zupfen Sie mit Ihrer rechten Hand am Führstrick, um es auf die Richtungsänderung aufmerksam zu machen.
- Gleichzeitig weisen Sie ihm den Weg in die Wende nach rechts, indem Sie mit Ihrem Körper eine leichte Drehung ausführen und den linken Arm mit der Gerte heben.
- Damit signalisieren Sie ihm, dass es Ihnen mit Kopf und Körper ausweicht.

...dafür zeigt sie uns, wie man es richtig macht.

Hier hält sie Blesa korrekt an und lässt sie zur Belohnung ein Weilchen still stehen.

- Gehen Sie in der neuen Richtung zügig weiter.
- Beenden Sie später die Übung wie gewohnt, indem Sie Ihr Pferd anhalten, still stehen lassen und loben.

Was Sie in nächster Zeit und überhaupt immer häufig tun sollten

Machen Sie beim normalen alltäglichen Führen von hier nach da kleine Umwege, die es Ihnen erlauben, die „Weiche mir beim Abwenden"-Übung einzubauen. Sehr bald wird eine leichte Körperdrehung Ihrerseits in die neue Richtung hin genügen, um Ihr Pferd abwenden zu lassen. Stellen Sie vor allem gleich wieder den richtigen Abstand zu Ihrem Pferd her. Diese Übung erhöht auch die Aufmerksamkeit Ihres Pferdes und verbessert sein Reaktionsvermögen.

Mein Pferd stellt sich bei dieser Übung eher stur und versucht, wie früher in einer Volte um mich herumzukreiseln – was soll ich tun?

Geben Sie nicht der Versuchung nach, etwas vorauszulaufen und das Pferd hinter sich her zu ziehen. Achten Sie auch auf Ihren rechten Arm, der den Führstrick hält. Strecken Sie ihn aus, um den Höflichkeitsabstand zwischen sich und Ihrem Pferd zu bewahren. Während sie sich deutlich in die gewünschte neue Richtung drehen, machen Sie aus dem Handgelenk heraus kleine Schlenkerbewegungen. Ihr Pferd wird versuchen, Ihnen reflexartig auszuweichen. Reicht das nicht, stupsen Sie es an der linken Halsseite an. Drücken Sie aber nicht lange zu, sondern geben Sie auch diese Berührungshilfe ruckartig. Druck oder Zug erzeugen stets nur Gegendruck oder Gegenzug und arten in einen Kampf aus. Einen solchen Kampf können Sie als Mensch immer nur verlieren, da Sie weniger Körperkraft als Ihr Pferd besitzen.

Übung Nr. 7 – Folge mir beim Wenden nach links

Natürlich werden Sie im Alltag eine Wende auch nach links nicht ständig umgehen können. Um dabei körpersprachlich nicht wie früher Ihre Unterlegenheit, sondern nunmehr die Rolle des Leitpferdes zu demonstrieren, verknüpfen Sie diese Übung mit der „Folge mir"-Übung, bei der Ihr Pferd hinter Ihnen geht.

- Suchen Sie einen Weg, der eine Wende nach links erlaubt.
- Führen Sie Ihr Pferd wie in der „Folge mir"-Übung beschrieben.
- Geben Sie Ihrem Pferd vor dem Abwenden ein kleines Zupfsignal und drehen Sie Ihren Körper deutlich nach links.
- Betonen Sie die gewünschte Richtungsänderung, indem Sie die Gerte an der linken Körperseite vorbei nach hinten führen. Das Gertenende zeigt wie ein verlängerter Zeigefinger in Richtung Pferdeflanke – wippen Sie mit der Gerte etwas auf und ab. Die Bewegung erhöht die Aufmerksamkeit des Pferdes und beugt vor, dass das Pferd träumerisch geradeaus weiter schlendert, während Sie abwenden.
- Achten Sie darauf, dass Ihr Pferd Ihnen im gleichmäßigen Tempo freiwillig folgt – der Führstrick hängt weiter durch. Sie dürfen Ihr Pferd nicht ziehen!
- Bitten Sie, wenn erforderlich, einen Helfer, Ihr Pferd hinten links mit der Longierpeitsche anzutippen, um es sacht anzutreiben und ihm zusätzlich die Richtung zu weisen.

Übung Nr. 8 – Tritt rückwärts

In vielen Freizeitreitbetrieben wird das Rückwärtsrichten – oft viele, viele Meter sowohl an der Hand als auch unterm Sattel – dazu benutzt, um das Pferd zu strafen. Der Mensch möchte damit seine Rolle als Ranghöherer festigen, wenn das Pferd irgendein Kommando nicht so ausführt, wie er es sich wünscht. Das Pferd kann jedoch den Zusammenhang mit dem Kommando und der danach erfolgenden Strafe nicht begreifen. Es folgt widerwillig. Ein starkes, selbstbewusstes Pferd kann dadurch langfristig zum Steigen ermuntert werden, ein ängstliches wird hektisch.

In der Courtesy Methode dient die „Tritt rückwärts"-Übung der Stärkung des Vertrauens. Das Leitpferd Mensch bittet das Fluchttier Pferd, in seiner Obhut zurück zu treten, obgleich es nicht sehen kann, wohin es da tritt. Er möchte dem Pferd beweisen, dass er es nirgendwo hin leitet, wo ihm Gefahr droht. Daher wird gerade die „Tritt-rückwärts"-Übung mit viel Höflichkeit und Liebenswürdigkeit ausgeführt.

- Lassen Sie Ihr Pferd still stehen, wie bei der „Steh still"-Übung gelernt.
- Treten Sie in Halshöhe links neben Ihr Pferd und richten sie Ihren Blick auf seine Hinterhand.
- Nehmen Sie den Führstrick in die linke Hand und fassen Sie ihn kurz.
- Fordern Sie das Pferd mit dem Kommando „Zurück" oder „Back up" auf, rückwärts zu treten.
- Geben Sie ihm gleichzeitig durch sanftes Zupfen am Strick rückwärts ein Berührungssignal.
- Ebenfalls gleichzeitig drücken Sie mit der Hand oder dem Gertenknauf gegen das

Durch die klare Körperhaltung und den energischen Schritt kann Ulrike Blesa ohne Schwierigkeiten nach rechts abwenden.

Mein Pferd gehorcht auf so sanfte Hilfen überhaupt nicht – warum nicht?

Vermutlich haben Sie bislang immer deutlich grobere Hilfen eingesetzt, ohne dass Ihnen das bewusst wurde. Sie brauchten diese Hilfen, weil Sie durch Körperkraft Ihre rangniedrigere Rolle auszugleichen versuchten. Arbeiten Sie möglichst häufig an den oben genannten Führübungen, um Ihre Rolle als Leitpferd herzustellen. Verzichten Sie auf die „Tritt zurück"-Übung, bis das Stillstehen und die „Folge mir"-Übung perfekt klappen. Beginnen Sie dann erneut mit der „Tritt zurück"-Übung und verstärken Sie den Druck Ihrer Hand oder des Gertenknaufes etwas. Reicht dies immer noch nicht, klopfen Sie mit dem Gertenknauf einmal spürbar gegen das Buggelenk. Lächeln Sie dabei, um nicht ärgerlich zu werden. Stellen Sie unbedingt aber die Hilfen sofort ein, sobald das Pferd auch nur einen Tritt rückwärts macht, also gehorcht. Es hat damit zumindest in diesem Augenblick Ihre Leitpferdrolle anerkannt. Loben Sie es und lassen es stillstehen.

Buggelenk des Pferdes und verharren dort, ohne Druck auszuüben.
- Tritt Ihr Pferd rückwärts (ein Tritt reicht bereits), lassen Sie den Strick locker und nehmen Ihre Hand beziehungsweise den Gertenknauf fort.
- Stellen Sie alle Hilfen sofort ein, loben Sie Ihr Pferd und lassen es ein Weilchen stillstehen.

Die Wendung nach links gestalten Sie am besten als kleine „Folge mir"-Übung.

Was Sie in den nächsten Wochen und Monaten beachten sollten

Bauen Sie die „Tritt zurück"-Übung immer wieder einmal liebevoll und „absolut grundlos" – also niemals, wenn Sie ärgerlich auf Ihr Pferd sind – in Ihren Alltag ein. Fordern Sie niemals mehr als vier bis fünf Tritte und lassen Sie Ihr Pferd grundsätzlich danach noch stillstehen. Erweitern Sie diese Übung, indem Sie spielerisch mit dem Gertenknauf sachte das Bein antippen, das Ihr Pferd als erstes Bein zurück setzen soll. Lassen Sie es danach sofort stillstehen und loben es. Fahren Sie mit dem nächsten Bein fort. Sie erreichen damit, dass Sie seine Gliedmaßen kontrollieren können. Lässt Ihr Pferd diese Einwirkung zu und reagiert gelassen und gehorsam, haben Sie einen Gigantensprung vorwärts auf dem Weg zu gegenseitigem tiefen Vertrauen gemacht!

Führen mit dem langen Führseil

Je eindeutiger Sie die Rolle des Leitpferdes übernehmen, desto einfacher wird es, auf Ihr Pferd auch aus größerer Entfernung einzuwirken. Mit den „Steh-Still"- und „Folge mir"-Übungen haben Sie dazu eine hervorragende Basis geschaffen. Führen Sie Ihre gewohnten Übungen nun gelegentlich mit einem langen Führseil durch. Rufen Sie sich die entsprechenden Trockenübungen in Erinnerung und wiederholen Sie sie mit Ihrem Helfer, bevor Sie mit Ihrem Pferd arbeiten. Benutzen Sie das lange Führseil für folgende Übungen und beachten Sie die Unterschiede zu den Übungen mit dem Führstrick:

Führseil-Übung „Steh Still"

Diese Übung ist hervorragend für das Führseil geeignet. Sie festigt den Gehorsam des Pferdes und Ihrer beider Vertrauen ineinander.
- Wickeln Sie das Seil in Schlaufen bis zur gewohnten Länge Ihres Führstricks.
- Machen Sie die „Steh still"-Übung.
- Legen Sie das Seilende auf den Boden
- Drehen Sie sich um, gehen einen Schritt nach vorn (also vom Pferd weg), drehen sich wieder zum

Pferd um und heben Sie das Seil auf. So haben Sie das Seil verlängert, ohne vor Ihrem Pferd zurückgewichen zu sein.
- Verlängern Sie das Seil nur sehr allmählich von einer zur nächsten Übung.
- Achten Sie stets auf Ihr Pferd. Wenn es eine Bewegung vorwärts auf Sie zu machen möchte, schicken Sie es mit einem Schlenkern am Seil zurück.
- Verlängern Sie das Seil immer erst dann, wenn Ihr Pferd bei den vorherigen Übungen die größer werdende Entfernung zwischen Ihnen beiden akzeptiert und gelassen und gehorsam bleibt.

Führseil-Übung „Komm heran"

Sobald Ihr Pferd am langen Seil stehen bleibt, ist es reif für die „Komm heran"-Übung.
- Ihr Pferd steht am langen durchhängenden Seil still.
- Signalisieren Sie, dass eine neue Übung beginnt, indem Sie am Seil zupfen.
- Machen Sie die Körperübung Nr. 4, mit der Sie das Pferd „einladen". Vergessen Sie nicht, einen halben Schritt zurück zu treten.
- Das Pferd wird einen Schritt auf Sie zu machen.
- Zupfen Sie noch einmal am Seil, machen Sie die Körperbewegung, jedoch ohne zurück zu treten und holen Sie Ihr Pferd so Schritt für Schritt zu sich heran.
- Nehmen Sie gleichzeitig das Seil in Schlaufen auf.
- Beenden Sie die Übung, wenn das Pferd in Führstricklänge vor Ihnen steht. Lassen Sie es noch eine kurze Zeit lang stillstehen und loben es dann.

Führseil-Übung „Tritt an", „Geh fort" und „Folge mir nach"

Auch die „Tritt an"-Übung eignet sich für das Führseil. Nutzen Sie das lange Seil, um diese Übung mit der „Geh fort"-Übung zu kombinieren. Sie brauchen dazu einen größeren Platz, auf dem das Pferd in einem Kreis um Sie herumgehen kann. Mit dieser Übung bereiten Sie sich schon auf die Arbeit mit der einfachen Longe vor.
- Stehen Sie links neben Ihrem Pferd und halten das Seil dieses Mal nicht in der rechten, sondern in der linken Hand.
- In der rechten Hand halten Sie Ihre Gerte.
- Geben Sie das Signal zum Antreten.
- Wenn Ihr Pferd antritt, bleiben Sie jedoch seitlich neben Ihrem Pferd stehen.
- Geben Sie Seil zu. Heben Sie die Gerte und weisen Sie damit auf das Sprunggelenk Ihres Pferdes. So veranlassen Sie es, in einem großen Bogen um Sie herumzugehen.
- Folgen Sie dem Bogen, indem Sie Ihren Körper entsprechend mit „drehen", aber Ihre Grundposition nicht verlassen.
- Senken Sie die Gerte und greifen Sie das Seil mit Ihrer rechten Hand, dabei wechselt die Gerte unter dem Seil in Ihre linke Hand.
- Wenden Sie selbst sich nun in die Gegenrichtung, so dass Sie vor Ihrem Pferd stehen.
- Treten Sie selbst an und gehen Sie vor Ihrem Pferd wie bei der „Folge mir"-Übung.
- Beenden Sie die Übung wie die „Folge mir"-Übung.

Mit dem langen Führseil bereiten Sie nun schon die Arbeit an der einfachen Longe vor: Hier wird Leika auf dem kleinen Kreisbogen gearbeitet, angehalten und mit der Peitsche Richtung Pferdeschulter davon abgehalten, in die Kreismitte zu kommen (siehe Trockenübungen).

Führen unter unterschiedlichen Bedingungen

Ihr gemeinsames Leben mit dem Pferd dauert hoffentlich viele, viele Jahre. In all diesen Jahren werden Sie beide mit sehr unterschiedlichen Gegebenheiten konfrontiert werden. Sie werden mit Ihrem Pferd in einen anderen Stall umziehen, eine Urlaubsreise machen, zu einem Freizeitreitertreffen fahren, es auf einem Wettkampf vorstellen. Bei jeder dieser Gelegenheiten führen Sie auch Ihr Pferd. Je sicherer, je reibungsloser dies geschieht, desto geringer ist die Gefahr, dabei einen Unfall zu erleiden. Nutzen Sie daher die unterschiedlichen Bedingungen in Ihrer Stall- und Reitanlage. Sobald Sie und Ihr Pferd in einem sicheren Umfeld, auf einseitig begrenztem Weg oder in auf einem eingefriedeten Platz alle Führübungen beherrschen, erweitern Sie Ihren Aktionsradius. Führen Sie die Übungen immer häufiger auch an etwas unruhigeren Plätzen in Ihrer Anlage durch. Führen Sie Ihr Pferd schließlich einmal um die Anlage herum und bauen Sie dabei ein paar Übungen ein. So machen Sie gleich Ihren ersten Spaziergang!

Führübungen mit Hilfsmitteln

Nun haben Sie das Grundprogramm des allerersten und wichtigsten Trainingsbestandteils der Courtesy Methode erfolgreich absolviert. Es ist ein Programm, das Sie auf vielfältige Weise erweitern können. Indem Sie die Führstrecken abwandeln, können Sie die Konzentration Ihres Pferdes weiter erhöhen und seine Geschicklichkeit und Trittsicherheit fördern. Dazu brauchen Sie nicht einmal Ihre Reitanlage zu verlassen. Bauen sie aus einfachen Hilfsmitteln wie Tonnen, Kanistern, farbigen Boxen und Holzstämmen oder Cavaletti kleine „Straßen". Diese Straßen dürfen geradeaus verlaufen oder Wendungen beinhalten. Sie können Sie geradeaus oder im Slalom bewältigen und Ihr Pferd dabei über Holzstämme und Stangen treten lassen.

Bitte vergessen Sie niemals die Sicherheitsmaßnahmen

- Benutzen Sie ausschließlich Hindernisse, die Ihnen und Ihrem Pferd keinen Schaden zufügen, falls es versehentlich dagegen tritt. Kunststoff darf beispielsweise nicht in scharfkantige Stücke zersplittern.
- Weder Sie noch Ihr Pferd darf in den Hindernissen „hängenbleiben" können.
- Benutzen Sie bunte Hindernisse nur bei Pferden, die generell wenig Angst zeigen.
- Mit einem ängstlichen Pferd machen Sie solche Führübungen erst, wenn Sie mit ihm das – weiter hinten im Buch vorgestellte – Anti-Scheu-Training durchgeführt haben.
- Zeigen Sie Ihrem Pferd die kleinen „Hindernisse", die Sie für Ihre Übung benutzen möchten. Lassen Sie es daran schnuppern und führen Sie es um diese Hindernisse herum.
- Bitten Sie einen Helfer, mit seinem routinierten Pferd vorauszugehen. Zwingen Sie Ihr Pferd nicht, zu folgen, wenn es am Führstrick ruckt und Angst zeigt. Gehen Sie weiter um die Hindernisse herum. Wiederholen Sie das so viele Tage lang, bis Ihr Pferd auch in dieser Situation Ihnen in Ihrer Rolle als Leittier vertraut oder warten Sie, bis Sie das Anti-Scheu-Training in Angriff nehmen möchten.
- Bilden Sie Gruppen zu mehreren Führpersonen und Pferden. Die Gruppe gibt dem Herdentier Pferd viel Sicherheit.

Gentle Training im Alltag

Einander kennen – einander vertrauen

Was Sie im Laufe der Zeit kennen lernen werden...

... ist ein geradezu magisches Erfolgsgesetz: Sobald Sie gelernt haben, Ihr Pferd liebevoll-höflich und zugleich konsequent zu führen, entwickeln Sie nach und nach in allen Lebensbereichen außerhalb des Pferdesports mehr Größe und Souveränität.

Die Gesundheit und das Wohlbefinden Ihres Pferdes hängen zum größten Teil von Ihrem Wissen, Ihrem Können und Ihrem Verantwortungsbewusstsein ab. Je besser Sie Ihr Pferd kennen, je vertrauter Sie mit ihm umgehen können, je mehr Achtung Sie vor seinem „Anders sein" entwickeln, desto eher erkennen Sie, wenn etwas „nicht stimmt". Die Beschäftigung mit dem Pferd außerhalb des Reitens beschränkt sich in vielen Ställen auf das Putzen und Frisieren des Pferdes. Obwohl dieses oft sehr ausgiebig betrieben wird, entwickelt sich dabei nicht unbedingt ein echtes Vertrauensverhältnis zwischen Mensch und Pferd. Steht das Pferd nicht still, wird es beschimpft, angestoßen oder sogar mit dem Fuß getreten. Courtesy schließt ein solches Verhalten vollständig aus, denn Courtesy beruht immer auf Gegenseitigkeit. Sie kennen Ihre eigene Angst vor harten Worten, vor Gewalt und vor Schmerzen. Sie wünschen auch, dass Ihr Pferd sich respektvoll und liebenswürdig Ihnen gegenüber benimmt. Also bringen Sie ihm die gleiche Höflichkeit auch und vor allem in Situationen entgegen, in denen Sie sich direkt mit ihm und seinem Körper beschäftigen.

Alltagssituationen neu gestalten

Eine Besonderheit der Courtesy Methode ist das Gentle Training im Alltag. Ihre Alltagssituationen mit dem Pferd werden zu einem wichtigen Trainingsbestandteil, der sich positiv auf jede andere Beschäftigung mit dem Pferd auswirkt. Sehen Sie sich und Ihr Pferd im Geiste miteinander umgehen. Vertrauensvoll lässt es zu, dass Sie es an jeder Körperstelle berühren. Durch Massage und Dehnübungen vermitteln Sie ihm wohliges Behagen und bringen ihm bestimmte Körperteile neu ins Bewusstsein. Die Körperkontrolle ermöglicht es Ihnen, winzige Veränderungen sofort wahrzunehmen und Erkrankungen im Ansatz frühzeitig zu erkennen. Bei der Körper- und Hufpflege arbeitet ihr Pferd mit Ihnen und nicht gegen Sie. Im Stall, im Paddock und auf der Weide – "seinen" Territorien – benimmt es sich höflich und rücksichtsvoll Ihnen gegenüber. Und durch Ihre liebevolle Vorbereitung verliert es auch seine Angst vor Hufschmied und Tierarzt.

Räumlichkeiten und Sicherheitsmaßnahmen

Viele Übungen des Gentle Training im Alltag finden am Putz- und Sattelplatz statt. Hier haben Sie eine stabile Anbindemöglichkeit. Achten Sie darauf, Ihr Pferd hoch und kurz und mit dem richtigen Sicherheitsknoten anzubinden. In Reichweite Ihres Pferdes – seines Kopfes, seines Körpers und seiner Hufe – dürfen sich keinerlei Gegenstände befinden, die es umwerfen oder an denen es sich verletzen könnte. Platzieren Sie auch den Putzkasten im angemessenen Sicherheitsabstand, auch wenn Sie dadurch ein paar Schritte gehen müssen, um ein Utensil herauszunehmen.

Ausrüstung und Hilfsmittel

Kleiden Sie sich sicher und vor allem praktisch. Auch wenn Sie in diesem Trainingsbaustein jetzt oft ohne Handschuhe arbeiten, um ein besseres Gefühl für die Haut und den Körper Ihres Pferdes zu entwickeln, halten Sie sie griffbereit. Ziehen Sie sie an, sobald Sie in irgendeiner Form einen Strick in die Hand nehmen. Ihr Pferd trägt sein Stallhalfter und einen Anbindestrick. Dazu brauchen Sie Ihr gewohntes Putzzeug (Gummistriegel, weiche und harte Bürste, Hufräumer) und ein paar Hilfsmittel, die Ihre Übungen ergänzen: Weiche Tücher und Lappen, Schwämme, Fieberthermometer, Kunststoffspritze ohne Nadel, eine große Plastiktüte und Ihre Dressurgerte.

Touching

Touching ist das englische Wort für „Berühren". Wenn Sie Ihr Pferd an allen Körperteilen berühren können, ohne dass es eine Abwehrreaktion zeigt, hat es Sie in der Rolle als Mutterstute akzeptiert. Bereits bei seiner Geburt kontrolliert die Mutterstute ihr Fohlen, indem Sie es von Kopf bis zu seinen winzigen Hufen ableckt, seinen Geruch aufnimmt und so die enge Mutter-Kind-Bindung knüpft. Touching-Übungen dienen nicht nur der Kontrolle des Pferdes und der Vorbereitung auf mögliche Heilverfahren (wie das Auftragen von Salben auf empfindliche Körperzonen). Sie sind zugleich ein Ausdruck Ihrer Liebe. In dem Maße, in dem Ihr Pferd diese Berührungen immer gelassener akzeptiert, drückt es sein wachsendes Vertrauen in Sie aus. Dieses Vertrauen hilft Ihnen, wenn Ihr Pferd erkrankt und Sie über die tierärztliche Behandlung hinaus selbst an Ihrem Pferd besondere Handgriffe vornehmen müssen, die seiner Heilung dienen: Einen Verband wechseln, Salben und Lösungen auftragen,

Spülungen vornehmen und Medikamente verabreichen. Das Vertrauen, dass Sie ihm Gutes wollen, überwiegt dann die Angst Ihres Pferdes vor Schmerzen und unangenehmen Manipulationen.

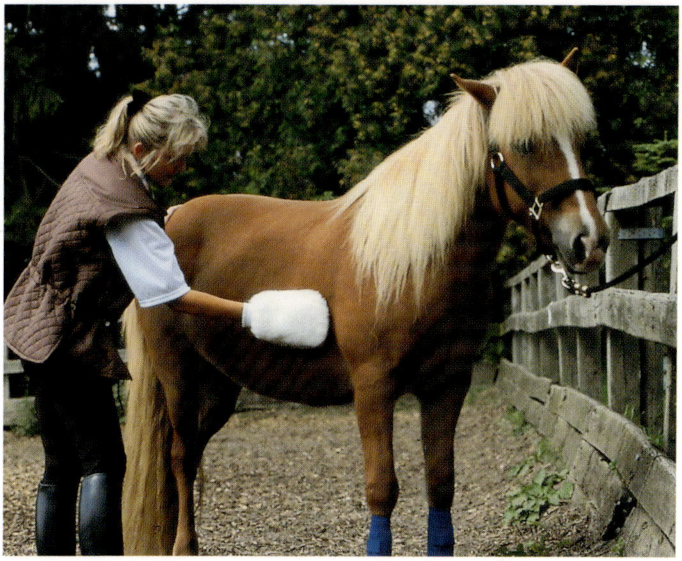

Bei den ersten Touching-Übungen mit dem Fellhandschuh zeigt Blesa noch etwas Skepsis, wie ihr Ohrenspiel und ihre Mimik demonstrieren.

Übung Nr. 1 – "Touching mit Lappen"

Ihr Pferd kennt das Gefühl, mit Striegel und Bürste geputzt zu werden. Das Putzzeug ist jedoch ein starrer Gegenstand, mit dem Sie nur indirekt Kontakt zum Körper Ihres Pferdes haben. Sie können kaum sichtbare Veränderungen nur erahnen und warme oder kalte Körperpartien damit nicht erspüren. Außerdem empfindet Ihr Pferd Striegel und Bürste an empfindlichen Körperteilen – wie Euter und Schlauch – als sehr unangenehm oder gar schmerzhaft. Mit dem Wolllappen (zum Beispiel einem Stück aus einem alten, weichen Pullover) oder einem Fellhandschuh bringen Sie Ihre Finger näher ans Pferd, entwickeln „Fingerspitzengefühl" und fügen Ihrem Pferd keine unangenehmen Empfindungen zu.

- Streichen Sie vom Genick über Hals und Schulter an den Vorderbeinen entlang bis zu den Vorderhufen.
- Streichen Sie dann vom Genick über Hals und Rücken entlang der Wirbelsäule bis zum Schweifansatz, umgreifen die Schweifwurzel und heben und senken sie ein paar Mal sanft.
- Fahren Sie mit kreisenden und streichenden Bewegungen vom Hals über die Breitseite des Körpers über die Kruppe und das ganze Hinterbein bis zu den Hufen hinab.
- Arbeiten Sie sich dann vom Hals zur Brust vor und fahren Sie zwischen den Vorderbeinen hindurch. Massieren Sie den Bereich der Ellenbogen und streichen Sie über den Bauch.
- Jeden Tag versuchen Sie, sich den empfindlichen Partien im hinteren Bauchbereich sowie dem Euter der Stute beziehungsweise dem Schlauch des Wallachs zu nähern. Blickt Ihr Pferd sich zu Ihnen um, legt es die Ohren an oder zieht reflexartig das Hinterbein hoch, so zeigt es damit an, dass ihm diese Berührung noch unangenehm ist. Verändern Sie die Handbewegungen und die Druckstärke – was das eine Pferd als Druck empfindet, ist für das andere noch ein „Kitzeln".
- Beginnen Sie am Kopf nicht mit der Stirn, sondern fahren über den unteren Halsmuskel hinauf zum Kehlgang und massieren Sie die empfindliche „Ganaschenpartie" (zwischen den „Backen"). Dies wird Ihr Pferd sehr angenehm empfinden.

- Massieren Sie das Kinn und arbeiten Sie sich zur Nüsternpartie hoch.
- Wenden Sie sich der Stirn und der Augenpartie erst zu, wenn Ihr Pferd dies akzeptiert.
- Kraulen Sie seine Stirn und arbeiten sich vorsichtig zu den Ohren hinauf – einem besonders sensiblen Körperbereich. Senkt Ihr Pferd den Kopf und lässt Sie mit seinen Ohren arbeiten, ist dies ein wundervoller Vertrauensbeweis!

Touching ist nicht mit einem Streicheln zu vergleichen. Ein Streicheln an empfindlichen Körperpartien wird von vielen Pferden als lästiges Kitzeln empfunden. Führen Sie die Berührung mit mehr Druck durch, der jedoch immer sanft bleiben sollte und den Sie auf die individuelle Körperempfindung Ihres Pferdes abstimmen. Die Mimik Ihres Pferdes, seine Reaktion in Form von Ohrbewegungen, einem Sich-Umdrehen, unmutigem Schweifschlagen und Anheben der Hinterhand spiegelt sein Empfinden am besten wider.

Was Sie in der nächsten Zeit tun sollten

- Wiederholen Sie die Übung mit sauberen und angefeuchteten Frottierlappen – zum Beispiel nach dem normalen Putzen des Pferdes. Falls Sie einen Warmwasseranschluss in Ihrer Reitanlage haben, nehmen Sie warmes Wasser und wringen den Lappen gut aus. Ihr Pferd wird dies im Bereich der Augen und der Nüstern als sehr angenehm empfinden.
- Massieren Sie seine Lippen und fahren Sie mit dem Lappen – später auch mit Ihren Fingern – in die Maulspalte. Massieren Sie sein Zahnfleisch und die „Laden" (den zahnfreien Bereich zwischen Schneide- und Backenzähnen im Unterkiefer). Die Berührungen und die Massage dienen zugleich der Kontrolle. Sie sehen und fühlen Unebenheiten, kleine Wunden und sonstige Unregelmäßigkeiten.
- Für das Touching an Euter und Schlauch benutzen Sie einen frischen, warmen Lappen. Arbeiten Sie sich auch zum After vor und reinigen Sie liebevoll die Afterrosette Ihres Pferdes.
- Erweitern Sie das Touching, indem Sie Ihr Pferd auch mit der Dressurgerte „abstreichen". Beginnen Sie beim Hals, fahren Sie über den Nacken, die Flanke zur Kruppe und hinunter zu den Beinen. Berühren Sie nach und nach auch den Bauch und zuletzt den Kopf und das Gesicht des Pferdes.

Was Sie aus Hygienegründen beachten müssen

Bei einer Stute wischen Sie stets sanft die Scheidenränder zuerst aus und danach die Afterrosette. So verhindern Sie, dass Bakterien aus dem After in die empfindliche Vagina gelangen können.

Vorbereitung auf das Anti-Scheu-Training

- Nehmen Sie ganz selbstverständlich eine Plastikeinkaufstüte zur Hand und knüllen Sie sie zusammen. Lassen Sie Ihr Pferd daran schnuppern. Knistern Sie im Abstand von einem Meter in Sichtweite des Pferdes mit dem Tütenknäuel herum und lassen Sie Ihr Pferd zuschauen. Legen Sie die Tüte wieder fort.
- Wiederholen Sie dies in den nächsten Tagen, bis Ihr Pferd keinerlei Angst, sondern Desinteresse zeigt.
- Massieren Sie den Hals Ihres Pferdes mit dem Plastikknäuel, legen die Tüte fort und loben Ihr Pferd.
- Arbeiten Sie sich allmählich über den ganzen Körper vor – sparen Sie das Gesicht und Euter, Schlauch und After jedoch unbedingt aus.

- Erst wenn Ihr Pferd alles mit Gelassenheit hinnimmt, berühren Sie damit sein Gesicht.
- Die Erfahrung zeigt, dass Sie jetzt vermutlich bereits beginnen können, die Tüte auszubreiten und damit über das Gesicht Ihres Pferdes zu streichen. Ihr Pferd hat gelernt, dass alles, was aus Ihrer Hand kommt, ihm keine unangenehmen Gefühle verursacht. Sie haben einen sehr erfolgreichen Schritt in Richtung auf ein nervenstarkes, gelassenes und fast scheufreies Pferd getan!

Das Abstreichen mit der Gerte zeigt dem Pferd auf, dass dieses „Utensil" in der Hand seines Menschen völlig ungefährlich ist.

Massage

Die Massage ist eine der ältesten Behandlungsformen der Welt. Dabei wird der Körper durch Streichen, Kneten, Klopfen, Erschüttern und Reiben behandelt, was sowohl die Haut als auch Unterhaut und Muskulatur beeinflusst. Einzelne Körperteile werden dadurch vermehrt durchblutet und wieder beweglich und elastisch gemacht, Stoffwechsel und Kreislauf angeregt. Auch ohne physiotherapeutische Ausbildung können Sie Ihr Pferd auf eine wohltuende Weise massieren. Folgende, in die Courtesy Methode aufgenommenen Griffe schaden Ihrem Pferd nicht, wenn Sie nach der Anleitung vorgehen. Ziehen Sie eine Jacke aus robustem Stoff, einen Hut und festes Schuhwerk an, falls Ihr Pferd derzeit noch zum Schnappen oder Herumtänzeln neigt. Massieren Sie Ihr Pferd nach dem Putzen und Hufe-Ausräumen und vor den täglichen Übungen. Reden Sie dabei mit sanfter Stimme beruhigend auf das Pferd ein oder summen Sie ein Wiegenlied.

Übung Nr. 2 – das Pferd massieren

- Stellen Sie sich seitlich neben Ihr Pferd und legen die jeweils freie Hand zu Ihrem Schutz und als Stütze an Hals, Flanke, Kruppe oder Hinterteil, je nachdem, wo Sie selbst sich gerade befinden. So können Sie zugleich Abwehrreaktionen frühzeitig erspüren und das Pferd im Gefahrenfall wegstoßen.
- Greifen Sie als Erstes mit Ihrer ganzen Hand den Unterhalsmuskel an und schütteln ihn von unten nach oben lockernd durch.
- Drücken Sie mit der Handfläche dann kräftig gegen die Seiten des Halses und bewegen die Hand „schaukelnd" hin und her.
- Massieren Sie mit Ihren Handballen in kreisenden Bewegungen die Rückenmuskeln entlang der Wirbelsäule vom Widerrist bis hin zur Kruppe.

In den Genuss einer entspannenden Massage kommt Leika nun: Hans-Jürgen knetet ihr den Nacken, massiert kreisend die Rückenmuskeln und „klopft“ ihren runden „Pferdepopo“.

- Ballen Sie die Hand zur lockeren Faust und bearbeiten Sie sanft klopfend und zugleich die Faust drehend die Flanke.
- Streichen Sie mit der ganzen Hand kraftvoll in langen Strichen über die gesamte Körperseite vom Genick über Hals, Rücken, Flanke und Kruppe hinunter zu den Sprunggelenken.
- Wiederholen Sie die Griffe an der anderen Körperseite.
- Greifen Sie ins Backenstück des Halfters und fassen Sie mit der Massagehand das Genick des Pferdes hinter dem Genickstück des Halfters. Üben Sie sanft knetend Druck aus, um Ihr Pferd dazu zu bewegen, den Kopf zu senken.
- Kneten Sie Genick und Mähnenkamm sanft und zugleich kraftvoll durch.

Eine der liebsten Beschäftigungen im Leben befreundeter Pferde ist das „Fellchenkraulen" und das Beknabbern des Widerrists. Das Gefühl ist sicher einer Massage ähnlich – die Geste selbst ist ein Anbieten und Annehmen von Freundschaft. Mit Ihrer Massage bieten Sie daher dem Pferd Ihre Freundschaft an und festigen die Beziehung zueinander. Ihr Pferd wird diese Minuten herbeisehnen und sie bald mit wohligem Behagen genießen!

Warum schnappt mein Pferd nach mir?

Sie haben durch Ihre Massage einen schlafenden Schmerz „geweckt". Überprüfen Sie, ob eine von der Ausrüstung hervorgerufene Druckstelle, eine Hauterkrankung, eine Schwellung oder eine Entzündung vorliegt. In einem solchen Fall müssen Sie sich das jeweilige Ausrüstungsteil genau anschauen und erforderlichenfalls ausbessern lassen oder ersetzen. Eine Erkrankung muss Ihr Tierarzt behandeln. Können Sie beides jedoch ausschließen, leidet Ihr Pferd vermutlich unter Muskelverspannungen. Wenn Sie – wie weiter hinten im Buch erklärt – Ihr Pferd an der Longe und an der Doppellonge arbeiten, achten Sie darauf, dass Sie nur die langen Schlaufzügel und an der Doppellonge die einfache Verschnallung wählen, damit Ihr Pferd gut vorwärts gehen kann. Durch das Dehnen und Strecken lösen sich Verspannungen. Vermeiden Sie Druck auf den empfindlichen Stellen. Benutzen Sie niemals Ihre Finger, sondern nur Faust, Handfläche oder Handballen für die Massage.

Wieso stemmt sich mir mein Pferd entgegen?

Dies ist ein gutes Zeichen! Ihr Pferd empfindet Ihre Massage als wohltuend und versucht, von sich aus den Druck zu verstärken. Stemmen Sie sich Ihrerseits mit Ihrem Gewicht gegen das Pferd und schaukeln Sie rhythmisch vorwärts und rückwärts, während Sie massieren. Achten Sie aber darauf, dass Ihr Pferd nicht aus dem Gleichgewicht gerät.

Stretching

Das Stretching („Strecken") ist auch eine Form der Massage, da dabei Muskeln und Sehnen gedehnt und die Durchblutung angeregt wird. Hierbei sollten Sie wirklich vorsichtig sein, da beim zu starken Dehnen Sehnen- und Muskelfasern reißen können, die sehr langwierig heilen. Dehnen Sie eine Gliedmaße also niemals weiter, als das Pferd von sich aus zulässt!

Beschränken Sie sich nur auf folgende Übungen:

- Stellen Sie sich vor das Pferd, heben das Vorderbein auf und winkeln es an.
- Drücken Sie mit der freien Hand das Karpalgelenk („Knie") behutsam nach hinten, so weit es das Pferd erlaubt.
- Setzen Sie den Huf vorsichtig ab.
- Heben Sie noch einmal das Vorderbein auf und ziehen es sanft nach vorn auf sich zu. Nehmen Sie sofort den Druck fort, wenn Sie eine Art Zögern des Pferdes spüren.
- Heben Sie das Hinterbein, winkeln es an und bewegen es sachte vor und zurück.
- Ziehen Sie das Hinterbein ohne Krafteinsatz ein paar Zentimeter – soweit es das Pferd erlaubt – nach hinten.
- Setzen Sie das Bein behutsam wieder ab.

Flexing

Eine sehr wertvolle Dehnübung von Kopf und Hals stellt das Flexing dar. Bereiten Sie das Pferd durch eine Massage des Unterhalsmuskels und des Genicks darauf vor und gehen Sie wie folgt vor:

- Stellen Sie sich seitlich neben das Pferd in seine Blickrichtung.
- Umfassen Sie seinen Kopf so, als ob Sie es aufhalftern wollten.
- Ziehen Sie den Kopf mit beiden Händen behutsam zu sich herum, so als wollten Sie sich von ihm

Warum entzieht sich mir mein Pferd dabei zur Seite hin?

Seine Halsmuskeln sind noch nicht locker genug. Bauen Sie die Übung regelmäßig in Ihr Programm ein – gern alle zwei bis drei Tage. Erzwingen Sie keine Fortschritte, sondern freuen Sie sich über jeden halben Zentimeter. Schmusen Sie dabei mit Ihrem Pferd. Versuchen Sie jedoch nicht, es mit einem Leckerwürfel zu „überreden". Die Gefahr, dass es sich aus Gier überdehnt, ist zu groß. Wenn Sie beharrlich nach beiden Seiten hin üben, wird es Ihrem Pferd eines Tages gelingen, zwanglos mit seinen Nüstern seine „Achselhöhle" zu berühren. Je lockerer sein Hals wird, desto geschmeidiger werden auch seine Bewegungen bei allen anderen Übungen.

Beim Stretching kommt es auf Behutsamkeit an: Gedehnt wird nur, soweit es das Pferd zulässt.

„umarmen" lassen.
- Wiederholen Sie die Übung nach der anderen Seite.
- Führen Sie den Kopf liebevoll wieder in die Ausgangsposition zurück.

Für die Flexing-Übung umfasst Hans-Jürgen Fados Kopf wie zum Aufhalftern und zieht ihn sacht in einer liebevollen „Umarmung" zu sich heran.

Körperpflege

Die Körper- und Hufpflege, die Sie Ihrem Pferd angedeihen lassen, ist ein Ersatz für die natürlichen Pflegemechanismen, die das Wildpferd in der freien Wildbahn genießt: Klimareize, Regen, Sonnenbäder, Wälzen auf taunassen Wiesen oder im trockenen Sand, Massieren an Felsen und Baumstämmen. Sie ersetzen diese Pflegemechanismen, indem Sie Ihr Pferd striegeln, bürsten, kämmen, waschen und ihm die Hufe ausräumen. Sie bewegen sich dabei innerhalb seiner Individualdistanz, berühren es, ohne von ihm hierzu eingeladen worden zu sein und nehmen Handgriffe vor, die ihm möglicherweise unangenehm sind. In jedem Augenblick, in dem Sie auf diese Weise mit Ihrem Pferd umgehen, „arbeiten" Sie in gewisser Weise auch mit ihm. Sie trainieren sein Verhalten und beeinflussen dabei, ohne darüber nachzudenken, Ihrer beider Beziehung zueinander entweder zum Positiven oder zum Negativen. Durch das Gentle Training im Alltag lassen Sie sich auch bei diesen einfachen Handgriffen von Courtesy leiten.

- Sprechen Sie Ihr Pferd freundlich und beruhigend an, wenn Sie sich mit seinem Körper befassen.
- Binden Sie es kurz und hoch an, damit es gar nicht in Versuchung kommt, ständig nach Ästen über ihm oder Halmen vor seinen Hufen zu schnappen. Dadurch zappelt es ohne böse Absicht nur herum, behindert Sie bei der Pflege seines Körpers und macht Sie ärgerlich. Wer ärgerlich ist, neigt zu Unhöflichkeit.
- Schieben und stoßen Sie Ihr Pferd nicht, wenn es seine Körperposition verändern soll. Berühren Sie es mit der Hand impulsartig, da es auf solche Berührungen reflexartig mit seinem Körper ausweicht. Loben Sie seine Reaktion, um sein gehorsames Verhalten zu festigen.
- Zwingen Sie es nicht, Pflegemaßnahmen seines Gesichtes und seiner Ohren zu ertragen, indem Sie es am Halfter festhalten. Bereiten Sie solche Maßnahmen über einen längeren Zeitraum mit den oben beschriebenen Touching-Übungen vor.

- Reißen oder „ziepen" Sie nicht an Mähne und Schweif, sondern nehmen Sie sich für das Langhaar Zeit. Bürsten Sie es mit einer festen Bürste vor und lösen Sie dann mit behutsamen Fingern die einzelnen Strähnen, die sich verwirrt haben. Halten Sie sie mit der anderen Hand oberhalb der verknoteten Stelle fest, um nicht schmerzhaft an der Haarwurzel zu reißen.
- Manch ein Pferd hebt gehorsam ein Bein, wenn Sie es anklopfen oder am Behang zupfen – nur häufig ist es das Bein der Gegenseite. Dies ist ein Zeichen dafür, dass sein Körpergefühl nicht richtig entwickelt ist. Stärken Sie dieses Gefühl, insbesondere für seine Beine, indem Sie sie zunächst sanft, aber spürbar entlang hinab streichen, ehe Sie Ihr Pferd durch ein Zupfen an seinen Kötenhaaren auffordern, Ihnen den Huf zu geben. Die Streichbewegung hilft ihm, sich auf das „richtige" Bein zu konzentrieren.
- Gibt es auf diese Weise nicht seinen Huf, nehmen Sie die Sehnen rechts und links der Röhrbeine zwischen Zeige-, Mittelfinger und Daumen und drücken Sie impulsartig darauf. Dieser Impuls ruft wiederum einen Reflex hervor – in den meisten Fällen gibt Ihr Pferd den Huf.
- Lassen Sie den Huf niemals „fallen", nachdem Sie ihn gesäubert haben, sondern halten ihn eine Weile. Ihr Pferd lernt, sein Gleichgewicht auszupendeln. Setzen Sie den Huf sanft ab und streichen Sie nochmals über das Bein. Bald werden Sie nur eine Fingerspitze und keinerlei Kraft benötigen, um den Huf zu halten. So bereiten Sie Ihr Pferd auf die Arbeit mit dem Hufschmied vor.
- Gewöhnen Sie Ihr Pferd behutsam an den Umgang mit Wasser. Viele Pferde haben große Angst vor dem Wasserschlauch, dem Abspritzen und vor allem kalten Wasser. Geräusche und Berührungen ängstigen Sie, die Temperatur ist ihnen unangenehm.
- Beginnen Sie daher, Ihr Pferd zunächst mit dem feuchten Frottierlappen abzureiben.
- Benutzen Sie dann warmes Wasser in einem Eimer und waschen ihm damit Hufe und Beine bis höchstens in Höhe der Karpalgelenke (des „Pferdeknies") beziehungsweise der Sprunggelenke.
- Besitzt Ihr Stall eine Waschanlage, lassen Sie es dort oft zuschauen, wenn andere Pferde gewaschen und abgespritzt werden, um es an die Technik und das Geräusch zu gewöhnen.
- Lassen Sie es den Schlauch beriechen und mit seinen Nüstern berühren.
- Berieseln Sie aus dem Schlauch anfangs nur ein Vorderbein vom Karpalgelenk bis zum Huf mit warmem Wasser. Reduzieren Sie die Temperatur nach und nach und hören Sie sofort auf, wenn Ihr Pferd Zeichen der Angst zeigt.
- Nehmen Sie allmählich ein zweites, dann das dritte und das vierte Bein hinzu.
- Steigern Sie den Druck nur allmählich, bis Ihr Pferd Wasser in jeder Form akzeptiert und als angenehm empfindet.

Krankheitssymptome

Nur von einem gesunden Pferd können Sie volle Konzentration und den Willen zur Zusammenarbeit mit Ihnen erwarten. Seine Gesundheit aber liegt allein in Ihrem Verantwortungsbereich. Je besser Sie Ihr Pferd kennen, desto schneller merken Sie, wenn es sich nicht wohl fühlt. Es sieht matt aus, nimmt weniger oder gar kein Futter auf, säuft nichts mehr und hat vielleicht sogar Fieber. Äußere Verletzungen erkennen Sie an offenen Wunden und Schwellungen. Bei einer Atemwegserkrankung sind die Nüsten meist voller Schleim, und das Pferd hustet. Eine Lahmheit zeigt sich im steifen, vorsichti-

Leika hebt den Huf bereits...

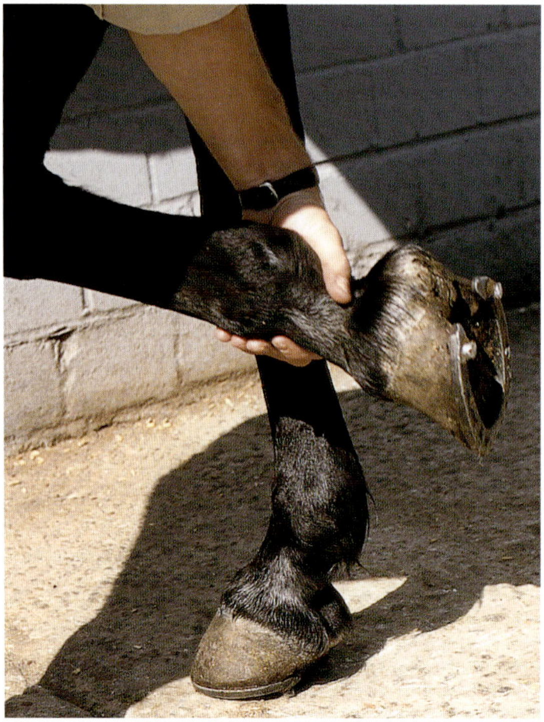

...auf ein sanftes Klopfen gegen ihre Fessel.

gen Gang, bei dem Ihr Pferd ein Bein deutlich schont. Die oft lebensbedrohliche Kolik äußert sich in heftigen Bauchschmerzen. Ihr Pferd schwitzt, scharrt und versucht sich zu wälzen. Oder es schaut sich immer wieder zu seinem Bauch um.

Körperkontrolle

Über solche sehr offensichtlichen Krankheitssymptome hinaus gibt es weniger auffallende Anzeichen für eine mögliche beginnende Erkrankung. Um keine zu übersehen, machen Sie es sich Tag für Tag zur lieben Gewohnheit, bei Ihrem Pferd einen vorsorglichen Gesundheits-Kurz-Check durchzuführen. Ein solcher Check ist Bestandteil Ihrer liebevollen Achtsamkeit gegenüber dem Partner Pferd. Ihr Pferd spürt diese Achtsamkeit und spiegelt sie durch sein vertrauensvolles Verhalten wider.

Gesundheitsvorsorge

Zur Gesundheitsvorsorge gehört auch, dass Sie Ihr Pferd vor Krankheiten, die sich durch besondere Maßnahmen vermeiden lassen, schützen und dass Sie Ihrem Tierarzt „zuarbeiten“, um ihm die Diagnose zu erleichtern. Durch die „Steh still“-Übung im Führtraining hat Ihr Pferd gelernt, auf Ihre Bitte hin still zu stehen. Je besser Sie diese Übung beherrschen, desto ruhiger wird Ihr Pferd auch bei der Behandlung durch den Tierarzt bleiben. Bei den Touching-Übungen hat es so viel Vertrauen aufgebaut, dass es die möglicherweise unangenehmen tierärztlichen Handgriffe geduldig erträgt. Indem Sie lernen, die wichtigsten Werte zu messen, helfen Sie dem Tierarzt, die richtige Diagnose zu stellen. Auch auf die Verabreichung von Wurmkuren bereiten Sie sich und Ihr Pferd durch eine besondere Übung vor.

Atemwerte messen

Legen Sie Ihre Hand an die Flanke Ihres Pferdes und zählen Sie die Hebe- und Senkbewegungen seines Brustkorbes in einer Minute. Ein gesundes Pferd atmet im Ruhezustand 8 bis 16 Mal pro Minute. Diese Werte steigen, wenn es sich bewegt und arbeitet. Ihre Anzahl hängt von der Rasse des Pferdes, von der Dichte seines Haarkleids, von der Außentemperatur und von der Luftfeuchtigkeit ab. Bei einem gesunden Pferd sinkt der Wert nach einer Pause von 10 Minuten wieder auf das Normalmaß ab.

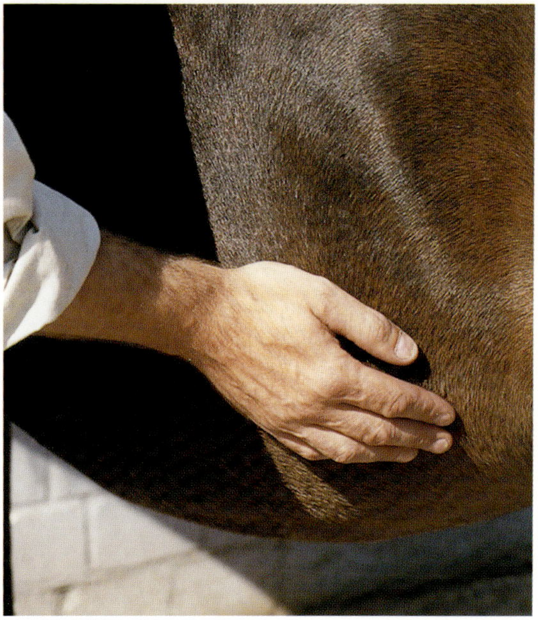

An der Flanke des Pferdes messen Sie mit der flachen Hand die Atemzüge pro Minute.

Pulswerte messen

Sie erfühlen den Pulsschlag, wenn Sie Mittel- und Zeigefinger sanft an die Unterseite der Ganaschen oder ober- oder unterhalb des Vorderfußwurzelgelenks anlegen. Auch an der Unterseite der Schweifrübe ist er zu ertasten. Das gesunde Pferd hat in der Ruhe eine Pulsfrequenz von 30 bis 40 Schlägen pro Minute.

Fieber messen

Lehren Sie Ihr Pferd durch Touching-Übungen, Ihnen die Berührung seiner Afterrosette zu erlauben und reinigen Sie diese regelmäßig mit einem feuchtwarmen sauberen Frottiertuch. Massieren Sie die Rosette mit Ihrem vom Handtuch umwickelten Finger, um Ihr Pferd auf das Fiebermessen vorzubereiten. Entscheiden Sie sich erst, das Fiebermessen mit Ihrem Pferd zu üben, wenn Ihr Pferd die Berührung seines Afters voller Vertrauen und ohne Reaktion duldet.

Stellen sie sich zum Messen der Körpertemperatur seitlich hinten neben Ihr Pferd. Heben Sie die Schweifrübe an und schieben das eingefettete Thermometer mit leichter Drehbewegung in den After. Oft werden Sie in Fachbüchern lesen, dass Sie das Thermometer mit einem Bindfaden und einer Wäscheklammer am Ende versehen sollen, damit es nicht im Darm verschwindet. Diese Maßnahme ist in der Praxis schwer durchzuführen, da der Bindfaden an einem modernen Thermometer nur schwer hält. Konzentrieren Sie sich daher auf Ihr Pferd und halten das Thermometer während der drei Minuten, nach denen sich die Körpertemperatur ablesen lässt, in der Hand. Als Normalwert des erwachsenen Pferdes werden 37,5 bis 38,2 Grad angegeben.

Verabreichen von Wurmkuren

Bereiten Sie Ihr Pferd durch Touching-Übungen darauf vor, sich im gesamten Maulbereich berühren und massieren zu lassen.

- Besorgen Sie sich in der Apotheke eine Gummispritze und füllen Sie sie mit Zuckerlösung.
- Schieben Sie Ihre Finger in die Maulspalte und führen Sie die Spritze unter beruhigendem Zuspruch ein.
- Entleeren Sie den süßen Inhalt durch vorsichtigen Druck ins Maul – vermeiden Sie unbedingt, sie in einem harten Strahl hineinzuspritzen.
- Wiederholen Sie diese Übung täglich 14 Tage vor der nächsten Wurmkur.
- Geben Sie nach Verabreichen der bitteren Wurmkur wiederum einige Tage lang die Spritze mit der Zuckerlösung, um das Vertrauen wieder herzustellen.

Handling in der Box

Der Boxenstall ist der Bereich, in dem Ihr Pferd Futter und Wasser aufnimmt, Kot und Harn absetzt, ruht und schläft. Wenngleich er nicht die Bedürfnisse des Steppenbewohners Pferd erfüllt, ist er sein „Heim" – die ihm vom Menschen zugestandene Individualzone. Sie betreten diesen sehr persönlichen Bereich Ihres Pferdes täglich. So wie Sie selbst von einem Gast Höflichkeit in Ihrem Hause erwarten, so höflich sollten Sie hier Ihrem Pferd begegnen. Im Gegenzug hat Ihr Pferd sich Ihnen gegenüber wie zu einem willkommenen Gast zu verhalten.

Übung – Pferd aus der Box holen

- Sprechen Sie Ihr Pferd liebevoll an und stellen Sie sicher, dass es Ihnen seine Aufmerksamkeit schenkt und – wichtig – sich Ihnen zuwendet, bevor Sie seinen Stall betreten.
- Bitten Sie Ihr Pferd, still zu stehen – es kennt das Kommando vom Führtraining.
- Falls Sie ihm ein Begrüßungsleckerchen geben möchten, warten Sie damit, bis Sie ihm sein Halfter angezogen haben.
- Ihr erhobener Zeigefinger bittet Ihr Pferd, höflich weiter in Abstand still zu stehen und nicht bettelnd an Ihrer Tasche zu zupfen.

Warum wendet mir mein Pferd sein Hinterteil zu, wenn ich den Stall betreten möchte?

Ihr Pferd ist noch nicht am Zusammensein mit Ihnen interessiert. Verbessern Sie durch Führübungen Ihre Leitpferdrolle und durch Touching, Massage und Stretching Ihr Vertrauensverhältnis. Bringen Sie die Stärke auf, nicht von sich aus uneingeladen den Stall zu betreten, sondern wecken Sie von der Boxentür aus das Interesse Ihres Pferdes. Stellen Sie sich ungezwungen dort auf, beißen Sie in die Möhre oder den Apfel, den Sie Ihrem Pferd als Leckerchen zugedacht hatten oder lesen Sie einen Krimi. Wenn Sie genügend Geduld aufbringen – und sich nicht von dem Pflichtgefühl „Ich muss mein Pferd heute bewegen!" – zu einer anderen Handlung verführen lassen –, tritt Ihr Pferd irgendwann auf Sie zu. Loben Sie es freundlich, reichen Sie ihm ein Leckerchen und führen es aus dem Stall. Tun Sie nichts anderes als es liebevoll zu versorgen, zu pflegen, mit ihm herum zu bummeln oder es an Ihrer Hand grasen zu lassen, ohne dass Sie eine Übung durchführen. Bringen Sie es zurück in seinen Stall und verabschieden sich freundlich. Da Ihr Pferd – wenn vielleicht auch spät – freiwillig zu Ihnen gekommen ist, haben Sie eine positive Wende in Ihrer Beziehung eingeleitet. Warten Sie künftig immer auf diese Weise, bis sich Ihr Pferd Ihnen zuwendet, bevor Sie seinen Stall betreten. Die Zeitspanne wird von Mal zu Mal kürzer werden.

Kontrollieren Sie Ihr Pferd täglich von Kopf bis Huf und achten Sie außerdem auf folgende Zeichen:

Kontrollbereich	Zeichen von Gesundheit	Zeichen möglicher Erkrankung
1. Blick	*wach und klar*	*desinteressiert*
2. Ohrenspiel	*aufmerksam*	*gleichgültig*
3. Kopf	*erhoben getragen*	*hängend*
4. Haarkleid (im Sommer) *Haarkleid (im Winter)*	*glatt, glänzend* *trocken und dicht*	*matt, gesträubt'* *feucht, gesträubt*
5. Futterzustand	*Muskeln gut sichtbar* *Rippen nur in der Bewegung sichtbar*	*Muskeln eingefallen* *Rippen stets sichtbar*
6. Stellung der Gliedmaßen	*gerades Stehen,* *bei Belastung aller Beine*	*schiefes Stehen,* *bei Entlastung eines Beines*
7. Hufe	*fest, kühl, intaktes Horn*	*weich, brüchig, faulig, warm*
8. Atem	*ruhige Atembewegung* *des Brustkorbes*	*hastig, flach*
9. Schleimhäute	*blassrosa-rot*	*bleich, grau, entzündlich-rot*
10. Schweif	*normal bis stolz getragen*	*schräg getragen, eingeklemmt*

Bereits ein Fragezeichen unter der Rubrik „Mögliche Erkrankung" sollte Sie veranlassen, Ihr Pferd über ein bis zwei Tage intensiver zu beobachten. Ist bis dahin keine Besserung eingetreten, ziehen Sie bitte Ihren Tierarzt zu Rate.

- Um die Box oder den Stall zu verlassen, führen Sie die Führübungen „Tritt an" und „Folge mir" durch. Das ist auch hier – auf engstem Raum – möglich!
- Gehen Sie – das Leitpferd – auf jeden Fall zuerst durch die Tür nach draußen.

Übung – Pferd in die Box oder zum Futterplatz bringen

Ihre Leitpferdrolle bleibt auch gewahrt, wenn Sie Ihr Pferd zurück in die Box bringen. Viele Pferde neigen dazu, auf dem Weg zurück zu eilen, vielleicht, weil Sie wissen, dass dort eine Portion Heu und ein Trog voller Hafer warten. Erwarten Sie von Ihrem Pferd, dass es Sie wie einen höflichen Gast erst einmal verabschiedet, ehe es sich seinem Futter zuwendet.

- Achten Sie darauf, dass Ihr Pferd Ihnen in respektvollem Abstand zum Stall oder zum Futterplatz folgt.
- Bitten Sie es, still zu stehen, während Sie die Boxentür öffnen oder am Futterplatz angekommen sind.
- Wenden Sie die „Tritt an"-Übung nicht an, sondern betreten Sie die Box, während Ihr Pferd still stehend wartet.
- Laden Sie Ihr Pferd in die Box ein.
- Lassen Sie es hier still stehen, damit Sie ihm in Ruhe sein Halfter abziehen können – am Futterplatz bleibt es ebenfalls still stehen, während Sie den Führstrick am Anbindehaken befestigen.

- Loben Sie Ihr Pferd und verabschieden sich von ihm.
- Jetzt laden Sie es mit einer Geste ein, sich seinem Futter zuzuwenden.

Handling in der Pferdegruppe

In der Gruppe der Artgenossen – sei es im Gemeinschaftspaddock oder auf der Weide – fühlt sich Ihr Pferd sicher und geborgen. Auch hier in der Herde hat es Pferde, denen es gehorcht, folgt und vertraut. Um es aus dieser Gruppe gefahrlos herauszulösen, müssen Sie ihm gegenüber die Rolle der Mutterstute und Leitstute zugleich und seinen Herdenkameraden gegenüber die Rolle des Leithengstes übernehmen. Die Mutter bietet das Höchstmaß an Schutz und Geborgenheit; wenn sie ruft, folgt das Pferd aufgrund der tiefen gegenseitigen Bindung. Ihr folgt es ebenso willig wie der Leitstute, auch wenn sie es fort von anderen Pferden führt. Durch Führübungen und die Übungen des Gentle Training im Alltag haben Sie diese Rolle gefestigt. Als Leithengst halten Sie die anderen Pferde der Gruppe in respektvollem Abstand, um gefahrlos mit Ihrem Pferd das Tor zu passieren und den Auslauf oder die Weide zu verlassen.

- Nehmen Sie die lange Dressurgerte oder bei großen aufdringlichen Pferdegruppen die Longierpeitsche mit. Umwickeln Sie aber den Stab mit dem Peitschenschlag.
- Betreten Sie Auslauf oder Weide. Je nach Größe der Weide und der Entfernung der Pferdegruppe bleiben Sie am Tor oder in Tornähe stehen. Rufen Sie Ihr Pferd freundlich an und laden es ein, zu Ihnen zu kommen.
- Oft wird es von einigen seiner vierbeinigen Freunde begleitet, wenn es sich Ihnen nähert. Verabreichen Sie keinem – auch nicht Ihrem Pferd – ein Leckerchen; die Gefahr, dass es zu Rangeleien aus Futterneid kommt, ist viel zu groß!
- Heben Sie die Hände mit aufwärts weisendem Zeigefinger, um alle Pferde um Achtsamkeit zu bitten.
- Während die Gruppe aufmerksam verharrt, ziehen Sie Ihrem Pferd das Halfter an.
- Lassen Sie es antreten und Ihnen folgen, während Sie zum Tor gehen.
- Halten Sie seine Artgenossen mit schlängelnden Bewegungen der Gerte auf Abstand.
- Öffnen Sie das Tor und schicken Sie Ihr Pferd – in der Rolle des Leithengstes – voraus durch das Tor, um sicher zu stellen, dass kein anderes Tier nachdrängt.

Fallbeispiel

Meiner einst so fressgierigen Leika ... reichten wir, um sie in ihrer Gruppenauslaufhaltung gezielt zu füttern, immer an einem separaten Futterplatz ihr Kraftfutter. Obgleich der ausgesprochen „runde" Pferdetyp und sicher nicht wirklich hungrig, streckte sie mir stets gierig den Kopf entgegen, schob ihre Nase in den Eimer und riss mir das Futter beinah aus der Hand. Ich schaffte es kaum, den Hafer in den Trog zu füllen. Durch die Arbeit nach der Courtesy Methode hat sie sich – wie man so sagt – um 180 Grad gewandelt. Heute wendet sie sich mir brummelnd zu, wenn ich ihren Offenstall betrete. Gelassen geht sie hinter mir her zu den einzelnen Plätzen, auf denen wir arbeiten möchten. Möchte ich sie anschließend füttern, wartet sie höflich, bis ich den Trog gefüllt habe und sie mit einem Zeichen bitte, zu fressen. Wartet in ihrem Stall eine Riesenportion Rauhfutter, bleibt sie liebenswürdig im Eingang stehen, selbst wenn ich ihr das Halfter längst abgenommen habe. Sie möchte ausgiebig verabschiedet werden – Ihre Streicheleinheiten sind ihr viel wichtiger geworden als jedes Futter! Das ist Courtesy...

- Sind im Weidetorbereich keine anderen Pferde vorhanden, gehen Sie in der Rolle der Leitstute zuerst durch das Tor und lassen Ihr Pferd Ihnen folgen.
- Lassen Sie Ihr Pferd draußen still stehen und schließen Sie das Tor.
- Führen Sie Ihr Pferd wie gewohnt zum Stall.

Mein Pferd lässt sich auf der Weide einfach nicht einfangen – was soll ich tun?

Versuchen Sie nicht, mit Helfern und Stricken in gewohnter Treibemanier Ihr Pferd zu fangen. Offensichtlich ist es nicht im geringsten daran interessiert, mit Ihnen zusammen zu arbeiten. Wenn Sie das Problem des Einfangens ein für alle mal ausräumen wollen, hat es keinerlei Nutzen, mit Gewalt zu arbeiten. Im Gegenteil: Es wird das Einfangen um so mehr hassen. Falls Sie die Möglichkeit haben, mehrere Pferde einzutreiben, wird Ihr Pferd wahrscheinlich von allein mitkommen, weil es nicht einsam zurück bleiben möchte. Der Herdentrieb siegt über den Wunsch, Ihnen zu entkommen. In einem solchen Fall können Sie Ihr Pferd eine Zeit lang im Stall halten und versuchen, während dieser Phase Ihre Leitpferdrolle ihm gegenüber zu festigen und gegenseitiges Vertrauen aufzubauen. Einige wenige Wochen, in denen es weniger artgemäß lebt, schaden nichts, wenn Sie im Gegenzug das Verhältnis zu ihm bessern.

Anderenfalls wenden Sie sich auf der Weide einem Herdenkumpel Ihres Pferdes zu, den es sehr mag. Beschäftigen Sie sich auffallend mit ihm. Eines Tages wird Ihr Pferd neugierig heran kommen. Loben Sie es liebevoll, aber versuchen Sie nicht, es festzuhalten oder gar aufzuhalftern! Wiederholen Sie dies an einigen Tagen. Beginnen Sie dann, Ihrem Pferd ein Halfter aufzuziehen, es zu loben und ihm das Halfter wieder auszuziehen. Später führen Sie es auf der Weide herum, ohne es jedoch von der Weide zu holen. Nach wenigen Wochen wird sich Ihr Pferd wie jedes andere willig von Ihnen einfangen lassen. Diese Wochen Geduld müssen Sie aber aufbringen.

Arbeit an der einfachen Longe

Grundsätzliches

Mit den Führübungen und dem Gentle Training im Alltag haben Sie gegenüber Ihrem Pferd Ihre Rollen als Leitstute und Mutterstute gefestigt und damit die Grundlagen für Gehorsam und Vertrauen geschaffen. Ihr Pferd achtet und respektiert Sie unabhängig von der Frage, ob Sie sich in einem gewissen Abstand oder in seiner direkten Nähe befinden. Durch die Übungen mit dem langen Führseil haben Sie bereits den Weg zum nächsten Trainingsbestandteil geebnet: Der Arbeit an der einfachen Longe. Diese Form der Arbeit mit dem Pferd wirkt sich nicht nur sehr günstig auf den Körper des Pferdes, sondern auch auf seine Psyche aus. Sie nehmen dabei die Rolle von Mutterstute und Leithengst zugleich ein.

Auch wenn es wie „Gefühlsduselei" klingt, so symbolisiert die Longe im entfernten Sinne die unsichtbare Nabelschnur, die Mutterstute und das junge Pferd verbindet. Im Schutzkreis der Mutterstute wird seine Aufmerksamkeit geschult, sein Gehorsam gefestigt und die Anmut seiner Bewegungen gefördert. Die Sprache, die Ihrem Pferd die Übungen verständlich macht, ist die Körpersprache des Leithengstes. Sie wird ergänzt durch Ihre persönliche Lautsprache, die das Pferd leicht erlernen kann.

Ziel des Longierens in der Courtesy Methode

Beim Longieren bewegen Sie Ihr Pferd auf der Zirkellinie (darüberhinaus gibt es andere ergänzende Übungen). Durch die Bewegung auf dieser gebogenen Linie wird der Pferdekörper sanft gedehnt und so allmählich geschmeidiger gemacht, vorausgesetzt, Sie lassen Ihr Pferd regelmäßig „die Hand wechseln" (es also abwechselnd im Uhrzeiger- und im Gegenuhrzeigersinn gehen). Ihr Pferd lernt, ruhig, gelassen, im gleichmäßigen Takt und mit schwingendem Rücken in allen Gangarten zu laufen und auf kurze, klare – später immer dezenter werdende – Anweisungen zu reagieren. Die Dehnung in der Bewegung auf der gebogenen Linie ist eine Form der Gymnastik, die beim Pferd „Gymnastizierung" heißt. Der Gymnastizierungseffekt wird noch erhöht, wenn Sie bei den fortgeschrittenen Übungen bestimmte Hilfszügel – den Ausbindezügel, den Halsverlängerer oder den Schlaufzügel – verwenden. Diese Hilfszügel „formen" den Körper Ihres Pferdes sanft und steigern dadurch sein körperliches Wohlbefinden.

Räumliche Voraussetzungen – Sicherheitsmaßnahmen

Die Phase, in der Sie Ihr Pferd an die Longe gewöhnen, nennt man „Anlongieren". Dieses Anlongieren fällt Ihnen auf einem Longierplatz leichter. Der Longierring sollte einen Durchmesser von ungefähr 12 bis 16 m und aus Sicherheitsgründen eine stabile, hohe Einzäunung aufweisen. Ein trockener, gut drainierter und federnder Boden verhindert, dass Ihr Pferd ausgleitet, falls es anfangs zu eilig und vielleicht gar im Kreuzgalopp geht. Tiefer Boden ist ungeeignet. Falls Ihre Anlage nur über eine große Halle oder Außenreitbahn verfügt, schaffen sie hier anfangs durch Sprungständer und Stangen sowie rot-weißes Bauband einen sicheren Zirkel. Oder Sie bauen einfach aus Strohballen eine Einfriedung. Stapeln Sie jeweils zwei bis drei Ballen aufeinander, damit Ihr Pferd nicht darüber springen kann. Noch einfacher haben Sie es, wenn Sie die Rechteckbahn in der Mitte mit einem Elektrobreitband in zwei Vierecke teilen.

Ausrüstung des Pferdes

Ihre ersten Übungen mit dem Pferd helfen ihm (und Ihnen), sich an die neue Form der Arbeit zu gewöhnen, seine Aufmerksamkeit zu wecken und seinen Gehorsam zu festigen. In dieser Gewöhnungsphase lernt Ihr Pferd, locker auf dem Zirkel zu laufen und Ihre Anweisungen zu befolgen. Dazu trägt es lediglich ein Halfter und Bandagen oder Gamaschen, die seine Beine schützen. In der darauf folgenden Bewegungsphase schulen Sie seine Bewegungen. Hierfür rüsten Sie es mit einem Trensenzaum, Sattel oder Longiergurt aus. In der Formungs- oder Gymnastizierungsphase legen Sie ihm zusätzlich einen Hilfszügel – Ausbinder, Halsverlängerer oder Schlaufzügel – an (siehe auch Kapitel „Ausrüstung").

Ihre eigene Ausrüstung

Kleiden Sie sich robust und praktisch, wie im Kapitel „Kleidung" beschrieben. Vergessen Sie die Handschuhe nicht, schützen Sie Ihren Kopf gegen Wind und Wetter ebenso wie vor blendender Sonneneinstrahlung. Darüberhinaus brauchen Sie nur eine Longierpeitsche mit langem Schlag.

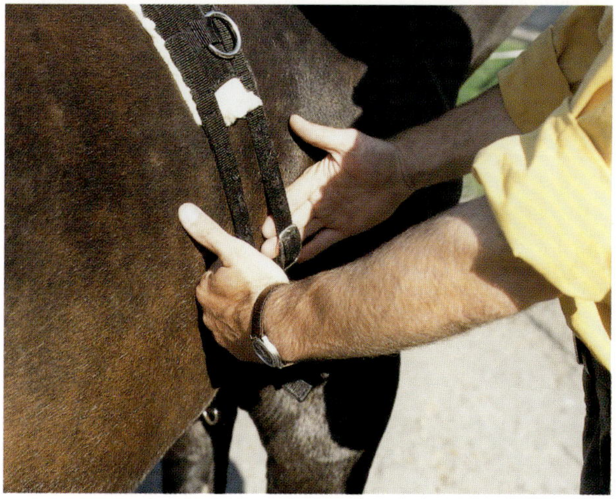

Achten Sie beim Angurten des Longiergurtes darauf, dass sich keine Fellhaare in den Schnallen verhaken.

Hilfengebung

Bei der Arbeit mit der Longe kombinieren Sie verschiedene Hilfen:

- Longe (Berührungssignal),
- Longierpeitsche (optisches Signal),
- Stimme (akustisches Signal),
- Körpersprache (optisches Signal).
- Die Körpersprache setzt sich aus Körperhaltung, -bewegung und der Position gegenüber dem Pferd zusammen.

Trockenübungen

Lesen Sie noch einmal im Kapitel „Trockenübungen" die Absätze über die Handhabung der Longe und der Longierpeitsche nach und wiederholen Sie die Übungen mit Ihrem Helfer. Als Erinnerung: Halten Sie Ihren Standpunkt möglichst stets in der Mitte des Zirkels. Nur anfangs kann es notwendig sein, dass Sie – je nachdem, ob Sie verwahrend („bremsend") oder antreibend wirken wollen – einen Schritt von vorn oder aber von hinten auf das Pferd zugehen müssen. Halten Sie die Longe stets unverdreht in der inneren Hand. Läuft Ihr Pferd auf der linken Hand im Gegenuhrzeigersinn, halten Sie die Longe in Ihrer linken Hand; läuft das Pferd auf der rechten Hand im Uhrzeigersinn, halten Sie die Longe rechts. Die Longierpeitsche halten Sie in der äußeren Hand. Die Longe sollte nicht über den Boden schleifen.

Gewöhnungsphase

Jetzt sind Sie soweit vorbereitet, dass es losgehen kann! Sie führen Ihr mit Halfter und Bandagen ausgerüstetes Pferd zum Longierplatz. Klinken Sie die Longe in die Öse unter dem Kinn des Pferdes, nehmen Sie die Longe in großen Schlaufen mit Ihrer linken Hand auf und stellen Sie sich seitlich links neben Ihr Pferd. Beim Gentle Training im Alltag haben Sie Ihr Pferd beim Touching bereits an das Abstreichen mit der Gerte gewöhnt. Die Longierpeitsche kennt es bereits aus einigen Führübungen. Streichen Sie Ihr Pferd jetzt behutsam mit der Longierpeitsche in Ihrer rechten Hand ab. Durch die Vorübungen müsste es diese Berührungen ohne Erregung gelassen dulden. Auf diese Weise erfährt es gleich, dass die Longierpeitsche nichts ist als Ihr verlängerter Arm.

Übung Nr. 1 – "Erstes Longieren, gemeinsam Wenden, Anhalten"

- Geben Sie, wie bei der Führseil-Übung „Tritt an" und „Geh fort" geübt, durch Zungenschnalzen das Signal zum Antreten.
- Heben Sie die Longierpeitsche in Ihrer rechten, der „äußeren" Hand, und führen sie von hinten nach vorn in Richtung Sprunggelenke des Pferdes.

- Reagiert Ihr Pferd zögerlich oder erscheint es noch unaufmerksam, schnalzen Sie noch einmal und führen die Peitsche in einem Bogen von unten nach oben und zugleich von hinten nach vorn und berühren Sie, wenn erforderlich, mit dem Schlag leicht die Hinterhand.
- Geben Sie Leine zu, bis das Pferd den Hufschlag des Longierzirkels erreicht hat.
- Möchte es wieder zur Zirkelmitte kommen, leiten Sie es mit schlängelnden Bewegungen an der Longe wieder auf die Zirkellinie hinaus – mit der Longierpeitsche weisen Sie dabei in Richtung Pferdeschulter.
- Lassen Sie es jetzt in Ruhe einige Runden auf der Zirkellinie – auf der linken Hand – im Schritt gehen; das wichtigste dabei ist, dass es auf der Zirkellinie bleibt und nicht nach innen drängt.
- Geht Ihr Pferd zu langsam, schnalzen Sie einmal mit der Zunge und treiben es zugleich sacht mit der Longierpeitsche an.
- Beginnt Ihr Pferd zu traben, erlauben Sie ihm dies jetzt ruhig. Es wird sich nach einer Weile sichtlich entspannen und lockern.
- Wirken Sie nun beruhigend mit Ihrer Stimme auf Ihr Pferd ein („Ho, ho-Scheeritt"), gehen Sie einen Schritt von vorn auf den Pferdekopf zu, so als wollten Sie ihm den Weg abschneiden. Damit parieren Sie es zur Gangart Schritt durch.
- Lassen Sie es einige Runden im Schritt gehen.
- Wechseln Sie jetzt die Longierpeitsche hinter Ihrem Rücken von der rechten in die linke Hand.
- „Das Pferd anhalten" üben Sie, indem Sie mit angehobener Peitsche energisch von schräg vorn einen Schritt auf Ihr Pferd zu machen.
- Lassen Sie Ihr Pferd auf der Zirkellinie still stehen.
- Nehmen Sie die Longe in Schlaufen auf und gehen Sie von vorn auf Ihr Pferd zu.
- Machen Sie gemeinsam mit ihm eine Kehrtwendung nach innen und halten es auf der Zirkellinie wiederum an. Lassen Sie es stillstehen.
- Gehen Sie in Ruhe zur Zirkelmitte zurück und lassen Ihr Pferd – wie oben beschrieben – wieder antreten.
- Wiederholen Sie nun alle Schritte dieser Übung noch einmal auf der rechten Hand.
- Zum Abschluss lassen Sie das Pferd zur Belohnung und Entspannung eine Weile still stehen, loben es und beenden die Übung.

Zur Erinnerung demonstriert Veronika noch einmal „trocken" die richtige Handhabung der Longierpeitsche: Hier lässt sie das Pferd mit der richtigen optischen Hilfe anhalten.

Zur besseren Verdeutlichung der Schritt-für-Schritt-Beschreibungen beginne ich im Buch immer mit Übungen auf der linken Hand, bei denen das Pferd also im Gegenuhrzeigersinn auf der Kreislinie des Longierzirkels oder später auf dem Hufschlag der ganzen Bahn geht. Vielen Pferden fällt die Arbeit auf dieser Hand leichter – es ist ihre „Schokoladenseite". Selbstverständlich lassen Sie Ihr Pferd regelmäßig die Hand wechseln, um es keineswegs einseitig zu belasten.

Bitte denken Sie immer daran

Die Arbeit an der einfachen Longe soll Ihr Pferd entspannen und niemals ermüden. Die Übungen dürfen daher niemals länger als 10 bis 20 Minuten dauern.

Übung Nr. 2 – "Wenden mit Peitschenhilfe"

Sobald Sie Ihr Pferd sicher im fleißigen Schritt und ruhigen Trab auf der Zirkellinie halten, antreten und anhalten können, beginnen Sie, eine Form des Wendens zu üben, bei der Sie in der Zirkelmitte stehenbleiben. Sie selbst lernen dabei, sich immer präziser mit Ihrem Körper und der Longier-

Mein Pferd möchte nicht richtig antreten, sondern trödelt nur unkonzentriert herum – was soll ich tun?

Ihr vierbeiniger Freund ist offensichtlich ein kleiner Faulpelz. Da Sie ihn mit Zungenschnalzen und der richtigen Peitschenführung nicht beeindrucken können, müssen Sie ihn schon richtig aufwecken. Denn er soll ja auch Gehorsam lernen und nicht entdecken, dass – wenn er einfach nicht reagiert – gar nichts passiert! Also geben sie ihm, wenn er Ihr zweites Stimm- und Peitschensignal nicht befolgt, beim dritten Mal einen spürbaren Klaps mit der Peitsche auf die Kruppe. Das hat nichts mit Gewalttätigkeit zu tun, sondern zeigt ihm nur, dass Sie als Mutterstute und Leitpferd Respekt erwarten.

Warum hält mein Pferd nicht an?

Möglicherweise reicht Ihre Körpersprache nicht aus, um Ihrem Pferd Ihren Wunsch verständlich zu machen. Bitten Sie einen Helfer zu sich in die Zirkelmitte, wechseln Sie die Peitsche von der rechten in die linke Hand und geben die Longe an den rechts von Ihnen stehenden Helfer weiter. Wiederholen Sie das Kommando „Steh" oder „Whoa" und treten Sie nun energisch von der Zirkelmitte aus von vorn mit erhobener Peitsche auf Ihr Pferd zu. Schneiden Sie ihm konsequent den Weg ab – es wird Sie nicht niederrennen, wenn Sie ruhig mit erhobener Peitsche stehen bleiben. Senken Sie sofort die Peitsche, sobald Ihr Pferd steht. Lassen Sie es eine Weile still stehen. Hat es sich beruhigt, gehen Sie zur Zirkelmitte zurück, übernehmen die Longe und lassen Ihr Pferd wieder antreten.

Eine andere Antwort auf Ihre Frage könnte sein, dass Ihr Pferd einfach noch ein wenig zu langsam reagiert. Probieren Sie daher aus, was geschieht, wenn Sie selbst beim Kommando „Halt" oder „Whoa" oder „Steh" keine sonstigen körpersprachlichen Hilfen geben, sondern sofort absolut ruhig mit erhobener Peitsche stehen bleiben. Laufen Sie also nicht vors Pferd. Indem Sie gelassen und absolut bewegungslos stehen bleiben, aktivieren Sie seinen Nachahmungstrieb. Es pendelt sich nach einigen Tritten aus und bleibt ebenfalls ruhig stehen.

peitsche auszudrücken. Die Reaktion Ihres Pferdes spiegelt dabei Ihre Fortschritte wider.

- Arbeiten Sie Ihr Pferd – wie in Übung Nr. 1 beschrieben – auf der Zirkellinie.
- Parieren Sie es mit Ihrer Stimme und der Peitschenhilfe zum Anhalten durch; vielleicht gelingt Ihnen dies jetzt schon, ohne dass Sie einen Schritt auf den Pferdekopf zu machen müssen.
- Wechseln Sie die Longierpeitsche hinter Ihrem Rücken von der äußeren in die innere Hand (die, wenn Sie Ihr Pferd gewendet haben, die äußere Hand sein wird).
- Zupfen Sie an der Longe, um Ihrem Pferd zu signalisieren, dass es jetzt eine neue Lektion lernt.
- Nehmen Sie die Longe sacht an, um Ihr Pferd dazu zu veranlassen, mit der Vorhand den Hufschlag zu verlassen und einen Schritt nach innen zu machen. Geben Sie sofort wieder nach.
- Führen Sie die Longierpeitsche in der linken Hand in einem weiten Bogen nach außen.
- Nehmen Sie die Longe noch einmal sacht an, um einen weiteren Schritt „hervorzulocken".
- Schlenkern Sie kurz mit der Longe, wenn Ihr Pferd zu weit in die Kreismitte zu kommen droht.
- Führen Sie die Longe allmählich auf der Bogenlinie nach innen zurück.
- Nehmen Sie die Longe wieder an – Ihr Pferd hat jetzt so weit abgewendet, dass es Ihnen – im rechten Winkel zur Kreislinie – gerade gegenüber steht.
- Führen Sie – indem sie die Longe wieder annehmen – Ihre rechte Hand etwas nach rechts. Ihr Pferd tritt nun bereits mit dem Kopf in Gegenrichtung.
- Damit es jetzt nicht einfach geradeaus in Richtung Hufschlag läuft, führen sie die Longierpeitsche in Richtung seiner Schulter. So erhalten Sie die korrekte „Hinterhandwendung", bei der – einfach ausgedrückt – die Vorderbeine einen Bogen vollführen, während die Hinterhand auf einem Minikreis mehr oder minder auf der Stelle wendet.
- Wechseln Sie zügig die Longierpeitsche in die rechte Hand zurück, um Ihr Pferd – wenn die Vorderbeine auf dem Hufschlag angelangt sind – mit dem Kommando „Steh" oder „Whoa" anzuhalten. Lassen Sie es unbedingt eine Weile stillstehen (auch wenn es noch nicht gerade steht).
- Wechseln Sie hinter Ihrem Rücken die Longe von der rechten Hand wieder in die nun äußere, linke Hand und geben Sie das Signal zum Antreten.
- Arbeiten Sie Ihr Pferd weiter wie gewohnt auf dem Longierzirkel.

Nun wird „Pferd" Gertrud aus der Bewegung gewendet, um die einzelnen Phasen zu demonstrieren: Wendung einleiten durch Peitschenwechsel,

...Pferd hindern, auf der Kreislinie weiter zu laufen,

- Beenden Sie die Übung nach einigen gut gelungenen Runden im fleißigen Schritt mit einem längeren, entspannenden Stillstehen und danken Sie Ihrem Pferd liebevoll für seine Mitarbeit.

Übung Nr. 3 – Wenden in der Bewegung

Die nächste Form des Wendens wird Ihnen anfangs sehr verzwickt vorkommen, aber sie hilft Ihnen ausgezeichnet, technische Fertigkeit im Umgang mit der Longierpeitsche und der Longe zu entwickeln. Seien Sie nicht entsetzt, wenn Sie anfangs eher ratlos mit der Leine hantieren – mit jedem Mal werden Sie besser. Eines Tages werden Sie die Übung mit „tänzerischer Eleganz" ausführen. Ihrem Pferd fällt die Lektion wahrscheinlich von Anfang an ziemlich leicht und es erfreut sich an ihr wie an einem vergnügten Spiel, denn dabei wendet es im Bewegungsfluss ganz einfach in Form einer halben Acht die Richtung.

- Arbeiten Sie auf dem Longierzirkel oder in der in der Mitte unterteilten Rechteckbahn auf der linken Hand. Die Longe halten Sie also in der linken Hand, die Longierpeitsche in der rechten.
- Gehen Sie, während das Pferd vor Ihnen im Bogen auf der Kreislinie läuft, rückwärts in Richtung auf die hinter Ihnen liegende Einfriedung zu.
- Wechseln Sie die Longierpeitsche hinter Ihrem Körper von der rechten in die linke Hand.
- Wechseln Sie jetzt die Longe vor Ihrem Körper von der linken in die rechte Hand und führen Sie die Longe mit ausgestrecktem Arm weiter nach rechts. So erhält Ihr Pferd den Impuls, nach innen auf einem kleinen Kreisbogen abzuwenden. Geben Sie das Kommando „Wenden".
- Führen Sie gleichzeitig die Longierpeitsche in Ihrer linken Hand in weitem Bogen von außen nach innen auf das bereits etwas nach innen abgewendete Pferd zu. Dieses optische Signal hilft dem Pferd, im Bogen weiter nach innen zu wenden und in Form einer halben Acht auf die Kreislinie zurückzukehren.
- Machen Sie wieder einige Schritte vorwärts zur Zirkelmitte hin. Damit kehrt Ihr Pferd auch auf den Hufschlag zurück und befindet sich jetzt auf der rechten Hand.
- Wiederholen Sie die Übung nach einigen Runden in umgekehrter Richtung.

...wenden

...und auf der anderen Hand weiter arbeiten.

Leika läuft zunächst korrekt auf der kleinen Kreislinie, versucht, von sich aus den Zirkel zu verkleinern,

...so dass die Longierpeitsche als optische Hilfe eingesetzt wird, um sie wieder auf die Kreislinie hinauszugeleiten.

Übung Nr. 4 – Rückwärtsrichten

Als nächstes nehmen Sie das Rückwärtsrichten in Angriff:

- Arbeiten Sie Ihr Pferd wie gewohnt auf dem Longierzirkel.
- Wählen Sie eine bestimmte Stelle aus und halten Sie Ihr Pferd hier an.
- Wechseln Sie die Longierpeitsche hinter Ihrem Körper von der äußeren in die innere Hand.
- Bewegen Sie die Longierpeitsche vor dem Pferdekopf sacht auf und nieder und geben Sie das Signal „Zurück".
- Die Auf- und Abbewegung ist eine treibende Hilfe, die das Pferd veranlasst, sich in Bewegung zu setzen. Da die Longierpeitsche zugleich – quer vor das Pferd gehalten – das Vortreten wie eine Barriere verhindert, setzt es die Bewegung nach rückwärts um.
- Es reicht, wenn Ihr Pferd anfangs nur ein oder zwei Tritte rückwärts macht.
- Wechseln Sie die Peitsche hinter Ihrem Rücken wieder in die rechte Hand.
- Lassen Sie Ihr Pferd wieder antreten und führen Sie die Arbeit auf der Kreislinie fort, bis Sie später die Übung beenden.

Warum verheddere ich mich bei dieser Übung mit der Longe?

Verkürzen Sie die Longe, so dass Ihr Pferd auf einer kleineren Kreislinie um Sie herum läuft. Fassen Sie nach dem Wechsel der Longierpeitsche noch einmal Longe nach, während Sie Ihrem Pferd den Impuls nach innen geben. Mit kürzerer Longe fällt Ihnen die Übung leichter. Führen Sie die Lektion ein paarmal als Trockenübung mit einem Helfer aus. So werden Sie schnell ein Gefühl für die Longenhandhabung entwickeln.

Was es beim Rückwärtsrichten zu beachten gibt

Führen Sie die Auf- und Abbewegung mit der Longierpeitsche sehr behutsam durch und testen Sie vorsichtig aus, wie groß der Abstand zwischen Peitsche und Pferd sein muss, um wirklich den Rückwärtsimpuls auszulösen. Jedes Pferd reagiert gemäß seinem Temperament anders. Manche wenden einfach schnell ab, andere treten zurück, ohne wieder anhalten zu wollen.

Fado kann ich bereits von der Zirkelmitte aus anhalten und rückwärtsrichten und brauche meinen Körper kaum einzusetzen.

Was muss ich tun, wenn mein Pferd abwendet statt rückwärts zu treten?

Ihr Pferd versteht die Hilfe falsch. Bitten Sie einen Helfer mit einer zweiten Longierpeitsche zu sich in den Zirkel. Er steht rechts von ihnen. Sobald Sie Ihr Pferd angehalten haben, weist er mit seiner Peitsche in Richtung auf die Pferdeschulter. So verhindert er das „Ausbrechen" nach innen. Geben Sie die Longierpeitschenhilfe zum Rückwärtsrichten noch behutsamer.

Warum tritt mein Pferd immer weiter rückwärts und scheint nicht mehr anhalten zu wollen?

Der Rückwärtsimpuls ist zu stark. Versuchen Sie, ob es ausreicht, wenn Sie die Peitsche nur in Höhe der Pferdebrust halten und nur ein wenig auf und ab wippen. Bitten Sie einen Helfer in die Bahn. Er steht rechts von Ihnen und begrenzt mit seiner Peitsche die Tritte nach rückwärts. Sobald es stehenbleibt, senken Sie beide Peitschen umgehend. Loben Sie Ihr Pferd ausgiebig und lassen es möglichst lange still stehen und über das Gelernte nachdenken.

Bewegungsschulung

Ihr Pferd hat nun gelernt, gehorsam anzutreten, locker auf der Zirkellinie zu laufen und auf Ihr Kommando anzuhalten. Dabei haben Sie vor allem Ihre Körpersprache in Verbindung mit der Bewegung der Longierpeitsche und Ihre Stimme eingesetzt. Sie arbeiten auch immer schön gleichmäßig auf beiden Händen. Jetzt wenden Sie sich vermehrt der Bewegungsschulung zu. Dazu dürfen Sie Ihr Pferd schon mit Trensenzäumung und Sattel oder Longiergurt und natürlich wieder seinen Bandagen ausrüsten.

- Beginnen Sie zukünftig auf der „Schokoladenseite" Ihres Pferdes – also der Hand, auf der es insgesamt eifriger mitarbeitet und lockerer läuft. Hier „löst" – sprich entspannt – es sich leichter.
- Arbeiten Sie es im fleißigen Schritt auf der Zirkellinie.
- Spielen Sie sacht mit der Longe, um Ihr Pferd aufmerksam zu machen.
- Nehmen Sie die Longe leicht an und geben Sie sofort wieder nach, sobald Ihr Pferd sich leicht nach innen bewegt.
- Durch Annehmen und Nachgeben holen Sie das Pferd auf eine kleinere Kreislinie herein und leiten es behutsam wieder hinaus, indem Sie Leine nachgeben und mit der Peitsche in Richtung Pferdeschulter weisen.

- Lassen Sie es nach einer Weile antraben und achten Sie auf ein ruhiges, gleichmäßiges Trabtempo, denn dies wirkt sich am vorteilhaftesten auf seine Bewegungen aus.
- Schalten Sie Schritt zur Erholung dazwischen, ohne dass das Pferd dabei zu trödeln beginnt und fordern Sie zwischendurch Wendungen und das Rückwärtsrichten.
- Arbeiten Sie die weniger elastische Körperseite Ihres Pferdes ein paar Minuten länger als seine „Schokoladenseite", lassen Sie aber die Übung auf der „guten Seite" wieder ausklingen.

Worauf Sie in den nächsten Wochen achten sollten

- Lehren Sie Ihr Pferd, die einmal geforderte Gangart solange beizubehalten, bis Sie ein neues Kommando erteilen.
- Vermeiden Sie daher unbedingt, es durch Schnalzen oder sonstige Hilfen „vorsorglich" immer weiter zu treiben. Verhalten Sie sich vielmehr neutral, solange Ihr Pferd sich in der geforderten Gangart im gewünschten Tempo bewegt. Beobachten Sie Ihr Pferd dabei aber genau, um frühzeitig zu erkennen, wann es die Gangart wechseln will. Wirken Sie dann im richtigen Augenblick, das heißt bevor es von sich aus die Gangart ändert, durch die korrekte Hilfe treibend oder verwahrend ein.
- Wählen sie, bevor Sie Ihr Pferd anhalten, wenden oder die Gangart wechseln möchten, vorher im Geist einen bestimmten Punkt auf der Zirkellinie aus. Bemühen Sie sich, dass Ihr Pferd auch wirklich genau an diesem Punkt die jeweilige Übung ausführt. So verfeinern Sie Ihre eigene Hilfengebung, und Ihr Pferd stimmt sich immer besser auf Sie ein.
- Reduzieren Sie mehr und mehr die körpersprachlichen Hilfen und versuchen, wirklich in der Mitte des Longierzirkels zu bleiben, ohne ständig hinter dem Pferd herzulaufen. Hilfreich ist es, hierzu eine Zeit lang die innere Ferse in den Boden zu stemmen und mit dem äußeren Bein nur einen kleinen Kreis um diesen „Mittelpunkt" zu gehen.
- Ihr Ziel ist es, sich eines Tages nur über die Longe, Ihre Stimme und nötigenfalls die Longierpeitsche mit kaum sichtbaren Hilfen mit Ihrem Pferd zu verständigen.

Wann darf ich denn mein Pferd galoppieren lassen?

Fordern Sie den Galopp bitte erst, wenn Ihr Pferd sicher gelernt hat, in ganz ruhigem und gleichmäßigen Trab zu gehen und hier sein individuelles Tempo gefunden hat. Lassen Sie es aus dem ruhigen Trab angaloppieren und begnügen Sie sich anfangs mit einer halben bis höchstens einer Runde! Im Laufe der nächsten Wochen und Monate dürfen Sie die Anzahl der Galopprunden allmählich vergrößern. Das Pferd soll lernen, im Galopp nicht herumzujagen, sondern auch diese Gangart in schöner Selbsthaltung ruhig und entspannt auszuführen.

Formen und Gymnastizieren

Nun haben Sie die Gewöhnungsphase sicher abgeschlossen. Sie haben begonnen, die Bewegungen Ihres Pferdes zu schulen und einen sanften Kontakt zwischen Ihrer Hand und dem Pferdemaul herzustellen. Überprüfen Sie noch einmal: Führt mein Pferd die Grundgangarten mit ruhigen Übergängen aus, ohne hektisch beziehungsweise langsamer zu werden oder gar ganz aus dem Takt zu geraten? Folgt es meinen Hilfen willig und offensichtlich auch gern? Wenn Sie alle Fragen mit Ja beantworten und Ihr Pferd keine Angst mehr zeigt, sondern locker und entspannt auf der Zirkellinie mitar-

Solange das Pferd wie gewünscht arbeitet, bleibt Ihre Hilfengebung neutral.

Erst bei einer Änderung der Aufgabe (Fado soll angaloppieren) wird die Hilfengebung aktiv.

beitet, dürfen Sie behutsam mit der „Formung" seines Körpers beginnen. Sie benutzen dazu Hilfszügel wie Ausbindezügel, Halsverlängerer oder Schlaufzügel. Lesen Sie dazu das entsprechende Kapitel über Hilfszügel, was sie bewirken und wie man sie anlegt, noch einmal durch!

Ein paar allgemeine Hinweise

Wie weiter vorn erwähnt, brauchen Sie keinesfalls alle drei Hilfszügel. Befindet sich einer der drei genannten Hilfszügel in Ihrem Stallschrank oder können Sie einen leihen, benutzen Sie diesen als erstes und halten sich genau an die Anleitungen. Vielleicht nimmt Ihr Pferd genau diese Form des Hilfszügels gut an, geht entspannt und locker, schlägt oder zuckt nicht mit dem Kopf und beginnt von allein, auf seinem Gebiss zu kauen und ein bisschen „Schaum" zu produzieren. Bleiben Sie bei diesem Hilfszügel.

Anzeichen für Missmut

Aber möglicherweise ist der vorhandene Hilfszügel für Ihr Pferd weniger geeignet. Es sträubt sich dagegen, bleibt „hart" im Maul, entspannt dadurch auch seine Nackenmuskulatur nicht und geht auf einmal eher hölzern als schwungvoll und locker. Sein Missmut verrät sich auch in seinem Gesichtsausdruck, unwirschen Kopfbewegungen und ständigem unruhigen Schweifschlagen. Gerade der Schweif aber sollte in ruhigen Gangarten locker getragen werden und mit der Bewegung hin und her pendeln.

Wenn Neukauf, dann Schlaufzügel

In dieser Situation oder wenn Sie noch gar keinen Hilfszügel besitzen, sollten Sie sich den Schlaufzügel kaufen. Zum Longieren gibt es zwar spezielle Longierschlaufzügel (siehe Kapitel „Hilfszügel"), doch die normale Version passt kaum einem kleineren Pferd, während Sie den Reitschlaufzügel auf jede Länge „zurück knoten" können. Sie müssen beim Anpassen allerdings unbedingt auf die gleiche Länge auf jeder Körperseite achten, damit Sie Ihrem Pferd nicht eine schiefe Haltung aufzwingen. Der Schlaufzügel empfiehlt sich, weil er von beinah jedem Pferd gut angenommen wird und sich auch für die unterschiedlichsten Pferdetypen eignet – junge, empfindliche, aber auch schwierige Pferde. Außerdem ist er der Hilfszügel, der Ihr Pferd am allerwenigsten einengt. Er gleitet leicht durch die Trensenringe, so dass Ihr Pferd seinen Kopf beliebig heben und senken kann und ohne Zwang zur gewünschten Dehnungshaltung geführt wird.

Übungen mit Hilfszügel

Die Übungen sind vom Aufbau her die gleichen wie die, bei denen Sie keine Hilfszügel benutzen.

- Um Ihr Pferd an den Hilfszügel zu gewöhnen, schnallen Sie ihn beidseitig anfangs so lang, dass er keine Wirkung zeigt, aber zugleich Ihr Pferd nicht belästigt. Longieren Sie Ihr Pferd damit im Schritt und Trab, lassen es wenden und rückwärtsrichten und die Kreislinie verkleinern und vergrößern.
- Während Ihrer nächsten „Übungsstunden" an der einfachen Longe (die natürlich nicht länger als 20 Minuten dauern), schnallen Sie den Hilfszügel in den ersten 10 Minuten so lang, dass er wirkungslos bleibt.
- Danach halten Sie Ihr Pferd an, lassen es still stehen und verkürzen den Hilfszügel um wenige Zentimeter. Lassen Sie Ihr Pferd wieder antreten und antraben. Möglicherweise wird es ein paar Mal mit dem Kopf schlagen, weil es den Widerstand fühlt. Verlangsamen Sie es nicht, wenn es von sich aus zunächst schneller wird. Nach einiger Zeit wird es zu seinem individuellen Trabtempo zurückfinden und ein, zwei Mal den Kopf „wie suchend" abwärts zu bewegen. Entweder schon an diesem Tag oder in den nächsten Tagen wird es beginnen, sich nach vorwärts-abwärts zu dehnen.
- Arbeiten Sie es noch einige Runden auf dem Longierkreis auf beiden Händen, lassen es dann stillstehen und schnallen den Hilfszügel wieder aus.
- Danach lassen Sie Ihr Pferd noch wenige Minuten im Schritt an der Longe gehen, damit es sich wieder ganz befreit fühlt und strecken kann, ohne eine Behinderung im Maul zu fühlen.
- Beenden Sie die Übung mit einem Dank für die gute Mitarbeit!

In den folgenden Tagen, Wochen und Monaten

Arbeiten Sie Ihr Pferd regelmäßig, aber nicht übermäßig oft mit dem Hilfszügel an der Longe. Ein gutes Maß sind zwei- bis dreimal pro Woche. Longieren Sie es zunächst mit ausgeschnalltem oder ganz lang verstelltem Hilfszügel, um alle Verspannungen zu lösen und Ihr Pferd zu lockern und aufzuwärmen. Verkürzen Sie dann den Hilfszügel behutsam. Insgesamt erfolgt die Verkürzung über einen langen Zeitraum von vielen Wochen, in denen Sie sich allmählich der gewünschten Handbreit vor der Senkrechten der Stirnlinie annähern. So beugen sie Muskelkater vor. Muskelkater ist schmerzhaft und behindert die Entspannung, statt sie zu fördern. Zum Ende der Übung hin verlängern Sie den Hilfszügel wieder und schnallen ihn am Schluss ganz aus, damit Ihr Pferd sich noch einmal richtig recken und strecken kann.

Longenarbeit auf der Rechteckbahn

Nun haben Sie so häufig auf dem Zirkel gearbeitet und freuen sich über Ihr aktiv mitwirkendes, gehorsames Pferd! Ohne Angst vor Schwierigkeiten wenden Sie sich jetzt der Longenarbeit auf dem großen, ungeteilten Rechteck zu – dem Außenplatz oder der Reithalle. Hier fehlt auf einer Seite die

Einfriedung, die Ihnen und Ihrem Pferd Sicherheit vermittelte und ihm half, einen schönen gleichmäßigen Bogen auf der präzisen Kreislinie zu laufen. Allerdings ist es jetzt so geübt, dass es bald auch auf der großen Bahn zu dieser Kreislinie zurückfindet, auch wenn die ersten Longenrunden manchmal eher an eine Ellipse erinnern werden.

Worauf Sie jetzt achten sollten

- Geben Sie bei den ersten Übungsstunden nicht ganz so viel Longe wie sonst, um den Kreisdurchmesser kleiner zu halten.
- Arbeiten Sie anfangs nur auf dem oberen oder unteren, aber nicht dem mittleren Zirkel, um an drei Seiten eine Begrenzung zu haben.
- Fordern Sie während der ersten Übungsstunden auf der großen Reitbahn nicht den Galopp, sondern erst, wenn Ihr Pferd auch hier eine schöne Kreislinie einhält und alle Anweisungen willig ausführt.

Was kann ich tun, wenn mein Pferd immer unruhig oder spielerisch nach dem Hilfszügel schnappt?

Überprüfen Sie zunächst die Passform des Trensengebisses und die Verschnallung des Reithalfters. Manchmal ist es nicht der Hilfszügel, der irritiert, sondern ein unpassendes Gebiss oder ein beengendes oder – umgekehrt – schlenkerndes Reithalfter. Gerade beim Hannoverschen Reithalfter will manch ein Pferdebesitzer seinem Pferd „Gutes" tun, indem er das Halfter zu locker schnallt. Dann schlägt der Kinnriemen ständig gegen Trensenring und Kinn und stört gewaltig. Können Sie hierbei Fehler ausschließen, ist es wahrscheinlich die anfänglich lange Verschnallung, die Ihr Pferd zum Spielen und Schnappen verleitet. Schnallen Sie den Hilfszügel schon in der Lösephase geringfügig kürzer oder stellen Sie auf einen anderen Hilfszügel um. Hilft das auch nicht und jedweder Hilfszügel ist korrekt verschnallt, probieren Sie aus, ob Ihr Pferd sich einfach bei der Arbeit langweilt. Arbeiten Sie nach dem Lösen des Pferdes im zügigen Vorwärts. Bauen Sie viele Schritt-Trab- und Trab-Galopp-Trab-Übergänge ein, wenden Sie es häufig und fordern Sie das Rückwärtsrichten. Diese Abwechslung lenkt seine Aufmerksamkeit auf Ihre Anweisungen und lässt es die Spielerei vergessen. Belohnen Sie es mit langen Stillstehphasen..

Longieren auf geraden Linien

Nun kennt und versteht Ihr Pferd Ihre Hilfengebung und hat sich an die Größe der Bahn gewöhnt, ohne dass diese es zu Kapriolen und Ausbrechversuchen anregt. Jetzt bringen Sie mehr Abwechslung in Ihre Übungen, indem Sie Ihr Pferd auch einmal auf geraden Linien arbeiten. So geben Sie ihm Gelegenheit, den Raumgriff seiner Gänge zu vergrößern und auch einmal im Tempo zuzulegen.

Übung „Ganze Bahn"

- Arbeiten Sie Ihr Pferd auf dem unteren Zirkel der großen Rechteckbahn im Schritt.
- Kurz bevor es am Zirkelpunkt den Hufschlag der ganzen Bahn erreicht, zupfen Sie an der Longe, um seine Aufmerksamkeit zu wecken.
- Drehen Sie Ihren Körper in Richtung auf die obere Breite der Rechteckbahn und gehen Sie zügig auf der Mittellinie geradeaus, so wie Sie im Sattel „durch die Länge der Bahn" reiten.
- Statt es weiter auf dem Zirkelbogen gehen zu lassen, schicken Sie auf diese Weise Ihr Pferd auf den Hufschlag der „ganzen Bahn".

Seitwärtstreten an der Longe

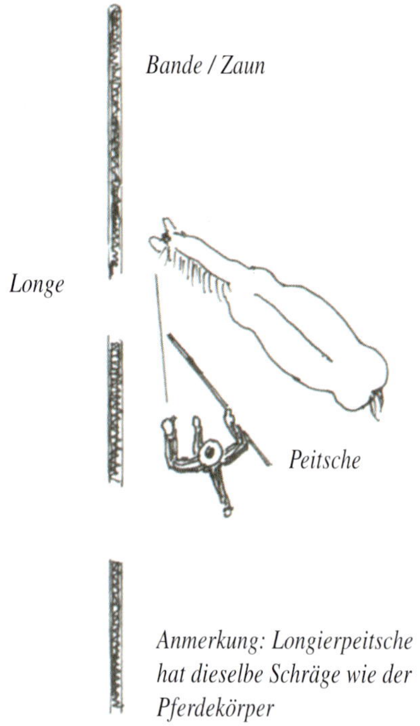

- Geben Sie ruhig auch das Wortkommando „Ganze Bahn!" – nach mehreren Übungseinheiten wird Ihr Pferd den Sinn vermutlich bereits verstanden haben.
- Achten Sie darauf, dass Sie mit Ihrem Körper in der Treibeposition des Leithengstes bleiben, sich also seitlich hinter dem Pferd in Höhe seiner Kruppe befinden. Kommen Sie versehentlich zu weit nach vorn, verlangsamen oder stoppen Sie Ihr Pferd.
- Um Ihr Pferd korrekt auf dem Hufschlag zu halten, weisen Sie mit der Longierpeitsche in Richtung Pferdeschulter.
- Leiten Sie auf diese Weise Ihr Pferd einmal auf dem Hufschlag durch die ganze Bahn.
- Sie selbst bewegen sich dabei nur vom unteren zum oberen Zirkelmittelpunkt, damit die Longe nicht durchhängt oder gar über den Boden schleift.
- Sobald Sie selbst den unteren Zirkelmittelpunkt wieder erreicht haben, bitten Sie Ihr Pferd durch ein Zupfen an der Longe um besondere Aufmerksamkeit.
- Nehmen Sie im Zirkelmittelpunkt Ihre Grundposition wieder ein und führen das Pferd wieder auf den unteren Zirkel zurück.
- Beenden Sie die Übung mit normaler Zirkelarbeit.

Was Sie künftig üben können

In den nächsten Wochen wechseln Sie häufig zwischen Arbeit auf dem Longierzirkel und in der großen Reitbahn. Auf der großen Reitbahn wiederholen Sie die obige Übung und lassen Ihr Pferd abwechselnd auf dem Zirkel und dem Hufschlag der ganzen Bahn im Schritt und Trab gehen. Wechseln Sie auch zwischen unterem und oberen Zirkel, indem Sie die Übung „Ganze Bahn" als Verbindung dazwischen stellen.

Gangverstärkungen

Die „Ganze Bahn"-Übung ist eine wunderbare Gelegenheit, Ihrem Pferd große raumgreifende Tritte zu erlauben und die Eleganz seiner Bewegungen zu fördern. Rüsten Sie es dabei mit dem Hilfszügel aus, den es am liebsten annimmt. Fordern Sie nach dem Erreichen des Hufschlags der ganzen Bahn Ihr Pferd zu mehr Tempo auf, indem Sie aufmunternd schnalzen. Gehen Sie im zügigen Tempo oder im deutlichen Laufschritt in der Treibeposition hinter Ihrem Pferd her, um es zu einer kraftvollen „Gangverstärkung" zu motivieren. Diese Übung macht nicht nur ihm sehr viel Freude, sondern schärft Ihren eigenen Blick für das Bewegungspotential, das möglicherweise in Ihrem vierbeinigen Freund steckt!

Seitwärtstreten

Nun sind Sie beide „reif" für den ersten Seitengang, das einfache Seitwärtstreten an der Longe. Diese Übung hat nicht nur einen hohen gymnastischen Wert für Ihr Pferd, indem sie seine Muskeln und Bänder sanft dehnt, dadurch verstärkt durchblutet und geschmeidig macht. Sie entspannt Ihr Pferd auch psychisch, so dass es mehr und mehr zu einer inneren Ruhe findet. Für Sie selbst ist diese Übung eine gute Möglichkeit, die Richtigkeit und Ausdrucksstärke Ihrer Körpersprache zu überprüfen. Ob und wie Ihr Pferd seitwärtstritt, hängt tatsächlich ausschließlich davon ab, wie deutlich Sie ihm mit Ihrem Körper und der Longierpeitsche verständlich machen können, was Sie von ihm wünschen.

- Fassen Sie die Longe kürzer als sonst, aber wahren Sie genügend Sicherheitsabstand.
- Wegen der Kürze der Longe haben Sie den Schlag der Longierpeitsche um den Stab gewickelt.
- Lassen sie Ihr Pferd auf dem Hufschlag der ganzen Bahn auf der linken Hand Schritt gehen. Die Longe halten Sie in der linken, die Longierpeitsche in der rechten Hand.
- Leiten Sie Ihr Pferd durch die Länge der Bahn, bleiben Sie unbedingt in der Treibeposition und halten Sie die Longierpeitsche weiter in der rechten Hand.
- Kurz bevor Ihr Pferd den Mittelpunkt der kurzen Seite erreicht, heben Sie die Longierpeitsche quer vor Ihren Körper und treiben mit seitwärts gestelltem Körper Ihr Pferd nach rechts.
- Bei jedem Schritt setzen Sie dabei Ihren linken Fuß vor den rechten Fuß, kreuzen also selbst deutlich die Beine.
- Unterbrechen Sie Ihre eigene Vorwärts-Seitwärts-Bewegung keinesfalls, sondern führen Sie mit seitlich quer gehaltener Gerte zügig durch.
- Achten Sie gleichzeitig darauf, mit der Longe immer nachzugeben und dem Pferd den Kopf frei zu geben, damit es selbst seitwärts treten kann.
- Lassen Sie es zunächst nur einige Tritte seitwärts treten und halten es dann an.

Mein Pferd ignoriert die Hilfe zum Seitwärtstreten vollständig und ich stehe hilfslos hinter ihm. Was muss ich tun?

Seien Sie auf keinen Fall enttäuscht – genau die gleiche Reaktion erhalten die meisten Pferdebesitzer beim ersten Mal! Vielleicht zieht Ihr Pferd Ihnen gar die Longe aus der Hand (gut, dass Sie Handschuhe tragen!) und geht einfach auf dem Hufschlag geradeaus vorwärts. Eilen sie nicht hinter Ihrem Pferd her. Geben Sie Longe zu und treten Sie vom Hufschlag allmählich weiter nach innen in die Bahn, auch wenn die Longe an der äußeren Körperseite Ihres Pferdes entlang läuft. Zupfen Sie an der Longe, bis das Pferd den Kopf seitwärts wendet. Halten Sie mit der Longe Verbindung zum Pferdemaul und führen Sie die Longierpeitsche mit ausgestrecktem Arm in weitem Bogen von hinten auf das Pferd zu, um es vor zu treiben. Gehen sie weiter rückwärts bis zur Mitte der Bahn. Nutzen Sie die Vorwärtsbewegung des Pferdes, um es mittels der Longe und der Longierpeitsche auf eine Kreislinie zu schicken. Arbeiten Sie unbeeindruckt Ihr Pferd auf der Zirkellinie weiter.

Probieren Sie die Übung in den nächsten Tagen trocken mit einem Helfer, um ein Gefühl für die Seitwärtsbewegung zu erhalten. Sehr wichtig ist Ihr eigenes energisches Vorwärts-Seitwärts-Gehen, um den Bewegungsimpuls zu erhalten. Wiederholen Sie die Übung einfach bei jeder Longenstunde – eines Tages haben Sie und Ihr Pferd „den Dreh heraus" – und ab dann klappt es so gut, dass Sie sich gar nicht mehr vorstellen können, wieso diese Übung Ihnen anfangs solche Schwierigkeiten bereitete.

- Wenden Sie es nach innen, dass es nunmehr auf dem Hufschlag rechte Hand steht.
- Wie in den Führübungen gelernt, lassen Sie es antreten und schicken es auf den Longierzirkel oder fahren mit einigen „ganze Bahn"-Übungen fort.

Arbeit über und durch kleine Hindernisse

Haben Sie erst einmal diese Grundübungen durchgeführt, „dürstet" es Sie wahrscheinlich nach „noch mehr". Lassen Sie Ihre Fantasie spielen und bauen Sie – im Sinne des Wortes – kleine Hindernisse in Ihre Longenarbeit ein. Lassen Sie Ihr Pferd über Stangen treten, die Sie auf den Boden legen, oder durch „Gassen" und „Straßen" aus Stangen, Tonnen, Kanistern und Kleincontainern gehen. Führen Sie Ihr Pferd behutsam an jedes einzelne Hindernis heran, indem Sie jedesmal zunächst nur 1 Exemplar aufstellen und damit ganz einfache Übungen durchführen. So verliert Ihr Pferd die anfänglich vorhandene Scheu. Steigern Sie allmählich die Anforderungen und probieren Sie, was Ihrem Pferd am besten liegt. Natürlich können Sie auch mit ebenso „longen-wütigen" Freunden einen kleinen Wettkampf veranstalten!

Longenarbeit in unterschiedlicher Umgebung

Da Sie und Ihr Pferd nun fit an der Longe sind, verlegen Sie die Übungen immer häufiger in andere Aktionsräume innerhalb Ihrer Reitanlage. Üben Sie auf einer kleinen Koppel, wechseln Sie zwischen Longierzirkel und Reitbahn und nutzen Sie ruhig auch den zu bestimmten Stunden freien Parkplatz. Natürlich achten Sie darauf, dass der Boden sicher ist und weder Sie noch Ihr Pferd in der jeweiligen Umgebung Schaden erleiden (oder verursachen) können.

Longenarbeit vor dem Reiten

Vielleicht reiten Sie derzeit schon regelmäßig Ihr Pferd. Oder aber Sie möchten es später wieder reiten und durch die Courtesy Methode ein paar Schwierigkeiten im Umgang mit Ihrem Pferd ausräumen. Die Arbeit an der einfachen Longe ist eine gute Möglichkeit, Ihr Pferd vor jeder Reitstunde (ganz gleich, ob Sie in der Bahn reiten oder ins Gelände gehen möchten) zu lösen, zu entspannen und zu lockern. Zugleich überprüfen und festigen Sie noch einmal seinen Gehorsam. Bei einem eher faulen Pferd wecken Sie die Aufmerksamkeit durch häufige Wechsel in Gangart und Tempo, das sehr Temperamentvolle entspannen Sie durch möglichst viele und lange Trababschnitte. Neigt Ihr Pferd zum Bocken beim Angaloppieren, fordern sie gerade an der Longe bewusst den Galopp. So geben Sie ihm die Möglichkeit, Verspannungen in seinem Rücken zu lösen. Tadeln Sie es nicht, wenn es bockt, sondern lassen es so lange galoppieren, bis es auch in dieser Gangart schön gleichmäßig und „rund" auf der Kreislinie arbeitet. Lassen Sie die Übung mit fleißigem Schritt und entspannendem Stillstehen ausklingen und freuen Sie sich auf einen gut vorbereiteten, harmonischen Ritt!

Arbeit mit dem freilaufenden Pferd

Was andere tun...

Sicherlich haben Sie Ihr Pferd schon viele Male frei auf einem Reitplatz oder in der Halle laufen lassen, um ihm zusätzliche Bewegung zu verschaffen. Diese Art von Freilauf ist nicht ohne Risiko. Viele Pferdebesitzer jagen ihr Pferd mittels der Longierpeitsche herum, um es müde zu machen. Sie übersehen, dass es sich dabei – ohne richtig aufgewärmt zu sein – schwere Gliedmaßenschäden zuziehen kann. Andere überlassen es einfach sich selbst, damit es sich wälzen, herumschlendern oder sich ausbocken kann. Die Verletzungsgefahr ist damit ebenfalls nicht gebannt und auf die Partnerschaft zwischen Mensch und Pferd hat diese Form der Bewegung keinerlei Einfluss.

Freilauf nach der Courtesy Methode

Wenn Sie nach der Courtesy Methode arbeiten, denken Sie bei all Ihren Beschäftigungen mit dem Pferd immer zuerst an seine Gesundheit. Daher „entlassen" Sie Ihr Pferd, wenn es eine Weile gestanden hat, nicht einfach mehr in eine große Reitbahn, in der es unkontrolliert umherstürmen könnte. Sie machen aus dem Freilauf eine sinnvolle Beschäftigung, bei der sich Ihr Pferd bewegt, ohne sich in Gefahr zu bringen, und die zugleich die Beziehung zwischen Ihnen und Ihrem Pferd weiter vertieft.

Zielsetzungen

Je nachdem, welche Freilauf-Übungen Sie wählen, verschaffen Sie Ihrem Pferd nicht nur zusätzliche Bewegung zu Weidegang, Auslauf im Paddock und Ihren sonstigen Beschäftigungen. Sie festigen hierbei zugleich auch seinen Gehorsam und verbessern die Schönheit seiner Bewegungen. Wenn Sie es in einem Longierzirkel, auf einer Signalbahn oder in einer quadratförmigen Bahn arbeiten und wie bei bestimmten Longenübungen mit einem Hilfszügel ausrüsten, können Sie es sogar richtig gymnastizieren. Das Besondere an der Arbeit mit dem freilaufenden Pferd ist, dass zwischen Ihnen und Ihrem Pferd keine „mechanische Verbindung" in Form von Strick, Seil oder Longe besteht. So sind Sie gefordert, sich Ihrem Pferd auf eine Weise verständlich zu machen, die seine Aufmerksamkeit weckt und so pferdegemäß ist, dass es ganz natürlich auf Ihre Anfragen „antwortet". Das fördert Ihre eigene Konzentration und Ihre Fähigkeit, „wie ein Pferd" zu denken. Damit schaffen Sie einen neuen unsichtbaren Pfad direkt zu der Seele Ihres Pferdes.

Risiken

Auch Ihr Pferd ist nach wie vor ein Fluchttier. Es ist reaktionsschnell, kann sich flink vor einer Gefahr in Sicherheit bringen und sich durchaus auch gegen einen echten oder vermeintlichen Angreifer mit gezielten Huftritten oder kraftvollen Bissen wehren. Aus genau diesen Gründen empfiehlt die Courtesy Methode Ihnen dringend, die Arbeit mit dem frei laufenden Pferd erst in Angriff zu nehmen, wenn es Ihnen bei den Führübungen und an der Longe seinen Gehorsam und Respekt bewiesen hat und Sie beim Gentle Training im Alltag seine Zuneigung und sein Vertrauen erworben haben. Im Vergleich zu einem ungeübten Pferdebesitzer, der sein Pferd „einfach so" frei laufen lässt, haben Sie selbst bereits ein hohes Maß an Routine und Selbstsicherheit im Umgang mit ihm erarbeitet. Sie haben Ihre Leitpferd-Rolle verinnerlicht. Daher können Sie ohne Angst Ihrem frei laufenden Pferd gegenüber treten, denn Sie wissen, welche körpersprachlichen Mittel Sie einsetzen müssen, um ihm bei Widersetzlichkeiten mit höflicher Konsequenz seine Grenzen aufzuzeigen. Genau diese Souveränität wiederum ist der Grund, warum Ihnen zum jetzigen Zeitpunkt bei den genannten Übungen kaum Gefahr droht.

Sicherheitsmaßnahmen – Übungsplätze

Hier gut zu sehen: Die Höhe der Longierpeitsche beim Antraben und

Da sich Ihr Pferd beim Freilauf, wie der Name sagt, frei bewegt, muss jedweder Übungsplatz sicher und hoch genug eingezäunt, der Boden griffig sein. Am besten geeignet ist für den Anfang wiederum der eingefriedete Longierkreis oder Roundpen. Sehr schön ist auch die Signalbahn, die wegen ihrer größeren Abmessungen jedoch auch mehr Bewegungsfreude Ihrerseits voraussetzt. In einer großen Rechteckbahn lassen Sie Ihr Pferd bitte nicht frei laufen, da sonst die Gefahr besteht, dass es in die Ecken rennt und dort abstoppt. So wird jedes Mal der Bewegungsfluss gestört. Das abrupte Bremsen und schnelle Wenden wirkt sich außerdem ungünstig auf seine Gliedmaßen aus. Unterteilen Sie also die Rechteckbahn bitte in der Mitte so stabil, dass Ihr Pferd die Absperrung weder ignoriert (und versucht, niederzurennen) noch überspringen wird. Sie müssen Ihr Pferd also richtig einschätzen können und sich Ihrer liebenswürdig-höflichen Kontrolle über Ihr Pferd auch über die Entfernung hinweg sicher sein. Arbeiten Sie stets mit einer oder – zur Verdeutlichung Ihrer Hilfen – zwei Longierpeitsche/n.

Trockenübungen

Nehmen Sie sich unbedingt die Zeit und wiederholen noch einmal die im Kapitel „Trockenübungen" genannten Empfehlungen. Konzentrieren Sie sich dabei auf die Körperkontrolle, die Stimmübungen und die Handhabung der Longierpeitsche.

Ausrüstung des Pferdes

Anders als bei der Longenarbeit (die den Übungen mit dem frei laufenden Pferd in der Courtesy Methode unbedingt voraus geht) trägt Ihr Pferd anfangs Trensenzaum, Sattel oder Longiergurt und einen Hilfszügel. Dies ist aus psychologischen Gründen sehr wichtig, denn es verdeutlicht ihm, dass es sich nur um eine kleine Abweichung der Longenarbeit, die es gut kennt, handelt. Sie beginnen damit mit den Übungen, die Ihr Pferd zugleich formen und gymnastizieren. Später verzichten Sie gelegentlich auf Trense, Sattel und Longiergurt und auch auf das Halfter. Die Übungen bleiben jedoch die gleichen, nur sehen Sie zirzensischer und zugleich lockerer und spielerischer aus. Vergessen Sie aber bitte nicht die Bandagen oder Gamaschen.

... beim Angaloppieren.

Eigene Ausrüstung und Arbeitsmittel

Sie kleiden sich wie bei den Führübungen und der Longenarbeit und benutzen eine oder zwei Longierpeitschen.

Hilfengebung

Die Hilfengebung ist leichter als beim Longieren, denn die, anfangs manchmal beschwerliche, Handhabung der Leine fällt fort. Dafür können Sie durch zwei Longierpeitschen Ihre Arme nach beiden Seiten hin „verlängern" und Ihr Pferd nicht nur elegant manövrieren, sondern ihm vor allem sehr verständliche Hilfen liefern. In einem Longierzirkel oder der mittig abgetrennten Reitbahn bewegt sich Ihr Pferd in der Ihnen bereits von der Longenarbeit vertrauten Entfernung. Auf einer Signalbahn ist es – wenn es sich an den kurzen Seiten bewegt – weiter von Ihnen entfernt. Um die Aufmerksamkeit Ihres Pferdes zu erhalten, müssen Sie Ihre Körpersprache also deutlicher einsetzen. Daher müssen sie sich anfangs auch mit den richtigen Bewegungen in die Nähe Ihres Pferdes bringen – ohne dass Sie es versehentlich in seinem Bewegungsfluss stören, es abstoppen oder wenden.

Longieren „ohne Longe"

Ihre ersten Übungen sind eine Art Longieren „ohne Longe", bei denen Ihr Pferd, wie oben erwähnt, Trensenzaum, Sattel oder Longiergurt und einen Hilfszügel trägt. Schnallen Sie den Hilfszügel, wie immer, erst lang.

- Führen Sie Ihr Pferd in den Zirkel und lassen es in der Mitte stillstehen, nehmen Sie den Führstrick ab und schicken es – wie bei den Führübungen gelernt – in der Rolle des Leithengstes auf den Hufschlag.
- Lassen Sie es auf dem Hufschlag im Schritt und Trab gehen und achten Sie darauf, dass es nicht in die Kreismitte kommt, indem Sie – wenn erforderlich – mit der Longierpeitsche in Richtung auf seine Schulter weisen.
- Um es anzuhalten, wechseln Sie – wenn Sie mit einer Longierpeitsche arbeiten – die Peitsche hinter Ihrem Rücken von der äußeren in die innere Hand. Wenn Sie mit zwei Peitschen arbeiten, senken Sie die Peitsche in Ihrer äußeren Hand und bringen Sie sie in die neutrale Position.
- Heben Sie die Peitsche in der inneren Hand, geben das Kommando „Steh" oder „Halt" oder „Whoa" und treten nötigenfalls einen Schritt von vorn auf das Pferd zu. Senken Sie die Peitsche sofort, wenn das Pferd anhält.

- Verhalten Sie sich neutral, damit Ihr Pferd nicht meint, es müsse abwenden.
- Lassen Sie es eine Weile still stehen und danach wieder antreten.
- Arbeiten Sie weiter wie von den Übungen an der einfachen Longe gewohnt.

Wendung aus der Bewegung

Die Wendung gelingt in der Freiarbeit viel leichter, weil keine Longe Sie behindert. Sie können sich also ganz auf Ihre Körpersprache und die richtige Peitschenführung konzentrieren.

- Arbeiten Sie Ihr Pferd „auf der linken Hand" auf dem Longierzirkel im Schritt; die Peitsche tragen Sie wie gewohnt in der äußeren rechten Hand.
- Wechseln Sie die Longierpeitsche hinter Ihrem Rücken in die linke Hand und gehen Sie in einem kleinen Bogen von links vorn auf Ihr Pferd zu. Ihr gesamter Körper, auch Ihr Arm mit der Longierpeitsche, sollte dabei die „Bogenform" ausdrücken.
- Ihr Pferd wird darauf hin in Form einer Kehrtvolte nach innen wenden.
- Leiten Sie es mit der Peitsche in Richtung auf seine Schulter auf den Hufschlag zurück. Es geht nun auf der „rechten Hand".
- Wiederholen Sie nach einigen ruhigen Runden im Schritt diese Übung auch auf dieser Hand und lassen Sie Ihr Pferd wiederum aus der Bewegung nach innen wenden.

Wendung aus dem Halten

Einen sehr viel behutsameren Körpereinsatz und viel Gefühl für die Peitsche erfordert die Wendung aus dem Halten. Einfacher fällt Sie Ihnen, wenn Sie zwei Peitschen benutzen.

- Arbeiten Sie Ihr Pferd auf dem Longierzirkel auf der linken Hand im Schritt.
- Lassen Sie es anhalten und entspannt stillstehen. Mit den zwei Peitschen „rahmen" Sie in Höhe von Karpal- und Sprunggelenk Ihr Pferd ein.
- Wie beim Wenden aus der Bewegung gehen Sie auf einem kleinen Bogen von links auf Ihr Pferd zu. Ihr gesamter Körper, auch Ihr Arm mit der Longierpeitsche, sollte dabei wieder die „Bogenform" ausdrücken. Machen Sie die Schritte jedoch deutlich langsamer und bleiben Sie nach jedem Schritt stehen.
- Fangen Sie jeden Schritt, den Ihr Pferd nach innen um seine Hinterhand macht, behutsam mit der rechten Longierpeitsche auf. So verhindern Sie, dass es die Wendung zu schnell vollführt und gleich auf dem Hufschlag im Schritt weiterläuft.
- Hat es die Wendung ganz durchgeführt und steht nun mit dem Kopf in Gegenrichtung auf dem Hufschlag, lassen Sie es einen Moment zur Belohnung stillstehen.
- Senken Sie die rechte Peitsche, bringen Sie sie in die neutrale Position und lassen Ihr Pferd mit der gewohnten Hilfe wieder antreten.

Rückwärtsrichten

Sehr hilfsreich sind auch zwei Peitschen bei der Übung Rückwärtsrichten:

- Arbeiten Sie Ihr Pferd auf dem Zirkel auf der linken Hand und lassen es anhalten und still stehen.
- Heben Sie die linke Peitsche und bewegen Sie sie sachte vor seinem Kopf auf und nieder, um es zum

Rückwärtstreten zu veranlassen. Die rechte Peitsche halten Sie in neutraler Stellung, um dem Pferd den Weg zurück nicht zu versperren.

- Versteht es die Hilfe falsch und versucht, nach innen abzuwenden, verhindern Sie dies mit Ihrer rechten Peitsche. Richten Sie dazu die Peitsche auf seine Schulter.
- Hat es die gewünschten drei bis vier Tritte rückwärts gemacht, senken Sie die linke Peitsche und heben die rechte Peitsche. Damit verhindern Sie bei einem zur Eile neigenden Pferd, dass es noch weiter rückwärts tritt.
- Als Dank für diese Aufgabe darf Ihr Pferd noch eine Weile still stehen.
- Danach tritt es wie gewohnt an und Sie führen die Arbeit auf dem Longierzirkel fort.

Hereinholen – Hinausschicken

Von den Trockenübungen wissen Sie bereits, wie Sie Ihr Pferd auf der Weide oder im Gemeinschaftspaddock „zu sich einladen". Natürlich erinnern Sie sich, dass Sie bei der Arbeit mit der einfachen Longe Ihr Pferd immer auf dem Hufschlag angehalten und darauf geachtet haben, dass es nicht in die Zirkelmitte zu Ihnen kommt. So haben Sie am Anfang Ihrer gemeinsamen Arbeit Ihre Leitpferdrolle gefestigt und den Gehorsam Ihres Pferdes geschult. Dies diente zu einem großen Teil Ihrer und Ihres Pferdes Sicherheit. Nun, da die Rangfolge zwischen Ihnen geklärt ist, können Sie weiter an der Vertrauensbildung arbeiten und dürfen Ihr freilaufendes Pferd zu sich in die Zirkelmitte hereinholen und wieder hinausschicken. Bei dieser Übung genügt eine Longierpeitsche.

- Arbeiten Sie Ihr Pferd wie gewohnt im Schritt auf der linken Hand.
- Sie stehen in der Grundposition auf der Zirkelmitte.
- Machen Sie jetzt die einladende „Reverenzbewegung", gleichzeitig bringen Sie die Peitsche in Ihrer rechten Hand hinter sich in die neutrale Position und laden Ihr Pferd mit dem Kommando „Hierher" zusätzlich ein.
- Ihr Pferd wendet von der Kreislinie ab und sollte möglichst im rechten Winkel genau auf Sie zutreten.
- Heben Sie die linke Hand, sobald es den Punkt erreicht hat, an dem Sie es anhalten möchten.
- Lassen Sie es einen Moment still stehen.
- Loben Sie Ihr Pferd, Sie dürfen ihm nach zirzensischer Tradition jetzt auch ein Leckerchen verabreichen.
- Danach steht Ihr Pferd noch ein Weilchen entspannt vor Ihnen still.
- Nun bringen Sie die Peitsche in Ihrer rechten Hand wieder in die Grundposition und führen Sie in einem sanften Bogen von hinten in Richtung auf die Sprunggelenke, so dass Ihr Pferd antritt.
- Indem Sie die Longierpeitsche in Richtung Pferdeschulter halten, leiten Sie es zum Hufschlag der linken Hand wieder zurück (es führt also keine Wendung aus).
- Hier setzen Sie Ihre gewohnte Arbeit fort.

Führen ohne Führstrick

Die Ihnen bekannten Führübungen mit Strick oder Führseil können Sie wunderbar mit Ihren Freiarbeits-Übungen kombinieren, indem Sie nun einfach den Führstrick weglassen. Arbeiten Sie mit Dressurgerte oder Longierpeitsche mit um den Stab gewickeltem Schlag. Sind Sie bereits sehr mit Ihrem

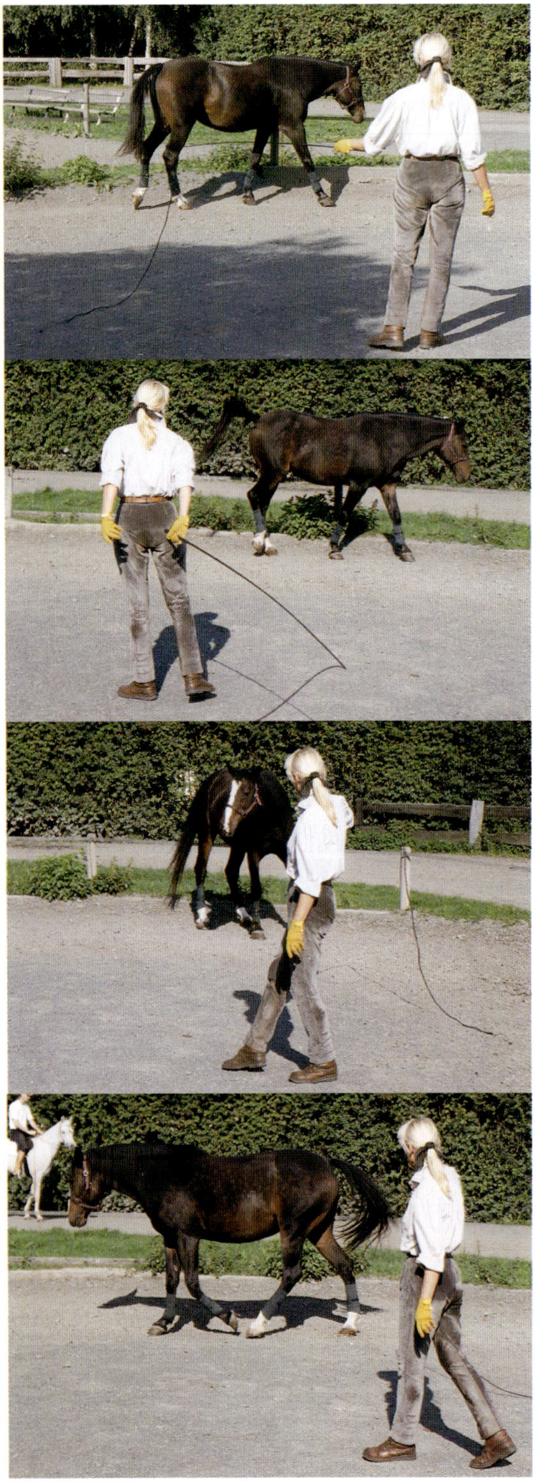

Pferd vertraut, lassen Sie jegliche Gerte fort und benutzen Sie ausschließlich Ihre Hände, Ihren Körper und Ihre Stimme als Signalgeber. Orientieren Sie sich vorher noch einmal an den im Kapitel Trockenübungen beschriebenen Lektionen – vor allem „rich-

Warum will mein Pferd nicht zu mir kommen?

Ihr Pferd hat Respekt vor Ihnen, aber noch nicht genügend Vertrauen aufgebaut. Zwingen Sie nichts herbei, sondern ignorieren Sie im Augenblick, dass es Ihrer Einladung nicht folgt. Lassen Sie es ein Weilchen stillstehen und arbeiten Sie wie gewohnt weiter. Wiederholen Sie neben der Longen- und Freiarbeit häufig die „Lauf neben mir"-Übung aus dem Führtraining und schenken Sie Ihrem Pferd viel Zuwendung beim Touching. Versuchen Sie keinesfalls, das Gelingen der Übung zu forcieren, indem Sie eine Longe einklinken und Ihr Pferd an der Longe zu sich heranziehen, auch wenn dies in einigen Lehrbüchern für Zirkuslektionen empfohlen wird. Der Grundgedanke der Courtesy Methode besteht darin, Mensch und Pferd so aufeinander einzustimmen, dass jede Übung ohne Gewalt und aus dem Gefühl der Zuneigung und Freiwilligkeit erfolgt. Sie können probieren, ob Ihr Pferd Ihrer Einladung nachkommt, wenn Sie die Peitsche nicht nur in die neutrale Position bringen, sondern hinter sich auf den Boden legen. Wenn Ihr Pferd auch darauf nicht reagiert, denken Sie einfach eine Zeit lang nicht an diese Übung, sondern versuchen Sie sie erst in einem halben Jahr noch einmal.

Hier wende ich Leika einfach aus der Schrittbewegung, indem ich die Peitsche hinter meinem Rücken in die andere Hand wechsele und mit meinem Körper deutlich die Wendebewegung unterstreiche.

Die 2. Longierpeitsche hilft, Leika beim Stillstehen „einzurahmen"

...und sie behutsam rückwärts zu richten.

tig stehen" und „richtig gehen", „das Pferd verlangsamen", „anhalten", „die Aufmerksamkeit erhalten", „antreiben und fortschicken" sowie „rückwärts schicken".

- Stellen Sie sich seitlich vor Ihr Pferd und bitten mit erhobenem Zeigefinger um seine Aufmerksamkeit. Lassen Sie es antreten.
- Treten Sie selbst ebenfalls zügig an, lassen Sie Ihren Zeigefinger erhoben, um den Blick Ihres Pferdes darauf zu fixieren.
- Mit dem erhobenen Zeigefinger „ziehen" Sie Ihr Pferd „wie mit einem unsichtbaren Faden" einen Pfad entlang, den Sie vorgeben.
- Gehen Sie zunächst auf dem Hufschlag entlang und lassen Sie Ihr Pferd Ihnen folgen.
- Beschreiben Sie dann Volten (kleine Kreise) und Achten.
- Sobald Sie spüren, dass Ihr Pferd die Aufmerksamkeit von Ihnen wendet, halten Sie es an und lassen es eine Weile stillstehen, damit es sich entspannen kann und schicken Sie es gelegentlich auch ein paar Tritte rückwärts.
- Nach dem Stillstehen stellen Sie sich seitlich neben Ihr Pferd und breiten die Arme in Taillenhöhe aus. „Schieben" Sie Ihr Pferd in einer Entfernung von ungefähr 50 cm zur Seite oder seitlich rückwärts.

Was sehr spannend ist

Das Führen ohne Führstrick ist eine wunderbare Herausforderung, bei der Sie ausprobieren können, welche Körperhaltung welche Bewegungen bei Ihrem Pferd hervorruft und welche Signale notwendig sind, um seine Aufmerksamkeit zu erhalten. Überfordern Sie aber niemals Ihr Pferd, sondern lassen es häufig stillstehen. Warten Sie nicht, bis Ihr Pferd unkonzentriert wird und Übungen misslingen, sondern beenden Sie die Übungsstunde frühzeitig.

Arbeit durch und über kleine Hindernisse

Viel Abwechslung bringen Sie mit kleinen Hindernissen in Ihre Freiarbeit. Benutzen Sie wieder Ihre Stangen, Tonnen, Kanister oder Container und bauen Sie daraus Gassen, durch die Sie Ihr Pferd ohne Führstrick führen, wenden und rückwärts schicken. Eine andere Möglichkeit besteht darin, auf dem Hufschlag Stangen auszulegen, um Ihr Pferd darüber treten zu lassen. Hierbei führen Sie es zunächst ohne Führstrick hinüber und vergrößern allmählich den Abstand, bis Sie es wie beim Longieren ohne Longe aus der Entfernung darüber schicken können.

Arbeit mit zwei Pferden

Falls Sie selbst zwei Pferde besitzen oder Ihr Pferd befreundet ist mit dem Tier eines Ihnen bekannten Pferdebesitzers, können Sie auch mit zwei Pferden frei arbeiten. Aus Sicherheitsgründen muss die Rangordnung zwischen beiden Pferden unbedingt geklärt sein, damit sie sich beim Freilauf nicht zu zanken und nacheinander auszuschlagen beginnen. Auch muss das zweite Pferd sicher in allen Grundübungen nach der Courtesy Methode sein und sowohl Respekt als auch Vertrauen zeigen. Bestehen auch nur geringste Zweifel an diesen Voraussetzungen, verzichten Sie auf diese Übungen. Ansonsten bitten Sie einen Helfer, bereitzustehen.

- Bringen Sie das rangniedrige Pferd zuerst

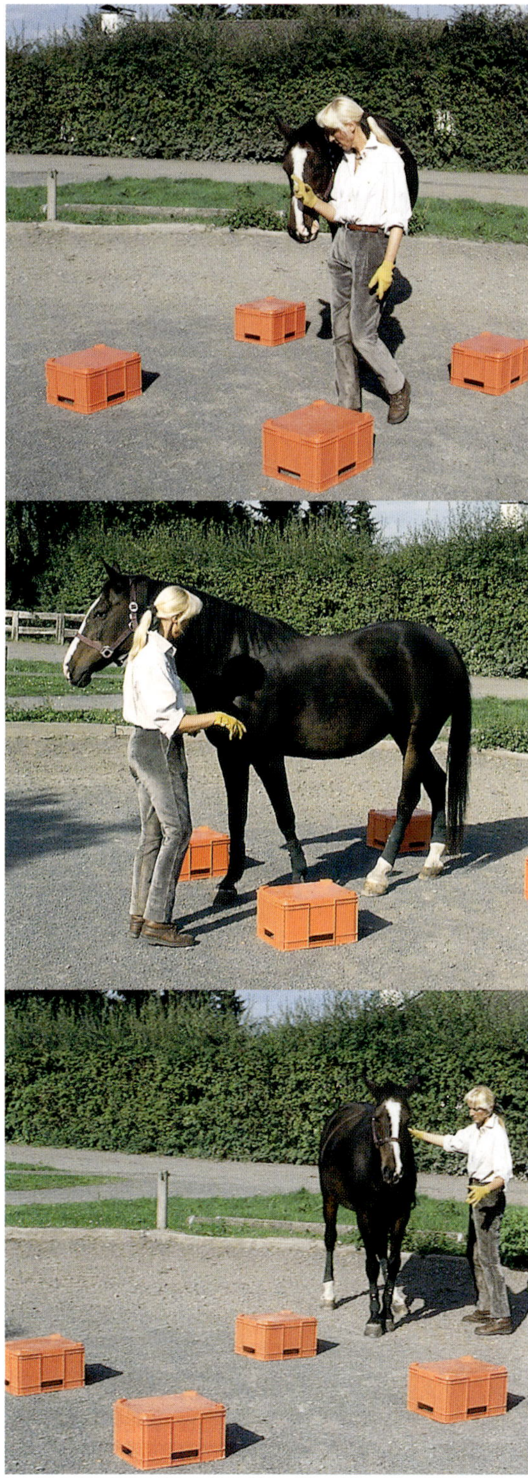

Auch ohne Führstrick lässt sich Leika nun schon gut „führen" – Schritt für Schritt „lotse" ich sie durch die kleine Gasse, lasse sie anhalten und geleite sie – nur über Handzeichen – rückwärts wieder hinaus.

in den Longierzirkel und lassen es eine Weile stillstehen.
- Während Ihr Helfer das zweite Pferd hereinholt, schicken Sie Pferd Nr. 1 mit der Longierpeitsche auf den Hufschlag.
- Lassen Sie Pferd Nr. 2 ein Weilchen stillstehen und schicken es dann vor Pferd Nr. 1 auf den Hufschlag – so bleibt die Rangfolge erhalten.
- Arbeiten Sie die Pferde im Schritt und Trab, fordern Sie nicht den Galopp.
- Falls die Pferde angaloppieren und durch den Zirkel jagen, versuchen Sie nicht, Sie mit der Longierpeitsche anzuhalten oder Ihnen entgegenzutreten. Halten Sie sie lediglich auf dem Hufschlag und verhindern Sie, dass Sie in die Zirkelmitte kommen oder abrupt abwenden.
- Tritt nach einer Weile Ruhe ein, lassen Sie sie entspannt hintereinander im Schritt gehen.
- Lassen Sie die Pferde nun die Hand wechseln, indem Sie sie mit der bekannten Körper- und Peitschenhilfe nach innen wenden.
- Versuchen Sie nicht zu verhindern, dass das ranghohe Pferd das rangniedrige überholt, um sich wieder an die Spitze der Zweiergruppe zu setzen.
- Fordern Sie nach ein paar Schrittrunden ruhigen entspannten Trab, bis die Pferde ihren Rhythmus gefunden haben und zufrieden abschnauben.
- Lassen Sie sie wieder Schritt gehen und halten sie mit der Longierpeitsche an.
- Bitten Sie einen Helfer, ein Pferd zu übernehmen und bringen Sie die Pferde nacheinander wieder aus dem Longierzirkel.

Womit Sie rechnen müssen

Keilereien sind beim Freilauf mehrerer Pferde niemals auszuschließen. Vor allem beim Galoppieren schlägt das Vorderpferd gern nach hinten aus, wenn das 2. Pferd zu dicht aufläuft. Dahinter steckt kein böser Wille, sondern ein kurzer „Hinweis" auf die bestehende Rangordnung und natürlich Lust an der Bewegung. Pferde, die zum Ausschlagen neigen, sollten daher nicht gemeinsam mit einem

Mona (11) beherrscht trotz ihres jungen Alters schon gut die Körpersprache. Es gelingt ihr sogar, Leika und Semiramis freilaufend nebeneinander galoppieren zu lassen.

anderen Pferd gearbeitet werden. Andererseits werden sich bei Pferden, die sich mögen, ganz von selbst beinah zirzensische Anblicke ergeben, wenn die Tiere beispielsweise nebeneinander her traben oder galoppieren und sich um ein gleichmäßiges Tempo bemühen. Für Sie ist es eine Herausforderung, Ihre Körpersprache und die Peitschenhilfen so zu verfeinern, um dieses Nebeneinander bewusst herzustellen und nicht bloß dem Zufall zu überlassen. Hierfür kann es keine genauen Anleitungen geben, da jedes Pferd anders reagiert.

Arbeit mit der Doppellonge

Nunmehr wenden Sie sich mit der Arbeit an der Doppellonge einem neuen Trainingsbestandteil zu. Bei ihm rückt die Gymnastizierung Ihres Pferdes in den Vordergrund. Diese schonende und zwanglose Methode, ein Pferd ohne Reiter „im freien Vorwärts" zu schulen, war schon im 18. Jahrhundert bekannt. Heute wird sie leider meist nur dazu benutzt, um das zukünftige Fahrpferd auf das Anspannen vorzubereiten.

Ziel der Doppellongenarbeit

Wie bei allen anderen Trainingsbausteinen der Courtesy Methode arbeiten Sie Ihr Pferd auch an der Doppellonge „gewichtslos". Ohne störendes Reitergewicht bereiten Sie Ihr Pferd weiter auf seine Aufgabe als Reitpferd vor. Viel mehr noch als bei der einfachen Longe benutzen Sie Ihre Hände gefühlvoll und behutsam, aber auch gezielt, um Ihr Pferd mit den Zügelhilfen vertraut zu machen. Das Pferd erlebt das angenehme Gefühl, sich vorwärts-abwärts dehnen zu können. Es wird immer geschmeidiger. „Abgehackte" Bewegungen verwandeln sich in elastische Bewegungen, und sein Rücken beginnt sichtbar zu schwingen. Da diese Form der Arbeit zugleich auch den Gehorsam und das Vertrauen Ihres Pferdes festigt, sollten Sie niemals darauf verzichten, wenn Sie beim Reiten Probleme hatten oder haben. Mit Hilfe der Doppellonge können Sie – ohne in Gefahr zu geraten – Ihr Pferd in aller Ruhe und mit der nötigen Konsequenz, doch absolut gewaltlos, wieder zur Mitarbeit motivieren.

Voraussetzungen beim Pferd

Um nicht zu früh von der einfachen Longe zur Doppellonge zu wechseln, überprüfen Sie bitte noch einmal, ob Ihr Pferd folgende Voraussetzungen erfüllt:

- Es beherrscht alle Führübungen, tritt korrekt an, lässt sich leicht anhalten und rückwärts richten.
- Es kann ruhig in respektvoller Entfernung am durchhängenden Führstrick mehrere Minuten lang still stehen, ohne Zeichen von Anspannung oder Unruhe zu zeigen.

Was Sie aber unbedingt wissen sollten

Bei den Übungen nach der Courtesy Methode steht die Freude an der Bewegung im Vordergrund. Sie arbeiten Ihr Pferd auf den Hufschlagfiguren, die es bereits von der Arbeit an der einfachen Longe gut kennt. Um jegliche Fehlermöglichkeit auszuschließen, die sich bei einer Anleitung in Buchform einschleichen könnte, nehmen Sie jedoch keine fortgeschrittenen Lektionen wie ein „Schulter herein" oder gar versammelte Lektionen wie Ansätze zur Piaffe in Angriff, auch wenn diese Lektionen in manchen Kursen gelehrt werden. Vielmehr führen Sie nur einfache Übungen durch, die aber auch auf den natürlichen und Ihrem Pferd angeborenen Bewegungen aufbauen.

- An der einfachen Longe geht es gleichmäßig und taktrein in allen Gangarten in zwangloser Selbsthaltung.
- Es ist an Hilfszügel gewöhnt.

Voraussetzungen beim Reiter

Sie sind in Ihrer Rolle als Leitpferd gefestigt. Routiniert gehen Sie mit Ihrem Pferd an der einfachen Longe und auch bei der Freiarbeit um. Bei der Doppellonge halten Sie nun zwei lange Leinen in der Hand. Sie stellen höhere Anforderungen an Ihre Handfertigkeit, da Sie die Leinen nicht nur „festhalten", sondern zugleich feinfühlig wie lange Zügel benutzen. Werden Sie nicht mutlos, wenn Ihnen dies am Pferd nicht sofort gelingt und sich anfangs gelegentlich die Leinen verwirren. Bereiten Sie sich gründlich durch Trockenübungen mit Ihrem Helfer vor und üben Sie dann mit Ihrem Pferd konsequent weiter. Nach anfänglichen Schwierigkeiten werden Sie eines Tages erfreut feststellen, dass Sie sich immer mehr auf Ihr Pferd und immer weniger auf die Handhabung der Leinen konzentrieren müssen!

Bauliche Gegebenheiten – Sicherheitsmaßnahmen

Doppellongen-Übungen führen Sie anfangs auf dem eingefriedeten Longierzirkel und auf dem in der Mitte geteilten Rechteckplatz, später auch in der großen Rechteckbahn durch. Achten Sie darauf, dass die Tore geschlossen sind. Ihr Pferd bleibt auch bei bester Ausbildung ein Fluchttier und könnte außerhalb des Platzes einen Unfall verursachen. Legen Sie die Doppellonge daher am besten erst auf dem Longierplatz an. Ist dies nicht möglich, nehmen Sie die Longe nach dem Anlegen am Sattelplatz in großen Schlingen auf und binden Sie sie mit einem Lederband an den oberen Longiergurtring. Benutzen Sie einen Sattel, befestigen Sie sie mit dem Bügelriemen. Führen Sie Ihr Pferd nicht mittels der Doppellonge, sondern haken Sie den Führstrick in den Kinnriemen des Reithalfters ein. Trägt Ihr Pferd kein Reithalfter, führen Sie den Strick durch den inneren Trensenring zum äußeren und klinken ihn dort ein.

Ausrüstung des Pferdes

Ihr Pferd trägt seinen gewohnten Trensenzaum. Wie bei der Arbeit an der einfachen Longe ist ein Reithalfter empfehlenswert. Es stabilisiert die Lage des Gebisses im Maul und entlastet die Laden, wenn Sie mit der Hand über die Leinen auf das Gebiss einwirken. Sie können entweder einen Longiergurt oder einen gut festgegurteten Sattel verwenden. Fixieren Sie die Steigbügel quer zum Pferdekörper, damit die Leinen leicht hindurchlaufen, ohne sich festzuhaken. Wie immer rüsten Sie Ihr Pferd auch mit Bandagen oder Gamaschen aus. Hinzu kommt die, möglichst leichte Doppellonge.

> Ein Tipp zum Thema Nylonleine
>
> *Die vom Gewicht her angenehme Nylonleine ist oft sehr glatt. Verbessern Sie die Griffigkeit, indem Sie in die Enden, die in Ihrer Hand liegen, in regelmäßigen Abständen Knoten einknüpfen.*

Ihre eigene Ausrüstung

Praktische robuste Kleidung – wie im entsprechenden Kapitel beschrieben – und festes Schuhwerk mit rutschfester Sohle sind natürlich wieder ein „Muss". Vergessen Sie keinesfalls die Handschuhe. Sie sollten Ihre Hand nicht plump machen, sondern das Feingefühl Ihrer Finger erhalten. Außerdem brauchen Sie wieder die lange Longierpeitsche.

Die Doppellongenarbeit schult Gehorsam und Bewegung zugleich.

Gewöhnung an die Berührung der Hinterhand

Bei der Doppellongenarbeit verläuft die Leine um die Hinterhand herum – eine „neue Berührung" für Ihr Pferd, auf die Sie es bereits beim Gentle Training im Alltag sehr gut vorbereiten können. Streichen Sie immer wieder die Hinterbeine von oben nach unten mit der Dressurgerte und mit der Longierpeitsche ab. Noch wirksamer ist folgende kleine Übung:

- Bitten Sie einen Helfer, das eine Ende eines längeren Führstricks zu halten – Sie nehmen das andere Ende in die Hand.
- Stellen Sie Beide sich jeweils rechts und links so nah neben Ihrem Pferd auf, dass es nicht auskeilen kann.
- Legen Sie den Führstrick von beiden Seiten über den Pferderücken und streichen Ihr Pferd vom Widerrist zur Kruppe damit viele Male ab.
- Führen Sie den Strick über den Schweifansatz zum Sprunggelenk – üben Sie dabei sanften Druck aus. So wirkt der Strick wie ein „Massagegerät" und wird von Ihrem Pferd als sehr angenehm empfunden.
- Drücken Sie wiederholt mit dem Strick den Schweif an den Pferdekörper und bewegen Sie ihn auf und ab.
- Führen Sie den Strick dann von den Sprunggelenken hinunter bis zur Fesselbeuge.
- Wiederholen Sie diese Übung viele Male, bis Ihr Pferd sie vollständig gelassen hinnimmt und weder zuckt noch sonstige Reaktionen zeigt.

Verschnallung der Doppellonge

Lesen Sie zunächst noch einmal im Kapitel „Ausrüstung" die Absätze über die Verschnallungsarten der Doppellonge durch. Sie haben sich in letzter Zeit sehr intensiv mit Ihrem Pferd beschäftigt. Daher können Sie gut genug beurteilen, ob sich die Verschnallungsart Nr. 1 „zum Anlongieren" oder Nr. 2 „nach Art des Dreieckszügels" besser für Ihre allererste Übung eignet. Ist Ihr Pferd eher temperamentvoll als ruhig, wählen Sie Nr. 2. Sie gibt Ihnen die Sicherheit, Ihr Pferd ohne Zwang leicht kontrollieren zu können. Bitten Sie einen Helfer, Ihr Pferd am Führstrick zu halten, während Sie im Longierzirkel die Doppellonge anlegen. Achten Sie auch bei der Verwendung eines Longiergurtes darauf, dass Sie die zu Ihrer Hand führenden Leinen in den tiefsten Ring einschnallen. So kann die Leine nicht unter den Schweif rutschen. Führen Sie die äußere Leine keinesfalls hinunter zu den Hinterbeinen, sondern legen Sie sie zunächst über den Sattel oder hinterm Longiergurt über den Pferderücken.

Anlongieren

Gehen Sie beim Anlongieren mit der Doppellonge mit großer Ruhe und liebenswürdiger Höflichkeit vor. Dadurch überträgt sich Ihre Gelassenheit bei dieser neuen Form des Trainings von Anfang an auf Ihr Pferd! Beginnen Sie auf der linken Hand, da die Arbeit den meisten Pferden hier leichter fällt. Bitten Sie Ihren Helfer, das Pferd zum Hufschlag zu führen und sich dann seitlich rechts hinter Ihnen aufzustellen. Noch einmal zur Sicherheit: Die rechte Leine liegt über dem Sattel oder hinter dem Longiergurt, nicht um die Hinterhand!

- Lassen Sie Ihr Pferd, wie von der einfachen Longe gewohnt, antreten und arbeiten Sie es einige Runden im ruhigen Schritt und Trab. Halten Sie es an und lassen es still stehen.
- Nehmen Sie die Longe in großen Schlingen so in die Hand, dass Sie, wenn es erforderlich sein sollte, sofort mit der äußeren (rechten) Hand nachgeben und Leine zugeben können.
- Bleiben Sie absolut aufmerksam, während Sie die äußere Longe über den Rücken des Pferdes und die Kruppe hinunter um seine Hinterhand gleiten lassen.
- In vielen Fällen passiert gar nichts, vor allem dann nicht, wenn Sie Ihr Pferd an die Berührung der Hinterhand gewöhnt haben.
- Machen Sie sich dennoch darauf gefasst, dass Ihr Pferd erschrickt und bockend losstürmt.
- Da nichts wirklich Schlimmes passieren kann, bewahren Sie weiter Ruhe. Wenden Sie die „Als-ob"-Übung an und stellen Sie sich vor, Sie seien ein routinierter Ausbilder, den nichts erschüttern kann.
- Versuchen Sie nicht, auf Tempo und Gangart einzuwirken, sondern halten Sie Ihr Pferd durch behutsame Longenführung lediglich auf der Zirkellinie.

Die Doppellongen-Verschnallung nach Art des Dreieckszügels eignet sich für eher temperamentvolle Pferde beim Anlongieren.

- Nach wenigen Runden entspannt sich Ihr Pferd und akzeptiert die um die Hinterhand führenden Leinen.
- Lassen Sie es eine Weile in Ruhe traben und danach Schritt gehen.
- Halten Sie es dieses Mal noch so an, wie Sie es von der Arbeit mit der einfachen Longe gewohnt sind: Wechseln Sie also die Peitsche in Ihre linke Hand und geben Sie – zusammen mit der Stimmhilfe – das Signal zum Anhalten. Später werden Sie die richtige Art des Anhaltens mit der Doppellonge lernen.
- Lassen Sie Ihr Pferd eine Weile stillstehen, loben Sie es liebevoll für seine tolle Leistung und beenden Sie die Übungseinheit.

Warum schießt mein Pferd so rasant vorwärts, sobald es die Leine fühlt, obgleich es an die Berührung durch Vorübungen gewöhnt sein sollte?

Anders als beim Stehen reibt die Longe in der Bewegung an seiner Hinterhand hin und her und übt bei jedem Tritt einen als mehr oder minder stark empfundenen Druck aus. Für das Fluchttier Pferd ist dies ein deutliches Signal zum Vorwärtstreten. Wenn Sie Ruhe bewahren und nicht hektisch versuchen, das Tempo Ihres Pferdes zu drosseln, tritt ein wertvoller Lerneffekt ein. Ihr Pferd erfährt, dass es der Longe nicht entfliehen kann – aber zugleich auch, dass sie ihm keinerlei Schaden zufügt und der Kampf überflüssig ist.

Was Sie in den nächsten Trainingseinheiten üben sollten

- Hat Ihr Pferd die um die Hinterhand führenden Leinen akzeptiert, üben Sie als erstes das einfache Gehen im Schritt. Gehört Ihr Pferd zu den besonders eifrigen Typen, gestatten Sie ihm ruhig sofort den Trab, anstatt immer wieder zu versuchen, es zum Schritt durchzuparieren. Das würde es bloß unruhig und ungeduldig machen.
- Trainieren Sie vor allem das ruhige Jog-Tempo. In diesem Tempo ist der Gymnastizierungseffekt deutlich größer als im Arbeitstempo!
- Geben Sie zum Antreten ein deutliches Stimmkommando (Zungenschnalzen) und führen die Peitsche (in der äußeren Hand) von hinten in Richtung der Sprunggelenke. Bitte

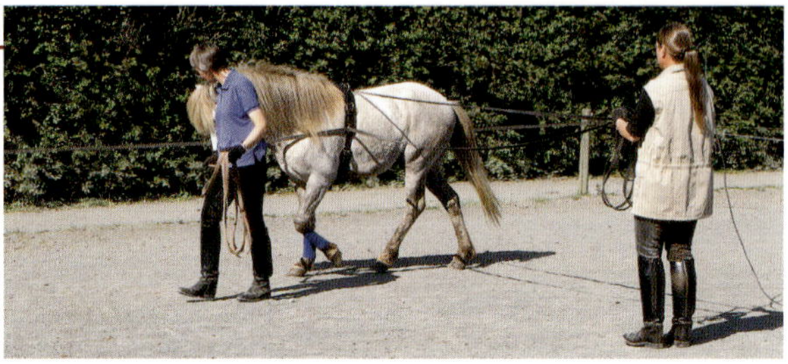

Bei Hvitur demonstrieren Elisabeth und Gertrud den Übungsablauf an einem bereits ein paar Mal gearbeiteten Pferd: Hvitur wird von Gertrud angeführt

...und nach dem Ausklinken der Longe bleibt sie eine Weile rechts hinter Brigitte,

bis Brigitte sicher ist, allein weiter arbeiten zu können.

Problemlos hält sie Hvitur an,

... lässt ihn rückwärts richten und belohnt ihn mit Still stehen.

vergessen Sie niemals, mit der äußeren Hand nachzugeben, sobald das Pferd antritt!

- Lassen Sie Ihr Pferd nun zunächst auf derselben Hand gehen, bis es sich geregelt und kontrolliert bewegt und mit dem Hals nachgibt.

Worauf Sie unbedingt achten müssen

Möchten Sie Ihr Pferd auch auf der anderen Hand longieren, müssen Sie, wenn Sie die Verschnallungsart Nr. 1 „Anlongieren" gewählt haben, Ihr Pferd auf der Zirkellinie anhalten. Mit Unterstützung Ihres Helfers schnallen Sie die Longe um, bevor Sie auf der anderen Hand weiter arbeiten. Haben Sie die Verschnallungsart Nr. 2 „nach Art des Dreiecks-Zügels" gewählt, brauchen Sie nichts umzuschnallen. Ihr Helfer wendet das Pferd auf der Zirkellinie, achtet auf die richtige Führung der Leinen und kommt zur Mitte zurück. Sie lassen Ihr Pferd wieder antreten und arbeiten auf der anderen Hand ruhig weiter.

Warum geht mein Pferd einfach weiter?

Die Einwirkung über das Gebiss ist Ihrem Pferd noch fremd. Aus Gewohnheit möchte es eigentlich noch Ihre körpersprachliche Hilfe abwarten. Wirken Sie daher mit der äußeren Hand (sprich äußeren Leine) etwas stärker ein, auch wenn Ihr Pferd dadurch unter Umständen zur Außeneinfriedung hin abwendet. Vergessen Sie nicht, unverzüglich mit der Hand nachzugeben, sobald Ihr Pferd stehenbleibt. Halten Sie Ihr Pferd während der nächsten Übungseinheiten immer an der gleichen Stelle an. Vor allem gestalten Sie die Anhalte-Übungen so, dass Ihr Pferd sie als eine Belohnung und willkommene Ruhepause begreift. Sie dürfen sie gern auf einige Minuten ausdehnen! Sie vermitteln Ihrem Pferd auf diese angenehme Weise Nervenstärke und Gelassenheit.

Anhalten

Während Sie bei der Arbeit mit der einfachen Longe noch deutlich Ihre Körpersprache einsetzten, soll die Doppellonge Ihr Pferd mehr an die Zügelhilfen gewöhnen. Daher achten Sie jetzt bewusst auf Ihren Körper und bemühen sich, sich möglichst wenig von der Zirkelmitte fort zu bewegen. Konzentrieren Sie sich vielmehr auf eine geschickte und behutsame Zügelführung.

- Um Ihr Pferd anzuhalten, senken Sie die Peitsche, wechseln Sie aber nicht in die innere Hand!
- Geben Sie das gewohnte Stimmkommando („Steh!" oder „Whoa!") und führen wie beim Reiten eine ganze Parade durch, indem Sie beide Longen behutsam annehmen. (Die äußere Longe dürfen Sie dabei etwas vermehrt annehmen).
- Treten Sie aber nicht mehr – wie beim einfachen Longieren – von vorn auf das Pferd zu!

Wenden

Unabhängig von der Frage, ob das Anhalten bereits richtig gut gelingt, können Sie in nächster Zeit bereits das Wenden üben. Denken Sie aber unbedingt daran, dass Sie jetzt die Verschnallungsart Nr. 1 „Anlongieren" nicht mehr benutzen können. Ist Ihr Pferd nicht zu heftig, gehen Sie nun zur „einfachen Verschnallungsart" Nr. 3 über. Sie können aus der Bewegung ebensogut wie aus dem Halten wenden. Bei der Doppellongenarbeit wenden Sie das Pferd nach außen.

- Arbeiten Sie Ihr Pferd auf der linken Hand im Schritt.
- Halten Sie es an und lassen es still stehen.

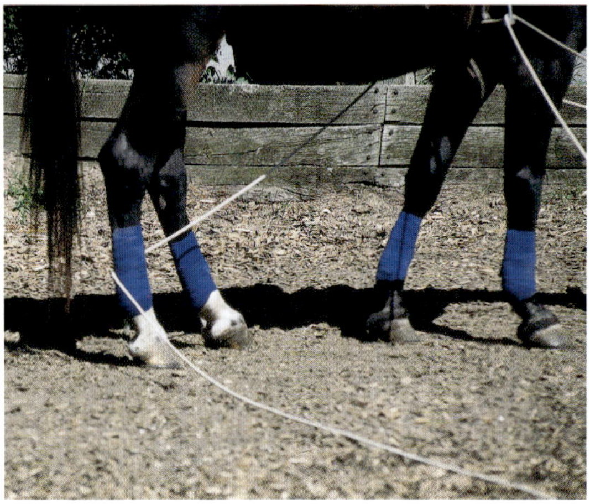

Vor allem ungeübten Longenführen passiert es, dass die äußere Leine zu tief verläuft, so dass das Pferd mit einem Hinterbein hineingerät.

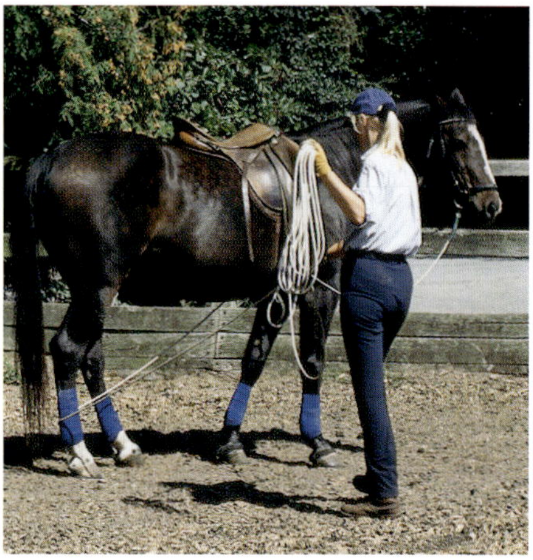

Jetzt nicht in Panik geraten, sondern das Pferd anhalten, ruhig zu ihm treten, die Leinen richten und – als ob nichts geschehen wäre – weiter arbeiten.

- Wenn das Anhalten noch nicht so gut klappt, führen Sie die Wendung wie folgt gleich aus der Schrittbewegung durch:
- Nehmen Sie die äußere (rechte) Longe an und geben Ihrem Pferd über das Gebiss einen sanften Richtungsimpuls nach außen zur Einfriedung hin.
- Geben Sie sofort mit der vormals inneren (linken) Hand (die jetzt zur äußeren wird) nach.
- Geleiten Sie Ihr Pferd so sanft in langsamen Tempo durch den Wendevorgang.
- Gehorcht es bereits auf die Hilfen zum Anhalten, loben Sie es, indem Sie es eine Weile still stehen lassen.
- Ansonsten setzen Sie gleich im Schritt auf der rechten Hand Ihre Arbeit fort.

Durch den Zirkel wechseln

Sobald Ihre ersten Übungen gut funktionieren, wagen Sie sich ruhig einmal an die anspruchsvollere Aufgabe des Handwechsels durch den Zirkel. Sie verlangt einiges Geschick in der Longenführung und in der Handhabung der Peitsche.

Gut geeignet ist dafür die einfache Verschnallungsart Nr. 3:

- Arbeiten Sie Ihr Pferd wie gewohnt auf der linken Hand im Schritt.
- Gehen Sie langsam vom Zirkelmittelpunkt nach außen zum Hufschlag.
- Konzentrieren Sie sich auf die Longenführung und „denken Sie um“: Die innere (linke) Hand wird jetzt zur äußeren!
- Geben Sie jetzt beim Umfassen der Longe mit der nunmehr äußeren (linken) Hand nach und nehmen mit der inneren (rechten) vermehrt Leine auf. Ihr Pferd führt dadurch einen halben Kreisbogen durch.
- Gehen Sie zur Zirkelmitte zurück und führen Sie das Pferd durch den Zirkel und auf der anderen Hand auf den Hufschlag wieder hinaus.

Seitwärtstreten

Das Seitwärtstreten fällt Ihnen möglicherweise an der Doppellonge leichter als an der einfachen Longe. Die Leinen, die rechts und links am Pferdekörper entlang laufen, geben Ihrem Pferd eine deutliche Führung und erleichtern ihm, Ihre Anweisungen zu verstehen und umzusetzen. Diese Übung hat eine ausgeprägt lösende Wirkung. Sie führen Sie erst im Schritt und – wenn Ihr Pferd sie sicher beherrscht – gern auch im ruhigen Trabtempo aus.

- Arbeiten Sie Ihr Pferd auf der linken Hand.
- Behalten Sie die Peitsche weiterhin in der äußeren rechten Hand.
- Stellen Sie Ihr Pferd mit den Leinen leicht nach auswärts in Richtung Zirkel-Außenrand.
- Wirken Sie mit der inneren (linken) Leine leicht auf Ihr Pferd ein, um ihm

Die Arbeit an der Doppellonge fällt meinem Pferd und mir erstaunlich leicht und die Wendungen im Schritt klappen prima. Darf ich Wendungen auch aus dem Trab und Galopp heraus probieren?

Nehmen Sie diese Übung bitte wirklich erst in Angriff, wenn Sie absolut routiniert mit den Longen umgehen können. Dann allerdings können Sie damit die Aufmerksamkeit Ihres Pferdes hervorragend schulen. Die Hilfen sind die gleichen wie bei der einfachen Wendung aus dem Anhalten oder aus dem Schritt heraus. Allerdings müssen Sie die Leinen sehr zügig annehmen und nachgeben können. Vielen – vor allem bewegungsorientierten – Pferden macht diese Arbeit viel Spaß, vor allem, wenn Sie die Wendungen schnell aufeinander folgen lassen (nach jeweils 1/2 bis 1 Runde). Sie sind dann hellwach, total konzentriert und reagieren danach auf feinste Hilfen! Bitte fordern Sie jedoch niemals mehr als vier, höchstens sechs schnelle Wendungen kurz hintereinander beziehungsweise in einer Übungseinheit und dies auch nur auf trittfestem und zugleich federndem Boden. Lassen Sie Ihr Pferd danach zur Entspannung und Belohnung einige Minuten lang ruhig stehen. So erziehen Sie sich ein arbeitsbereites Pferd, verhindern jedoch, dass es lernt, sich „aufzuheizen".

Ein toller Schnappschuss von Leikas ersten Doppellongen-Stunden bei Walter Feldmann: Da sie zunächst sehr unaufmerksam war, ließ Walter sie ein paar Mal aus dem Galopp heraus wenden. Dafür muss man natürlich ein Könner sein...

eine sichere „Begrenzung" zu geben.

- Mit der Leine in Ihrer äußeren (rechten) Hand treiben Sie Ihr Pferd durch wiederholtes Anlegen an seinen Körper vorwärts-seitwärts.

Mein Pferd bleibt beim Seitwärtstreten stehen oder versucht eine Wendung – was mache ich falsch?

Diese Reaktionen sind kein Fehlverhalten und auch keine Widersetzlichkeit des Pferdes. Sie zeigen Ihnen einfach, dass Ihre Hilfengebung noch nicht ausgereift ist und dass Ihr Pferd nicht versteht, was Sie von ihm möchten. Versuchen Sie, ob die Übung besser klappt, wenn Sie die Hilfen der inneren Leine etwas deutlicher geben und die Longierpeitsche in Ihrer rechten Hand als optische treibende Hilfe einsetzen. Wichtig ist, dass Sie verhindern, dass Ihr Pferd aus dem flüssigen Treten gerät oder stehenbleibt. Will diese Übung noch immer nicht klappen, ärgern Sie sich nicht, sondern verlegen Sie sie auf einen späteren Zeitpunkt. Tatsächlich wird sie Ihnen sehr viel leichter beim Fahren vom Boden fallen, weil Sie dann mit verkürzten Leinen und damit näher am Pferd arbeiten. So können Sie Ihren Körper vermehrt als treibende Hilfe einsetzen. Ihre Hilfen werden deutlicher und Ihrem Pferd verständlicher!

Gymnastizierendes Arbeiten

Sobald Sie in der Handhabung der Leinen sicher sind und Ihr Pferd sich an die neue Form Ihrer gemeinsamen Arbeit gewöhnt hat, widmen Sie Ihre Aufmerksamkeit mehr der „Gymnastik". Ihr Pferd ist ein Freizeitpferd und soll vor allem entspannt in einem schönen, gleichmäßigen Takt, elastisch mit schwingendem Rücken und nicht „hölzern" wie der berüchtigte „Sack voller Nüsse" gehen. Später unterm Sattel soll es sich nicht gegen den Zügel sträuben, sondern die Anlehnung an Ihre Zügelhand suchen. Diese Ziele lassen sich durch eine behutsame Gymnastizierung gerade mit der Doppellonge sicher erreichen. Dabei wandelt sich auch die äußere Form Ihres Pferdes hin zum Positiven, da sich die Muskulatur verändert. Der bei Freizeitpferden häufig zu sehende starke Unterhalsmuskel wird zugunsten der auch optisch hübscheren „Auskehlung" abgebaut. Da sich der Mähnenkamm wölbt, scheint auch der Hals – selbst bei Pferden mit eher kurzem Hals – länger zu werden.

Verschnallungsart beim Gymnastizieren

Beim Gymnastizieren wechseln Sie zwischen der einfachen Verschnallung und der Verschnallung nach Art des Schlaufzügels ab. Bei der einfachen Verschnallung klinken Sie bitte die Leinen rechts und links nur in den Trensenring und nicht länger in Trensenring und Reithalfter. Die Verschnallung nach Art des Schlaufzügels wenden Sie zwischendurch – das heißt ein- bis zweimal pro Woche – an, wenn Ihr Pferd noch Schwierigkeiten hat, sich nach vorwärts-abwärts zu dehnen.

Übungen und Wirkweisen

Welche Gangart Sie wählen und wie Sie eine Übung aufbauen, hat stets eine besondere Wirkung auf Ihr Pferd. Hier ein Überblick über die Vorteile bestimmter Übungen:

- Vielleicht zeigt Ihr Pferd anfangs Verspannungen, geht es mit eher kurzen Schritten, und sein Rücken schwingt kaum. Ihm tun lange Phasen im Schritt und Trab gut, um locker zu werden, also sich zu lösen. Seien Sie sehr behutsam mit Ihrer Hand und achten Sie darauf, immer nachzugeben, damit sich Ihr Pferd dehnen und strecken kann.

- Beherrschen Sie die Wendungen gut, bauen Sie häufig Wendungen durch den Zirkel ein – sowohl im Schritt als auch im Trab. Sie machen die Arbeit nicht nur abwechslungsreicher, sondern tragen auch zur Geschmeidigkeit Ihres Pferdes bei.
- Die Handwechsel helfen auch, die natürliche „Schiefe" Ihres Pferdes zu überwinden. Sie äußert sich darin, dass Ihr Pferd eine „Schokoladenseite" hat, auf der es viel lieber – und auch viel besser – geht.
- Können Sie Ihr Pferd auch im Trab und Galopp gut kontrollieren, darf es über eine halbe Zirkelrunde auch einmal Tempo zulegen. Danach führen Sie es mit sanfter Hand zu einem ruhigen Tempo zurück. Die Übergänge zwischen schnellem und gemäßigtem Tempo fördern den Schwung Ihres Pferdes. Er äußert sich nicht nur in ausdrucksstärkeren Bewegungen, sondern auch im Auf- und Abschwingen des Pferderückens. Die Hinterbeine treten weiter unter die Körpermitte.

Obwohl seinerzeit noch völlig ungeschult, verstand und befolgte Leika doch sofort Walters Hilfen zum Seitwärtstreten. Gut zu sehen: die Verschnallung nach Art des Dreieckszügels und der seitlich abstehende Steigbügel!

Wann fange ich an, mit einhändiger Zügelführung zu arbeiten?

Mit beiden Händen zu arbeiten, dient Ihrer und Ihres Pferdes Sicherheit und ist bei den ersten Lektionen ein „Muss". Nur so können Sie gezielt eine Leine einmal mehr oder weniger annehmen und nachgeben und Ihr Pferd auf der Zirkellinie halten. Hat es sich jedoch an die Doppellonge gut gewöhnt und arbeitet es problemlos und zufrieden mit, können Sie die einhändige Leinenführung ausprobieren. Lesen Sie den Absatz über „Übungen mit der Doppellonge" nach und bereiten sich ohne Pferd mit Ihrem Helfer auf die einhändige Longenführung vor. Das Annehmen und Nachgeben der Leine erfolgt über eine Drehung aus dem Handgelenk.

Arbeit auf unterschiedlichen Übungsplätzen

Nun sind Sie und Ihr Pferd auch genügend vorbereitet, um nicht länger nur im Longierzirkel oder der hälftig geteilten Reitbahn zu arbeiten. Gehen Sie ruhig auch in die große Reithalle oder auf den Außenplatz! Sie brauchen sich nicht länger nur auf die Kreislinie des Zirkels zu beschränken. Sehen Sie sich im Kapitel über die einfache Longe den Absatz „Ganze Bahn" noch einmal an. Das dort Gelernte können Sie hervorragend bei der Doppellongenarbeit anwenden!

Lassen Sie sich von der Grafik (S. 175) zu interessanten Übungskombinationen anregen oder kurbeln Sie Ihre eigene Fantasie an, um Ihr Training abwechslungsreich und spannend für Ihr Pferd und Sie zu gestalten!

Eigentlich wollte ich nur einen häufigen Fehler zeigen und stellte mich absichtlich Leika gegenüber auf, um zu demonstrieren, wie ein widersetzliches Pferd sich der Arbeit zu entziehen versucht. Als ich mich im Bogen um Leika bewegte, um wieder in die Leithengstposition zu kommen, verhakte sich die äußere Leine jedoch hinterm Sattel.

Doppellongenarbeit vor dem Reiten

Leider wissen erst viel zu wenige Pferdebesitzer, dass viele Schwierigkeiten beim Reiten sich durch behutsame Doppellongenarbeit beinah „in Luft auflösen"! Würden mehr Menschen sich diesem Training zuwenden, könnten sie auch mehr Sicherheit für sich und ihre Pferde schaffen. 15 Minuten einfaches Üben an der Doppellonge, bevor Sie aufsitzen, reichen normalerweise aus, um Ihr Pferd wunderbar zu lockern und es harmonisch auf Sie einzustimmen. Wenn Ihr Pferd jetzt schon das Seitwärtstreten beherrscht, bauen Sie diese Übung unbedingt ein, denn sie dehnt und stretcht den Pferdekörper auf sanfte Weise. Ihr Pferd fühlt sich danach körperlich und psychisch gut. Ein solches Wohlgefühl beugt beispielsweise Bocken und Steigen vor, mit dem viele Pferde eigentlich nur Verspannungen oder ihre Angst oder ihren Widerwillen vor bestimmten Bewegungen oder Aufgaben demonstrieren. Da Sie die Doppellongenarbeit mit Sattel ausführen können, brauchen Sie lediglich die Bügel vor der Doppellongenarbeit noch zusammenzuschnallen und nach den Übungen wieder zu lösen.

Fahren vom Boden

Jetzt kommt eine für Sie reizvolle und für Ihr Pferd ausgesprochen angenehme Aufgabe auf Sie zu: Das „Fahren vom Boden". Dieser „Baustein" der Courtesy Methode eignet sich wunderbar dazu, das Einvernehmen zwischen Ihnen und Ihrem Pferd weiter zu vertiefen. Es fördert seine und Ihre Flexibilität, sich auf neue Situationen einzustellen. Sie können alle Hufschlagfiguren absolvieren und die meisten Lektionen, die Sie später im Sattel ausführen, gefahrlos und pferdegerecht vorbereiten. Sie tun nichts anderes, als Ihre Arbeit an der Doppellonge fortzuführen, nur gehen Sie dabei hinter Ihrem Pferd. Manche Ausbilder in der Doppellongen-Arbeit nennen es auch „Arbeit am langen Zügel". Der Einfachheit halber bleiben wir in der Courtesy Methode aber beim Ausdruck „Fahren vom Boden", um Verwechslungen mit der „Arbeit am langen Zügel" in der Barocken Reitkunst auszuschließen.

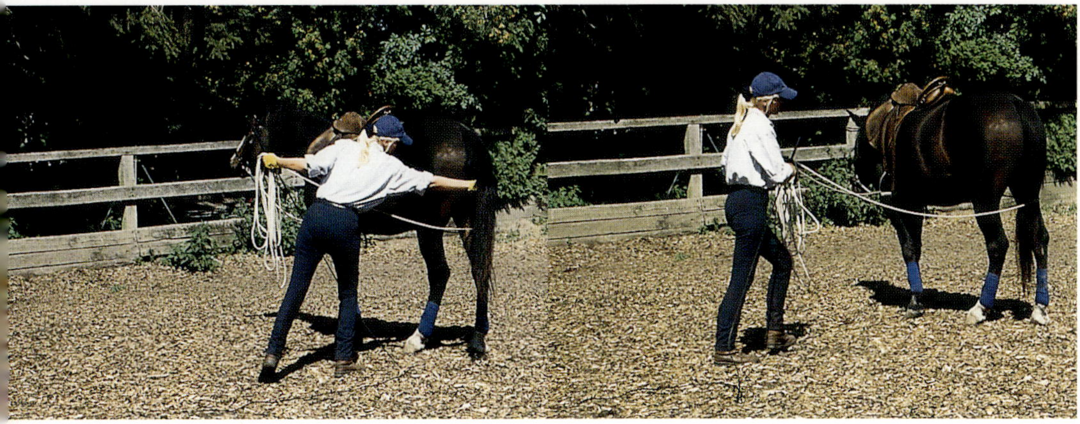

Nun musste ich ein echtes Missgeschick korrekt beheben: Leinen aufnehmen und langsam aufs Pferd zugehen, die Leine lösen und wieder um die Hinterhand legen, um dann rückwärts in die Ausgangsposition zurück zu kehren und ruhig weiter zu arbeiten.

Übungsplätze

Fahren können Sie eigentlich überall, sobald Sie und Ihr Pferd die Grundzüge der Arbeit beherrschen und ein Helfer sich bereit erklärt, Sie aus Sicherheitsgründen zu begleiten, wenn Sie die Reitanlage verlassen. Für die ersten Übungen – die sich an die normale Doppellongenarbeit anschließen – bleiben Sie aber bitte im eingefriedeten Longierzirkel oder in der mittig abgeteilten Reitbahn. Sobald Ihr Pferd sich daran gewöhnt hat, dass Sie hinter ihm gehen, und es Ihre Hilfen gehorsam annimmt, dürfen Sie auf dem Reitplatz arbeiten. Später „fahren" Sie durch die ganze Reitanlage, üben im Geschicklichkeitsparcours oder gehen sogar mit Ihrem Pferd ins Gelände!

Sicherheitsmaßnahmen

Auch wenn Sie als fleißiger Anhänger der Courtesy Methode nun der Ansicht sind, Ihr Pferd „schlage niemals aus", muss ich Ihnen diese Illusion leider rauben.

Vorschläge für die Longenarbeit in der Reitbahn

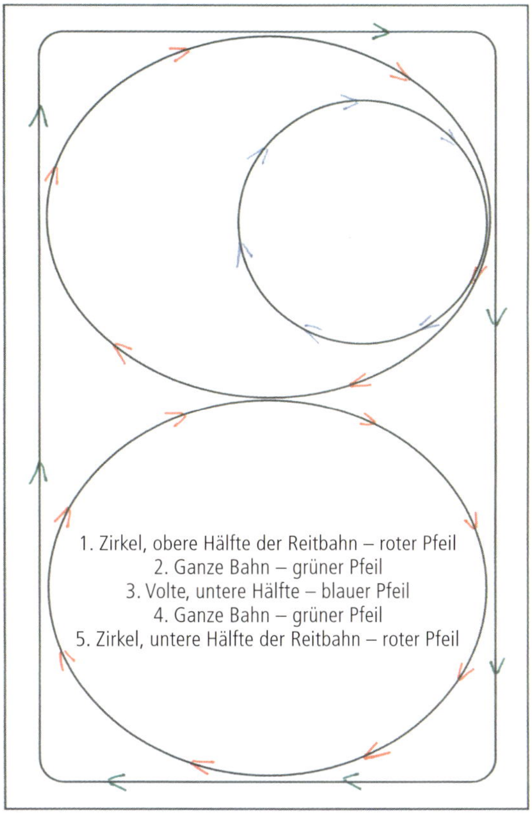

Die Dehnungshaltung zeigt deutlich, dass Fado sich beim Fahren wohl fühlt und entspannt.

Jedes Pferd – auch Ihr lieber und braver Freizeitkamerad – wehrt sich, wenn es sich eingeengt oder bedroht fühlt, nicht nur, wenn es wirklich angegriffen wird. Dieser Wehrtrieb gehört zu seinen Überlebensmechanismen und ist kein Zeichen von Bösartigkeit. Achten und respektieren Sie ihn und gehen Sie daher in einem Sicherheitsabstand von ungefähr zwei Meter hinter Ihrem Pferd. Halten Sie diesen Abstand unbedingt ein und „schielen" Sie bitte nicht mit einem Auge auf den Barockreiter, der „am langen Zügel" direkt hinter seinem Pferd beziehungsweise seitlich neben ihm in Höhe der Kruppe geht. Er arbeitet in den meisten Fällen bereits Jahre oder ein Jahrzehnt lang mit seinem Pferd und nimmt das Risiko, im Gefahrenbereich der Hinterhand zu gehen, bewusst hin. Tun Sie dies bitte nicht, denn sollte sich Ihr Pferd wirklich einmal bedroht fühlen, könnten Sie in dieser Position leicht von den Hinterhufen getroffen werden.

Unterstützung durch Helfer

Verzichten Sie bitte auch niemals auf einen Helfer, wenn Sie zum ersten Mal den eingefriedeten Longierzirkel verlassen und mit Ihrem Pferd in einer größeren Reitbahn, auf einer Ovalbahn oder im freien Gelände arbeiten möchten. Er führt bei solchen Gelegenheiten Ihr Pferd an einer weiteren, einfachen Longe. Zu zweit können Sie Ihr Pferd relativ sicher halten und kontrollieren, sollte es sich doch einmal erschrecken und losstürmen.

So halten Sie die Peitsche beim Fahren – mit um den Peitschenstab gewickeltem Schlag.

Ausrüstung des Pferdes

Sie rüsten Ihr Pferd wie für die Doppellongenarbeit aus. Für die Übungen im Longierzirkel und für gymnastizierende Übungen in der Reitbahn wählen Sie die einfache Verschnallung oder gelegentlich auch die Verschnallung nach Art des Schlaufzügels, für Übungen in anderem

Gelände bitte nur die einfache Verschnallung. Vergessen Sie nicht die Bandagen oder Gamaschen als Gliedmaßenschutz!

Nach einiger Übung lassen sich in der Reitbahn unterschiedliche Hufschlagfiguren an der Doppellonge entwickeln (Ja, Sie haben es entdeckt: Hans-Jürgen hat seine Handschuhe vergessen!).

Ihre eigene Ausrüstung

Auch Sie selbst kleiden sich, wie von allen bisherigen Übungen der Courtesy Methode gewohnt. Vor allem das robuste Schuhwerk mit einer griffigen Sohle und die Handschuhe sind wichtig!

Unterschiede in der Hilfengebung

Beim Fahren vom Boden bewegen Sie sich hinter Ihrem Pferd – und damit nicht länger in seinem Blickfeld. Es hört Ihre Stimme, fühlt den Zug der Leinen am Gebiss und die Berührung der Leinen an seinen Flanken, aber Sie sehen und aus Ihrer Körpersprache „lesen" kann es nun nicht mehr.

So ist es richtig: beim Fahren halten Sie einen angemessenen Sicherheitsabstand ein – aber nächstes Mal die Handschuhe nicht daheim liegen lassen!

Peitschenhilfe

Daher wird nun auch die Peitsche etwas anders eingesetzt. Bei der Arbeit an der Doppellonge, bei der Sie in der Mitte des Zirkels stehen, sieht Ihr Pferd die Longierpeitsche mit dem langen Schlag, und sei es nur aus den Augenwinkeln heraus. Es erkennt das Heben und Senken der Peitsche und schließt daraus – in Verbindung mit Ihrer Körpersprache und Ihren Stimmhilfen –, was Sie von ihm wünschen. Gehen Sie nun aber vollständig hinter Ihrem Pferd, kann es die Longierpeitsche nicht mehr sehen. Gehorcht es nun zum Beispiel Ihrem Stimmkommando zum Antreten nicht oder trödelt es herum, „touchieren" (berühren) Sie es mit der Peitsche.

So setzen Sie die Peitsche beim Fahren ein:

- Wickeln Sie den Peitschenschlag um den Stab.
- Nehmen Sie die Peitsche so in die Hand, dass Sie zugleich Peitschengriff und das Ende des Peitschenschlages in der Hand halten.
- Berühren Sie, wenn erforderlich, Ihr Pferd mit dem dünnen Ende der Peitsche.

Erste Fahrübungen

Den ersten Übungsschritt bauen Sie ganz einfach in Ihre normale Doppellongenarbeit (mit einfacher Verschnallung) im eingefriedeten Longierzirkel oder in der mittig abgetrennten Reitbahn ein:

- Arbeiten Sie Ihr Pferd wie üblich auf dem Longierzirkel.
- Gegen Ende Ihrer heutigen Übung lassen Sie Ihr Pferd auf der Zirkellinie Schritt gehen.
- Während Sie nach und nach die Leinen behutsam verkürzen und in großen Schlaufen aufnehmen, laufen Sie auf einer inneren Kreislinie mit dem Pferd mit.
- Lassen Sie sich allmählich weiter zurück fallen, bis Sie seitlich neben und schließlich ganz hinter Ihrem Pferd in einem Sicherheitsabstand von etwa zwei Meter gehen. In den meisten Fällen wird Ihr Pferd gar keine Reaktion zeigen, wenn Sie aus seinem Gesichtsfeld geraten, sondern ruhig weiter arbeiten.
- Fahren Sie es so eine Runde und gehen Sie dann allmählich, indem Sie Leinen zugeben, wieder zur Mitte des Longierzirkels zurück.
- Machen Sie noch eine kleine beliebige Übung aus der Palette der Doppellongen-Übungen und beenden Sie die Trainingseinheit, indem Sie Ihr Pferd loben und still stehen lassen.

Auch wenn die ersten Fahrübungen noch so einfach sind, so bemühen Sie sich doch um akkurate Ausführung.

Und falls mein Pferd doch unruhig wird?

Bleiben Sie völlig gelassen, denn im eingefriedeten Longierring kann weder Ihnen noch Ihrem Pferd etwas passieren. Begeben Sie sich mit ruhigen Schritten wieder in das Gesichtsfeld Ihres Pferdes und führen Sie die Arbeit fort. In den nächsten Tagen schrauben Sie Ihre Ansprüche zurück und gehen nur seitlich hinter Ihrem Pferd, so dass es Sie aus den Augenwinkeln noch sehen kann. Treten Sie dabei nach und nach für einen oder zwei Schritte aus seinem Blickfeld, kommen aber sofort wieder zurück. Nach wenigen Übungseinheiten wird es sich ohne Anzeichen von Unruhe an diese Art der Arbeit gewöhnt haben.

Anhalten und Stillstehen

Dass die Courtesy Methode größten Wert auf das gehorsame Anhalten und Stillstehen legt, wissen Sie aus allen bisherigen Trainingsbestandteilen. Es ist der wichtigste Sicherheitsfaktor überhaupt und sollte daher in jedem Umfeld – auch später im Geschicklichkeitsparcours oder im Gelände – immer wieder geübt werden. Mit einem Pferd, das auf Ihre Anweisung hin in jeder Situation anhält und still steht, sind Sie einem deutlich geringeren Unfallrisiko ausgesetzt als Ihre Reiterkollegen, die glauben, ihr Pferd vom Sattel aus „schon irgendwie kontrollieren" zu können. Daher sind Anhalten und Stillstehen bereits Ihre zweite Übung beim Fahren vom Boden, sobald Sie Ihr Pferd auf der Kreislinie des Zirkels mehrere Runden ohne Schwierigkeiten fahren können:

- Fahren Sie Ihr Pferd auf dem Hufschlag des Zirkels.
- Machen Sie sich bewusst, dass Sie – da Sie hinter Ihrem Pferd gehen – die Longierpeitsche nicht mehr optisch verwahrend einsetzen können!
- Nehmen Sie daher nun – wie ein Reiter – beide Zügel an und geben Sie das Stimmkommando zum Anhalten, das Ihr Pferd bereits bestens kennt („Steh", „Halt" oder „Whoa").
- Konzentrieren Sie sich auf Ihr Pferd und geben Sie sofort mit den Leinen nach, sobald Ihr Pferd stehenbleibt. Tun Sie dies nicht, „macht es sich im Hals fest" – verkrampft also die Muskulatur – oder tritt unaufgefordert rückwärts.
- Lassen Sie Ihr Pferd bei durchhängenden Leinen stillstehen.
- Geben Sie Ihr gewohntes Kommando zum Antreten (Schnalzen) und lassen Ihr Pferd wieder antreten.

Mein Pferd tritt nach dem Stillstehen nicht an, sondern schaut sich nach mir um – was mache ich falsch?

Diese Reaktion zeigt, dass es zwar aufmerksam ist (dass es Ihr Schnalzen bemerkt hat, zeigt sein Umschauen), doch bislang bei der Doppellongen-Arbeit noch sehr auf die Longierpeitsche geschaut hat. Beim Fahren sieht es diese optische Hilfe nicht. Schnalzen Sie noch einmal (nicht häufiger) und touchieren (berühren) Sie zugleich seine Kruppe mit dem Ende der Peitsche. Würde sich Ihr Pferd nicht umschauen, wäre dies möglicherweise ein Zeichen von Unaufmerksamkeit und Unsensibilität. Lassen Sie sich in einem solchen Fall nicht dazu verführen, mehrmals mild auf seinen Po zu klapsen. Gerade bei einem eher unsensiblen Pferd schnalzen Sie bitte nur zweimal leise. Reagiert es auf diese feinen Hilfen nicht, begleiten Sie Ihre dritte Aufforderung von einer spürbaren Peitschenhilfe. Sie wenden damit keine Gewalt an, sondern wecken Ihr unaufmerksames Pferd auf. Es lernt dabei, dass es künftig während der Übungen seine Aufmerksamkeit auf Sie richten soll. So können Sie sofort wieder mit feinen sanften Hilfen weiterarbeiten. Ständiges sachtes Herumklapsen würde Ihr Pferd nur abstumpfen!

In den nächsten Wochen...

... dehnen Sie die Stillsteh-Übungen allmählich aus. Sie gelingen am besten, wenn auch Sie selbst sie innerlich als Belohnung für Ihr Pferd und sich selbst betrachten. Nutzen auch Sie diese Minuten ganz gelassen zu Ihrer Entspannung und schieben Sie den Gedanken an eine „Gehorsamsübung" vollständig beiseite.

Traben

Nun probieren Sie erstmals den Trab. Auf der Kreislinie lässt sich das Tempo meist gut kontrollieren; streben Sie daher ein ruhiges Jog-Tempo an.

- Lassen Sie Ihr Pferd Schritt gehen.
- Fordern Sie es durch Stimmkommando (Schnalzen, „Teerab!") zum Trab auf.
- Tippen Sie – falls erforderlich – Ihr Pferd mit der Spitze des Longierpeitschenstabes an.
- Fahren Sie Ihr Pferd im ruhigen Trab auf dem Zirkelhufschlag. Vermeiden Sie, hinterher zu „trippeln", sondern schreiten Sie energisch aus. Halten Sie Ihr Pferd im Jog-Tempo. Bei dieser Geschwindigkeit können Sie ohne Schwierigkeiten mitlaufen. Bei einem höheren Tempo besteht die Gefahr, dass Sie nicht mithalten können und Ihrem Pferd ständig „bremsend" in die Leinen fallen. Bitte vermeiden Sie dies unter allen Umständen, wenn Sie die Feinfühligkeit des Pferdemauls erhalten möchten!

Volten, Zirkelwechsel und Einsatz von Hilfsmitteln

Hat sich Ihr Pferd erst einmal mit der anfangs ungewohnten Hilfengebung vertraut gemacht, steht der großen Palette abwechslungsreicher Übungen nichts mehr im Weg! Nutzen Sie jetzt auch Ihre Hilfsmittel für das Training: Kunststoffkanister (sie werden standfester, wenn Sie sie mit Kies, Sand oder Wasser füllen), Kunststoffcontainer oder Stangen, die Sie aufstellen oder auslegen. Hier ein paar Anregungen:

- Wechseln Sie beim Fahren durch den Zirkel und üben erste größere Volten.
- Gelingen diese Übungen, stellen Sie im Longierkreis vier Kanister oder Boxen im Karrée auf, um die Sie Volten und Achten fahren.
- Bauen Sie aus Ihren Hindernissen eine Gasse, durch die Sie eine einfache Schlangenlinie fahren.
- Halten Sie Ihr Pferd genau im Mittelpunkt der Gasse an, lassen es still stehen und dann wieder antreten. Später benutzen Sie die Gasse auch, um Ihr Pferd rückwärts zu richten.
- Legen Sie Stangen quer über den Hufschlag und fahren Sie Ihr Pferd auch hierüber.

Man kann eine Übung „schludrig" oder präzise ausführen. Nehmen Sie sich vor, Volten oder Achten wirklich kreisrund zu fahren und genau an einem bestimmten Punkt, den Sie vorher anpeilen, anzuhalten. So erziehen Sie sich selbst zu exakter Hilfengebung!

Mein Pferd reagiert nicht auf die Hilfen zum Rückwärtsrichten

Bitte kommen Sie nicht in Versuchung, an den Leinen zu zerren. Ihr Pferd würde sich nur „im Hals fest" machen. Bitten Sie Ihren Helfer, die Leinen zu übernehmen und sacht anzunehmen. Treten Sie vor Ihr Pferd und geben Sie ihm die von den Führübungen bekannte Hilfe zum Rückwärtsrichten, indem Sie mit der Gerte seine Brust antippen. Hat Ihr Pferd die Lektion verstanden, lässt sie sich auf vielfältige Weise in die Übungen mit den Kanistern einbauen.

Rückwärtsrichten

Klappt das Stillstehen und das Fahren durch Hindernisse, üben Sie das Rückwärtsrichten.

- Lassen Sie Ihr Pferd still stehen.
- Schnalzen Sie mit der Zunge, so als ob Sie es antreten lassen wollten.
- Nehmen Sie jedoch zugleich die Leinen an und signalisieren ihm dadurch, dass es nicht nach vorn treten soll. Geben Sie das Kommando „Zurück".

Da Leika Geschicklichkeitsaufgaben liebt, lässt sie sich gern in das Hindernis hinein fahren, anhalten und wieder rückwärts richten.

- Geht Ihr Pferd ein oder zwei Tritte rückwärts, geben Sie sofort mit den Leinen nach und lassen es eine Weile stillstehen.

Fahrübungen in der Rechteckbahn

Die Zeit ist nun reif, den Longierzirkel zu verlassen und die Übungen auf die Rechteckbahn auszudehnen. Während der ersten Übungsstunden bitten Sie Ihren Helfer um Unterstützung. Er gewährleistet, dass Ihr Pferd nicht von sich aus das Tempo verstärkt, in eine höhere Gangart wechselt oder gar durchgeht und Sie an der Doppellonge mitreißt.

- Schnallen Sie in das Reithalfter Ihres Pferdes eine einfache Longe ein. Das Ende legt Ihr Helfer in großen Schlingen über seine Hand.
- Lassen Sie Ihr Pferd antreten.
- Ihr Helfer geht – mit durchhängender Longe – seitlich neben Ihrem Pferd.
- Allmählich gibt er vermehrt Leine zu und lässt sich nach hinten an Ihre Seite zurückfallen.
- Führen Sie nun Übungen aus, die Ihrem Pferd vom Longierzirkel her vertraut sind.
- Lassen Sie es am Ende der Übungseinheit wie gewohnt zur Belohnung still stehen.

„Normale" Doppellongenarbeit und Fahren

Jetzt zählen Sie und Ihr Pferd schon zu den „Fortgeschrittenen". Dennoch können sie Ihre Zusammenarbeit noch weiter harmonisieren, zum Beispiel indem Sie fließende Übergänge einbauen zwischen

- normaler Doppellongenarbeit (bei der Sie in der Mitte des Zirkels stehen),

Was Sie in den nächsten Wochen tun können

Genießen Sie „die Weite" des großen Rechtecks und die Möglichkeiten, alle Hufschlagfiguren zu fahren: Große Zirkel, aus dem und durch den Zirkel wechseln, Volten, Schlangenlinien und Kehrtwendungen, Seitwärtstreten lassen, Anhalten und Rückwärtsrichten. Bauen Sie Ihre Hindernisse auf und gestalten Sie Ihre Übungen abwechslungsreich und spielerisch, so dass Sie und Ihr Pferd höchst motiviert aus der Bahn gehen und sich auf die nächste Übungseinheit freuen!

- erweiterter Doppellongenarbeit (bei der Sie sich seitlich neben dem Pferd gehend auf der Mittellinie der Bahn bewegen, während Sie Ihr Pferd auf dem 1. Hufschlag arbeiten),
- Fahren vom Boden (Sie wechseln hinter Ihr Pferd).

Die Rechteckform der Reitbahn macht auch Tempoverstärkungen möglich. Lassen Sie Ihr Pferd an den langen Seiten oder beim Wechseln durch die ganze beziehungsweise durch die Länge der Bahn ruhig einmal „zulegen" – Sie selbst geraten dabei ja nicht außer Atem! Vergessen Sie auch Ihre kleinen Hilfsmittel nicht: Stellen Sie Kanister auf, um die herum Sie longieren oder fahren und lassen Sie Ihr Pferd über Stangen treten. Bitten Sie doch auch einmal Ihren Helfer, Ihnen – wie in einer Reitstunde oder Prüfung – bestimmte Aufgaben vorzugeben, die sorgfältig „nachgefahren" werden müssen. Natürlich können Sie sich auch selbst solche Prüfungslektionen ausdenken und dann konzentriert ausführen.

Auf der kleinen Seitenstraße, die zur Reitanlage führt, macht Fado seine ersten Fahrerfahrungen außerhalb des Reitbetrieb-Geländes.

Fahrübungen in unterschiedlicher Umgebung

Bald wird Ihr Pferd bei allen Fahrübungen auf dem Longierzirkel und in der Rechteckbahn zuverlässig mitarbeiten. Nun dürfen Sie gern das gesamte Gelände der Reitanlage in Ihre Übungen einbeziehen. Bitten Sie aus Sicherheitsgründen Ihren Helfer, Sie zu begleiten. Fahren Sie zwischen Paddocks und Ställen hindurch und über das Parkplatzgelände. Nutzen Sie Tölt- oder Galoppbahn, Springplatz, Geschicklichkeitsparcours und hofeigene Weiden, auf denen gerade keine Pferde grasen. So wird weder Ihnen noch Ihrem Pferd die Arbeit jemals langweilig! Trauen Sie sich zu diesem Zeitpunkt ruhig schon zu, Ihre Fahrübungen auch dann durchzuführen, wenn sich andere Reiter in Ihrer Nähe bewegen. Sprechen Sie sich jedoch vorher ab, damit sich niemand gestört fühlt oder wirklich in Gefahr gerät. Auf jeden Fall sollte Ihr Helfer Ihr Pferd an der zusätzlichen Longe führen. So lernt Ihr Pferd, auch mit Ablenkungen umzugehen. Es macht Sie sehr sicher zu wissen, dass sich Ihr Pferd auch dann nicht irritieren lässt, wenn neben, vor oder hinter ihm ein anderes Pferd in einer schnelleren Gangart gearbeitet wird oder in Gegenrichtung an ihm vorbeizieht. So bereiten Sie es hervorragend auf die Geländearbeit vor!

Fahren zu Mehreren

Viel Freude macht es, zu mehreren in der großen Rechteckbahn zu üben. Allerdings sollten alle „Fahrer" und Pferde ungefähr denselben Ausbildungsstand haben. So können Sie die Fahr-Übungen in Form einer Übungsquadrille gestalten: Lassen Sie die Pferde nebeneinander, hintereinander und in Gegenrichtung aneinander vorbei gehen. Ihr Bemühen, die Pferde fein aufeinander abzustimmen, trainiert auch hervorragend Ihre eigene Feinfühligkeit in der Hilfengebung!

Anti-Scheu-Training

Unser großes Ziel ist, dass sich das Pferd in unserem Beisein geborgen und beschützt fühlt, so wie Blesa bei Ulrika.

Wunsch nach Nervenstärke

Wie alle Freizeitpferdehalter wünschen Sie sich ein „nervenstarkes" Pferd, das gelassen alle Situationen meistert. Hinterfragen Sie diesen Wunsch, entdecken Sie Ihre eigene Angst, durch Ihr Pferd in Gefahr zu geraten. Sie könnten einen Unfall erleiden und schwere Verletzungen davontragen oder gar zu Tode kommen. Diese unterschwellige Angst schmälert Ihre Freude am Reiten, denn sie „sitzt" bei jeder Reitstunde, bei jedem Ausritt „mit im Sattel". Sie schwindet in dem Maße, in dem Sie Vertrauen in Ihr Pferd aufbauen: In seinen Gehorsam und seine Gelassenheit. Sein Gehorsam und seine Gelassenheit wiederum sind Ausdruck seines Vertrauens in Sie und in die „Menschenwelt". Wie alle Bausteine der Courtesy Methode hat daher auch das Anti-Scheu-Training den berühmten „Ping-Pong-Effekt": Durch die richtigen Übungen vermindern Sie nicht nur die Schreckhaftigkeit Ihres Pferdes, sondern werden selbst auch ruhiger.

Flucht- und Kampfverhalten

Ihr Pferd ist ein Fluchttier. Es hat sensible Wahrnehmungsorgane und reagiert auf alles, was Gefahr bedeuten könnte, mit Flucht – oder (wenn es zwischen Gebiss und Reiterschenkeln „eingesperrt" ist oder von einem Strick festgehalten wird) zumindest mit einem Fluchtversuch. Sein Fluchtverhalten äußert sich in erschrecktem Zusammenzucken, Scheusprüngen und Durchgehen. Manchmal kann es jedoch nicht fliehen. Das Hindernis löst sich nicht in Luft aus, der schlecht passende Sattel verursacht weiter Schmerzen oder der Reiter fordert eine Lektion, die es nicht beherrscht und daher fürchtet. Ist es da nicht verständlich, dass das Pferd versucht zu kämpfen? Es tritt aus, beißt, bockt oder steigt.

Reizschwelle

Mit den Übungen der Courtesy Methode heben Sie die „Reizschwelle" Ihres Pferdes an. Als Reizschwelle bezeichnet man den „Punkt", über den ein Reiz hinausgehen muss, um in einem Lebewesen ein Gefühl der Erregung auszulösen. Erschrickt sich Ihr Pferd schon, sobald ein Vögelchen von einem Ast zum anderen hüpft, ist seine Reizschwelle sehr niedrig. Das Risiko, dass es bei irgendeinem Geschehnis im Gelände in Panik gerät, durchgeht und Sie in Lebensgefahr bringt, ist viel höher als bei seinem Artgenossen, der ungerührt am ratternden Trecker vorüber trabt. Je höher Sie die Reizschwelle also anheben können, desto sicherer sind Sie und Ihr Pferd vor Unfällen geschützt!

Desensibilität – Sensibilität

Bei den Führübungen, bei der Arbeit mit Longe und Doppellonge und beim Fahren vom Boden haben Sie die Aufmerksamkeit, den Gehorsam, das feinfühlige Gespür und die schnelle Reaktion Ihres Pferdes trainiert. Mit anderen Worten: Sie haben es „sensibilisiert". Beim Gentle Training im Alltag wiederum haben Sie ihm seine Angst vor Berührungen aller Art genommen und sein Vertrauen in die Handgriffe gestärkt, die Sie oder andere Menschen an ihm vornehmen. Damit haben Sie es in positiver Weise „desensibilisiert". Auch das Anti-Scheu-Training dient der Desensibilisierung. Auf gewaltfreie Weise zeigen Sie ihm, dass Gegenstände oder Situationen, die dem „Fluchttier Pferd" instinktiv Angst einflößen, in Wahrheit keinerlei Gefahr bedeuten. Solange Sie in seiner Nähe sind, kann es darauf vertrauen, dass ihm nichts Schlimmes geschieht oder aber, dass alles wieder gut werden wird.

Aktionsraum und Schreckauslöser

Beim Touching haben Sie bereits mit Ihrem Pferd am Sattel- oder Putzplatz „gearbeitet" und es sogar mit einer Plastiktüte abgerieben. Dabei hat es so gut wie kein Erstaunen gezeigt. Sicher haben Sie auch schon bemerkt, dass viele Pferde sich am vertrauten Putzplatz weder an knisternden Regenponchos noch an den Müllsäcken stören, mit denen der Pfleger herumgeht, um Abfälle einzusammeln. Dieselbe Plastiktüte, der selbe Poncho oder Müllsack kann in der Reitbahn durchaus eine Schreckreaktion hervorrufen! Das rührt daher, dass das Pferd anders denkt als wir Menschen. Es stellt keine „Gedankenbrücke" her zwischen dem Plastiksack am Putzplatz und der Plastikplane im Geschicklichkeitsparcours. Daher gibt es viele Pferde, die in ihrer gewohnten Reitanlage „cool" ihre Runden drehen, aber im fremden Gelände hinter jedem Baum ein Schreckgespenst vermuten.

So gehen Sie später pferdegerecht vor:

Um Ihr Pferd wirklich auf viele unterschiedliche Gegebenheiten vorzubereiten, müssen Sie

- ihm mögliche Schreckauslöser in vertrauten Aktionsräumen zeigen und
- es dann mit bekannten Schreckauslösern (die keine Angst mehr hervorrufen) in fremden Aktionsräumen konfrontieren und
- ihm schließlich auch unbekannte Schreckauslöser in fremden Aktionsräumen so zeigen, dass sein Verstand die Gefahrlosigkeit begreift.

Übungsplätze

Sie üben daher anfangs ausschließlich an Plätzen, die Ihr Pferd gut kennt, und auf eine Weise, die nur seine Neugier weckt und keinesfalls sein Fluchtverhalten auslöst. Das sind alle eingefriedeten Reitplätze, auf denen Sie regelmäßig arbeiten. Erst wenn es bei diesen Übungen gelassen bleibt, gehen Sie mit Ihrem Pferd in Teile der Reitanlage, die es weniger häufig besucht oder in das umliegende Gelände. Hier zeigen Sie ihm nach und nach Dinge, die es aus den Anti-Scheu-Übungen an vertrauten Plätzen her kennt und akzeptiert. Erst wenn es bei diesen Übungen keine Angst mehr zeigt, gehen sie ins Gelände und gewöhnen es in ganz kleinen Lernschritten an mögliche Scheuauslöser.

Sicherheitsmaßnahmen

An und auf den bekannten Plätzen, an denen Sie arbeiten, entfernen Sie rigoros alle Gegenstände, die in irgendeiner Weise eine Gefahr für Ihr Pferd, Sie und andere Menschen und Tiere bedeuten könnten. Fragen Sie sich zur Sicherheit: Was passiert, wenn mein Pferd zur Seite springt, den Kopf hoch wirft, den Strick zerreißt, ausrutscht, austritt? Birgt ein Faktor auch nur ein geringes Risiko, arbeiten Sie nicht auf oder an diesem Platz. Stellen Sie sicher, dass Ihr Pferd aus einem eingezäunten Platz nicht ausbrechen kann. Gehen Sie später auch ins Gelände, bitten Sie einen Helfer mitzukommen, der Ihr Pferd an einer zusätzlichen Longe hält.

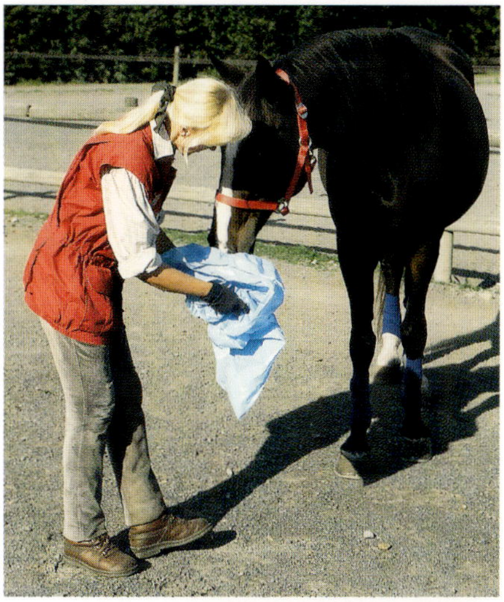

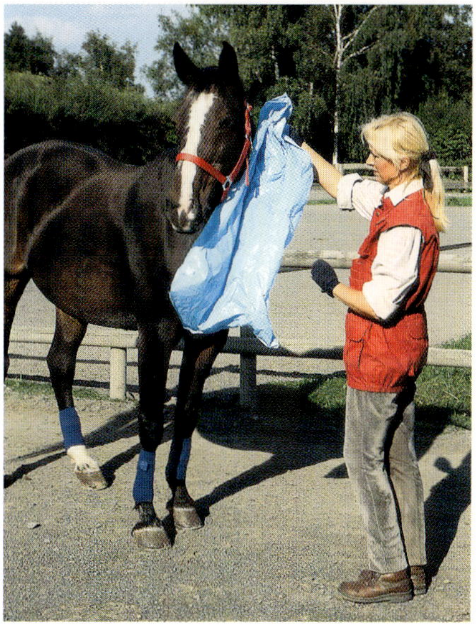

Leika darf die Plastiktüte ausgiebig beschnuppern, bevor ich sie mit dem „neuen Ding" nach und nach an allen Körperteilen berühre.

Fluchtdistanz

Respektieren Sie immer die Fluchtdistanz, wenn Sie mit neuen Schreckauslösern mit Ihrem freilaufenden Pferd arbeiten. Dieser Bereich ist mindestens doppelt so groß wie die Individualzone Ihres Pferdes. Die Fluchtdistanz ist von Pferd zu Pferd verschieden und hängt vom Selbstbewusstsein des Pferdes ab. Es ist der Kreis, an dessen Rand es sich flüchtet, um eine vermeintliche Gefahr zu betrachten, ehe es sich für die Flucht entscheidet. Unterschreiten Sie die Fluchtdistanz nur, wenn Ihr Pferd gelassen mit hängendem Kopf stehen bleibt und Ihnen Körper und Gesicht zuwendet oder Ihnen einen Schritt entgegen kommt. Damit lädt es Sie ein, näher zu kommen.

Ausrüstung des Pferdes

Für das Training brauchen Sie – solange Sie es freilaufend arbeiten – nur ein gut sitzendes Stallhalfter, später bei Führübungen auch einen stabilen langen Führstrick. Der Haken darf nicht ausgeleiert sein. Schützen Sie Ihr Pferd zusätzlich mit dicken Bandagen oder Gamaschen.

Ihre eigene Ausrüstung

Sie selbst schützen sich durch robuste Kleidung und feste, hohe und rutschfeste Schuhe. Besonders wirksamen Schutz vor Tritten bieten Arbeitsschuhe mit eingearbeiteten Stahlkappen. Sie sind preisgünstig in Geschäften für Bau- und Handwerksbedarf erhältlich. Zusätzliche Sicherheit für Ihren gesamten Oberkörper erreichen Sie mit einer Schutzweste. Falls Sie für Ihr Reittraining gelegentlich einen solchen „Body Protector" benutzen, ziehen Sie ihn ruhig an!

Neugier und Vertrauen

Die nachhaltigste Wirkung hat ein Ani-Scheu-Training, wenn Sie die Neugier Ihres Pferdes nutzen und auf seinem bereits vorhandenen Vertrauen in Sie aufbauen. In der Herde lernt das Pferd, indem es die Leittiere beobachtet und nachahmt. Alles was neu oder anders ist, erweckt das Interesse. Man nähert sich vorsichtig und wandert um „das Ding" herum. Es wird beschnuppert, berochen, beleckt, mit den Nüstern und Hufen angestupst, bis die Neugier befriedigt ist und „das Ding" als ungefährlich eingestuft werden kann. Bleibt die Leitstute in einer besonderen Situation gelassen, findet auch das junge Pferd schnell zu seiner Gelassenheit zurück. Ihre entspannte Haltung ist das Vorbild, an dem es sich orientiert. Ihrer Entscheidung vertraut es vollkommen. In der Welt Ihres Freizeitpferdes nehmen Sie die Leitpferdrolle ein. Womit Sie sich beschäftigen, erweckt seine Neugier und das Interesse, es selbst zu untersuchen. Dinge, mit denen Sie in seiner Sichtweite ungezwungen hantieren, können nicht gefährlich sein. Signalisieren Ihre Haltung und Ihre Stimme, dass alles in Ordnung ist, verlässt sich das Pferd auf Ihr Urteil. Auch wenn Sie meinen, Ihren Körper und Ihre Stimme unter Kontrolle zu haben, bemerkt Ihr Pferd sehr wohl, wenn Sie innerlich doch unsicher sind. Entdecken Sie Angst- oder Unsicherheitsgefühle bei sich selbst, machen Sie umgehend eine „Als-ob"-Übung, indem Sie in Ihrer Vorstellung in den Körper eines souveränen Pferdeausbilders „mit Jahrzehnte langer Erfahrung" schlüpfen. Nehmen Sie für Ihre Gedankenspiele ruhig einen Ausbilder, den Sie kennen und den Sie bewundern! Wie würde er in diesem Fall handeln? Wie sich bewegen, was würde er sagen? Sehen Sie sich buchstäblich in seiner Haut! Diese Übung ist viel wirksamer als ein Versuch, sich mit psychischer Gewalt zu einem anderen Verhalten zu zwingen!

Übungsmittel

Bei der Wahl der Übungsmittel sind Ihrer Fantasie nur insofern Grenzen gesetzt, als die Gegenstände, die Sie benutzen, weder Ihr Pferd noch Sie ernsthaft in Gefahr bringen dürfen. Erinnern Sie sich noch einmal an Ihre W-Fragen und überlegen, was passieren könnte, wenn Ihr Pferd damit dieses oder jenes tun würde. Hier eine Auswahl beliebter Übungsmittel: Plastiktüten und -müllsäcke, Decken aller Art, Felle, Kleidungsstücke, Regenmäntel und -ponchos, Plastik-Tischdecken, Hula Hoop-Reifen, Bälle, Luftballons, Regenschirme, Klappersäcke (mit leeren Konservendosen – ohne Deckel – gefüllte Kartoffelsäcke).

Übung Nr. 1 – „Neue Dinge kennenlernen":

Während Sie sich bei den vorherigen Trainingsbausteinen an sehr klare Schritt-für-Schritt-Anweisungen halten konnten, sind die Anleitungen beim Anti-Scheu-Training eher Orientierungshilfen. Gerade in bezug auf die Scheuneigung bestehen große Unterschiede von Pferd zu Pferd. Ihre ersten Übungen dienen dazu, festzustellen, wie neugierig Ihr Pferd und wie ausgeprägt sein Fluchtverhalten ist. Wählen Sie als ersten Übungsgegenstand etwas, von dem Sie annehmen, dass es Ihr Pferd kaum erschrecken wird, zum Beispiel eine größere Decke oder ein altes voluminöses Kleidungsstück. Legen Sie es in greifbare Nähe.

- Bringen Sie Ihr Pferd auf den eingefriedeten Platz Ihrer Wahl und machen einige Übungen aus dem Trainingsbaustein „Arbeit mit dem freilaufenden Pferd". Lassen Sie es im Anschluss daran eine Weile still stehen und beenden dann die Übung. Erlauben Sie Ihrem Pferd, sich frei auf dem eingefriedeten Platz zu bewegen.

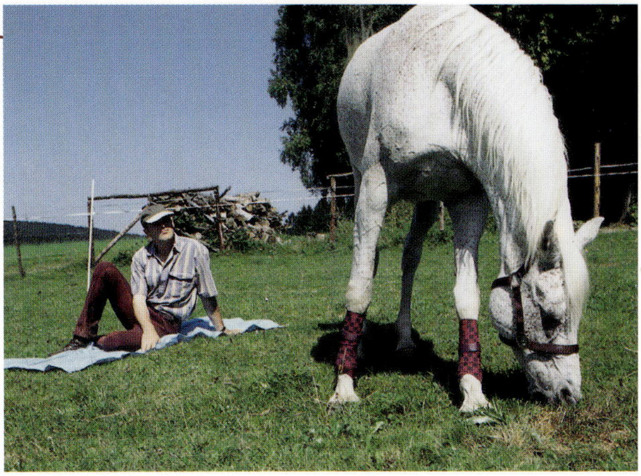

Nachdem Hans-Jürgen mit dem Plastiksack „hantiert" hat und sich nun einfach zum Ausruhen draufsetzt, steht für Semiramis längst fest: Das Ding ist ungefährlich.

- Holen Sie Ihr Übungsmittel – Decke oder Kleidungsstück – auf den Platz und beschäftigen sich damit, ohne Ihr Pferd zu beachten. Ziehen Sie es ein kurzes Stück über den Boden, schwenken es hin und her und klopfen es aus.
- Möglicherweise zeigt Ihr Pferd überhaupt kein Interesse, sondern schnappt nach Grashalmen am Rande des Reitplatzes.
- Gehen Sie mit dem Übungsmittel allmählich näher an Ihr Pferd und hantieren Sie weiter damit, ohne Ihr Pferd anzusehen.
- Bringen Sie die Geduld auf und warten Sie, bis Ihr Pferd von sich aus heran kommt.
- Bleibt es nach wie vor vollkommen gleichgültig, gehen Sie so nahe heran, bis es irgendeine Reaktion zeigt – aufschaut, mit den Ohren zuckt, sich bewegt. Kommt es auf Sie zu und wendet sich entweder Ihnen oder direkt dem Übungsmittel zu, lassen Sie es daran schnuppern, es mit den Lippen betasten und bewegen es sanft hin und her, ohne Ihr Pferd damit von sich aus zu berühren.
- Wendet es sich ab, gehen Sie nicht hinter ihm her. Hantieren Sie noch ein Weilchen mit dem Übungsmittel – Ihr Pferd wird Sie auf jeden Fall beobachten, und sei es aus den Augenwinkeln heraus. Dies entspricht seiner Natur als Fluchttier.
- Bringen Sie das Übungsmittel wieder fort, laden Ihr Pferd ein, zu Ihnen zu kommen. Lassen Sie es eine Weile still stehen und beenden die Übungseinheit.

Bringen Sie nach und nach zusätzlich zu dem ersten Übungsmittel weitere Gegenstände oder Hilfsmittel auf den Reitplatz, mit denen Sie in jeglicher Form hantieren. Es dürfen nun ruhig auch Bälle, Plastiktüten oder ein Regenschirm sein, den Sie auf und zu klappen – also auch Dinge, die eher Schreck auslösen könnten als eine Decke oder ein Mantel. Beobachten Sie Ihr Pferd aus den Augenwinkeln, aber schauen es nicht direkt an, wenn Sie mit „gefährlicheren" Dingen – wie dem Regenschirm oder einer knisternden Plastikplane – arbeiten. Bleiben Sie in Ihrer Körpersprache entspannt, bücken sich häufig, halten Sie den Kopf gesenkt, gehen Sie langsam umher – kurz: Signalisieren Sie deutlich „alles völlig ok". Suchen Sie nur die Nähe Ihres Pferdes, wenn es sich gleichgültig verhält. Unterschreiten Sie nie die Fluchtdistanz, also die Entfernung, bei der Sie eine Reaktion beobachten.

Im allgemeinen zeigen alle Pferde nach einiger Zeit entweder Neugier oder sie bewegen sich von vorn herein inmitten der Übungsmittel mit natürlicher Selbstverständlichkeit.

Übung Nr. 2 – Mit neuen Dingen führen

Die nächsten Übungen dienen dazu, Ihrem Pferd die Harmlosigkeit der Dinge aus der „Menschenwelt" zu demonstrieren, während es sich zugleich in dem Bereich bewegt, in dem Sie als Leitpferd Kontrolle über sein Verhalten ausüben. Dies ist es von den Führ- und Longen-Übungen gewohnt. Halten Sie daher ein langes Führseil bereit. Ein Helfer könnte Ihnen die Übung erleichtern, ist aber nicht unbedingt vonnöten.

- Arbeiten Sie Ihr Pferd auf einem eingefriedeten Platz eine Zeit lang freilaufend oder machen Sie Führübungen am langen Führseil. Wählen Sie Übungen, die Ihr Pferd entspannen und beruhigen. Halten Sie Ihr Pferd an, klinken den Führstrick aus und lassen es still stehen.
- Bringen Sie das eine Übungsmittel, mit dem Sie heute arbeiten möchten und das Ihr Pferd aus der Entfernung bereits sehr gut kennt, auf den Platz. Legen Sie es in der Mitte des Platzes ab.
- Gehen Sie zu Ihrem Pferd, klinken das Führseil wieder ein und führen es in allmählich kleineren Kreisbögen um das Übungsmittel herum. Wenn es Zeichen von Anspannung zeigt, lassen Sie es still stehen.
- Lassen Sie so viel Seil nach, dass Sie zu dem Übungsmittel gehen und es aufheben können. Nehmen Sie das Führseil so auf, dass Sie bei Zug sofort nachgeben können.
- Gehen Sie mit dem Übungsmittel in der Hand so nahe an Ihr Pferd, wie es dies erlaubt.
- Machen Sie die „Folge mir"-Übung mit dem Übungsmittel in der Hand. Sie braucht nicht perfekt zu gelingen. Wichtig ist nur, dass Ihr Pferd Ihnen ohne Zug an der Leine nachfolgt.
- Ist es eher ängstlich, geben Sie Leine zu.
- Ist es zu neugierig, halten Sie es durch Schlenkern mit dem Seil im gewohnten respektvollen Abstand. So lernt es, dass auch „Besonderheiten" im Umfeld nichts Außergewöhnliches darstellen und dass diese keinerlei Einfluss auf Ihr gewohntes, liebenswürdig-höfliches Verhalten im Umgang miteinander haben.
- Führen Sie Ihr Pferd einige Runden auf diese Weise, halten es an, legen den Gegenstand wieder ab, führen es weiter und beenden dann die Übung mit einem Stillstehen als Dankeschön für die Mitarbeit.

Was sie in den nächsten Tagen tun können

Führen Sie die „Folge-mir"-Übung nach und nach mit immer ungewöhnlicheren Gegenständen durch. Zeigt Ihr Pferd in irgendeiner Form Angst, kehren Sie zu einem leichteren Gegenstand zurück und wiederholen Sie mit ihm die „Neue Dinge kennenlernen"-Übung, bis es sich dabei nicht mehr aufregt. Probieren Sie dann aus, ob es sich damit auch führen lässt. Verinnerlichen Sie immer, dass Ihnen bei diesen Übungen nichts passieren kann. Die Länge des Führseils erlaubt Ihrem Pferd, seine individuelle Fluchtdistanz einzuhalten, ohne seinen Gehorsam Ihnen – dem Leitpferd – gegenüber aufgeben zu müssen.

Was die Erfahrung lehrt

Alle Pferde lassen sich an fast alle Schreckauslöser gewöhnen, wenn man ihnen genügend Gelegenheit gibt, diese Dinge aus sicherer Entfernung zu betrachten und sich dann bei den darauf folgenden Übungen Zeit lässt. Und zwar wirklich viel Zeit. Meine alte Stute Sarina blieb über Jahre stets skeptisch gegenüber neuen Dingen und entwickelte sich doch im Laufe der Zeit, in der wir ein immer intensiveres Vertrauen aufbauten und einfach geduldig weiter übten, zu einem absolut zuverlässigen Pferd. Ihre Nachfolgerin Leika brauchte überhaupt kein richtiges „Training". Sie guckt sich vermeintlich „gefährliche" Dinge kurz aus der Ferne an und entscheidet dann aufgrund ihrer Intelligenz, dass „wenn Mama nicht ängstlich reagiert oder sogar mit diesen Sachen umgeht", sie nicht lebensbedrohlich sein können. Für Leika scheint es reine Energieverschwendung zu sein, dann überhaupt mit dem Ohr zu zucken! Sie setzt mit der PKW-Fähre über Flüsse und lässt an Bahnübergängen Intercity-Züge an sich vorüber rauschen. Dennoch reagiert sie ängstlich bei Traktoren und Landmaschinen mit laufenden Motoren, obwohl sie auf ihrer Reitanlage täglich damit konfrontiert wird und wir geduldig üben. Vielleicht erinnert sie sich an eine böse Erfahrung bei früheren Besitzern? Ein wichtiger Bestandteil des Gentle Training ist die Bitte an Sie als Pferdebesitzer, bei Ihrem Pferd auch „Grenzen" und kleine Eigenheiten zu akzeptieren und es dennoch zu lieben, so wie es nun einmal ist!

Mein Pferd zeigt keinerlei Angst mehr – kann ich in dieser Phase schon die „Lauf neben mir"-Übungen durchführen?

Schön, dass Ihr Pferd so viel Vertrauen in Sie hat! Ehe Sie die „Lauf neben mir"-Übung mit dem Übungsmittel durchführen, wiederholen Sie mit einem Helfer noch einmal ein paar Trockenübungen mit der Handhabung des Führseils. Sie müssen so routiniert sein, dass Sie – sollte Ihr Pferd doch plötzlich Erregung zeigen – sofort Seil nachgeben können, ohne selbst unsicher zu werden.

Was mache ich, wenn mein Pferd plötzlich doch „spinnt"?

Bleiben Sie gelassen (erinnern Sie sich an Ihre „Als-ob"-Übung!) und lassen Sie sofort Seil nach, damit Ihr Pferd die nötige Fluchtdistanz wieder herstellen kann. Setzen Sie Ihr Übungsmittel ab – nähern sich aber nicht Ihrem Pferd, sondern bitten es, still zu stehen. Dehnen Sie die Stillsteh-Übung ruhig ein paar Minuten aus. Nehmen Sie Leine auf und führen Sie die „Folge mir"-Übung durch, jedoch ohne den „Schreckauslöser", den Sie einfach ignorieren. Versuchen Sie nicht, Ihr Pferd jetzt wieder in seine Nähe zu bringen – setzen Sie dafür in den nächsten Tagen die „neue Dinge kennenlernen"-Übungen fort.

Übung Nr. 3 – "Mit neuen Dingen berühren"

Folgt Ihr Pferd Ihnen ohne Scheu und akzeptiert Ungewöhnliches in seiner Nähe, ist die Zeit gekommen, es mit Dingen, die sich hierfür eignen, zu berühren. Anders als beim „Auslappen", wie es gelegentlich in der Western Reitweise praktiziert wird, gehen Sie bei der Courtesy Methode ohne jeglichen Zwang vor. Sie „touchen" Ihr Pferd als Zeichen Ihrer Zuneigung und um eine noch engere Vertrautheit zu entwickeln. Sie sind die Mutterstute, die ihrem Fohlen nur Gutes will. Touching mit außergewöhnlichen Materialien ist gut für Ihr Pferd. Stellen Sie sich vor, eines Tages ist der Sattelgurt nicht stramm genug gezogen und rutscht an einer Körperseite herab. Oder bei einem Geländeritt verfängt sich ein Zweig im Sattel oder Ihren Packtaschen. Ist Ihr Pferd an außergewöhnliche Berührungen gewöhnt, ist die Chance, dass es nicht in Panik gerät, größer als bei einem unvorbereiteten Pferd. Ihr

Pferd ist jetzt soweit, dass Sie es mit dem Führseil halten können, wenn Sie die neue Touching-Übung auf dem eingefriedeten Platz durchführen.

- Legen Sie die neue Übung ans Ende einer normalen Übungseinheit, bei der Sie Ihr Pferd in jeder Art arbeiten können – an der einfachen oder Doppellonge, beim Fahren oder bei Führübungen. Nehmen Sie die Ausrüstung ab, ziehen ihm ein Halfter an und klinken einen langen Führstrick ein.
- Ihr Übungsmittel liegt bereit – am besten eignen sich faltbare und textilähnliche Materialien: Eine große Decke, ein Kleidungsstück, ein Plastikmüllsack, ein Regenponcho.
- Nehmen Sie das Übungsmittel in die Hand und machen, während Sie es tragen, die Führübungen „Folge mir"- und „Lauf neben mir"-Übung. Halten Sie Ihr Pferd an und lassen es stillstehen.
- Knüllen Sie das Textil- oder Plastikteil etwas zusammen und zeigen Sie es Ihrem Pferd. Lassen Sie ihm Zeit, es zu beriechen und mit den Nüstern zu betasten.
- Dabei führen Sie es allmählich zur Brust Ihres Pferdes und reiben Sie es kreisförmig damit ab.
- Lässt Ihr Pferd dies geschehen, reiben Sie die Vorderbeine hinunter und wieder hinauf, zur Brust zurück und seitlich am Hals zum Widerrist. Reiben Sie, ohne abzusetzen, die Körperseiten bis hinüber zur Kruppe und streichen Sie damit über die Sprunggelenke zu den Fesselköpfen hinunter.
- Wichtig: Hören Sie hier nicht auf, sondern streichen Sie wieder aufwärts zur Kruppe und über die Flanken nach vorn zum Hals und zur Brust – also an den Ausgangspunkt – zurück.
- Lassen Sie Ihr Pferd das Textil- oder Plastikstück noch einmal beriechen und streichen Sie dabei sanft über die Nüstern.
- Legen Sie das Übungsmittel zur Seite – lassen Sie Ihr Pferd noch ein Weilchen stillstehen und beenden die Übung.

Was Sie in den nächsten Wochen tun sollten

Arbeiten Sie mit vielen verschiedenen Textilien oder Materialien. Je mehr Farben und Formen und besondere Eigenschaften wie Geräusche Ihr Pferd kennenlernt, desto vertrauter wird ihm Ihre Welt. Zeigt Ihr Pferd bei einigen Sachen Anspannung, kehren Sie zu den Führübungen oder notfalls der Kennenlern-Übung zurück. Sie haben alle Zeit der Welt!

Arbeit mit Alltagsgegenständen

Alltagsgegenstände gehören zu den häufigsten Scheuauslösern – seien es Regenschirm, Kinderwagen oder ein Spielball. Holen Sie nach und nach diese Dinge des täglichen Lebens in Ihren eingefriedeten Übungsplatz. Natürlich dürfen Sie auch Gegenstände von daheim mitbringen: Einen Wäscheständer (ein umfallender

Warum soll ich nicht zwischendurch mit den Berührungen aussetzen?

Ihr Pferd soll lernen, eine Gedankenbrücke zwischen Ursache und Wirkung herzustellen. Wenn Sie am hinteren Körperbereich arbeiten, nimmt Ihr Pferd dies optisch gar nicht oder nur aus den Augenwinkeln wahr. Setzen Sie mit der Berührung aus und führen das Textil- oder Plastikteil dann wieder zum Körper zurück, könnte Ihr Pferd erschrecken. Erst wenn Sie die Touching-Übung mehrere Male in der beschriebenen Form gemacht haben, dürfen Sie zwischendurch absetzen und an einer beliebigen Körperstelle wieder beginnen. Sie dürfen also auch um das Pferd herumgehen und an der anderen Körperseite arbeiten. Je häufiger Sie dies mit unterschiedlichen Dingen tun, desto intensiver prägt sich Ihrem Pferd die Erfahrung ein, dass alles, was aus Ihrer Hand kommt, keine Gefahr bedeutet – gleichgültig, aus welcher Richtung es kommt.

Wäscheständer in einem Vorgarten hat eine Freundin tatsächlich einmal fast aus dem Sattel katapultiert), auf den Sie ein paar Lappen hängen, ein Handrasenmäher (falls er in Ihren Kofferraum passt). Gern dürfen es auch Dinge sein, die im Hof- und Gartenbereich benutzt werden und Geräusche produzieren. Beschränken sie sich bei Gegenständen, an denen sich Ihr Pferd verletzen könnte, falls es hinein tritt oder an ihnen hängenbleibt, auf die Übung „Neue Dinge kennenlernen". Stellen Sie es Ihrem Pferd frei, ob und wie nahe es heran kommen möchte, um sich in Ihrer vertrauten Gegenwart alles eingehend zu besehen. Gegenstände wie Regenschirm oder Spielball eignen sich auch für die Übung „Mit neuen Dingen berühren". So können Sie Ihr Pferd mit dem geschlossenen Regenschirm wie mit einer Gerte abstreichen. Eine Übung mit Ball könnte so aussehen, dass Sie und Ihr Helfer sich den Ball zuwerfen oder zurollen, während Ihr Pferd in einigem Abstand zuschaut. An Gegenstände, von denen eine gewisse Unfallgefahr ausgeht, führen Sie Ihr Pferd am Führstrick heran. Ein Helfer am „Hindernis" achtet darauf, dass nichts passiert.

Minderung der Bodenscheue

Besonderheiten auf dem Boden sind allseits bekannte Scheuauslöser. Spiegelnde Pfützen, ein seltsam geformter Ast auf dem Weg, eine verrostete Radkappe, ein verlorener Schal, der sich über den Pfad „windet" werden von vielen Pferden mit einem heftigen Scheusprung zur Seite „beantwortet". Einige dieser Scheuauslöser können Sie sich auf den eingefriedeten Platz holen. Deponieren Sie sie auf dem Boden und gehen Sie selbst im Beisein Ihres – entfernt beobachtenden – Pferdes dorthin, umrunden sie und treten vorwärts und rückwärts darüber. Machen Sie anschließend Führübungen daran entlang oder – wenn Sie keine Anspannung mehr fühlen – auch darüber. Eine der wertvollsten Übungen ist das Treten über eine Plastikplane:

Übung – „Treten über die Plastikplane"

- Während Ihr Pferd aus einiger Entfernung zuschaut, legen Sie eine große Plastikplane entweder auf dem Hufschlag oder in der Mitte des eingefriedeten Platzes auf den Boden. Sichern Sie sie an beiden Seiten durch Stämme, Tonnen oder Kanister, so dass die Plane eine Art Straße" bildet und nicht wegrutschen oder vom Wind weggeweht werden kann.
- Gehen Sie selbst viele Male über diese Straße, hocken sich hin, stapfen darauf herum und demonstrieren so Ihrem Pferd, wie ungefährlich sie ist.
- Klinken Sie das Führseil ein und machen Sie die „Folge mir"- und „Lauf neben mir"-Übungen in einem „ungefährlichen" Bereich des Platzes.
- Umkreisen Sie in größeren Bögen die Planenstraße oder gehen Sie so lange daran vorbei, bis Ihr Pferd sich entspannt.
- Gehen Sie bei der „Lauf neben mir"-Übung selbst durch die Planenstraße, während Ihr Pferd am Seil in respektvollem Abstand neben der Einfriedung der Straße entlang läuft. Wiederholen Sie dies mehrere Male. Lassen Sie Ihr Pferd zur Entspannung in der Nähe der Planenstraße still stehen.
- Fordern Sie es an diesem Tag nicht auf, über die Planenstraße zu gehen, auch wenn Sie meinen, es wäre schon so weit und es Sie reizt, es zu probieren!
- Beenden Sie die Übung mit einem langen Stillstehen zur Belohnung.

Von der Arabern nachgesagten Guckigkeit keine Spur: Schon beim ersten Mal überquert Semiramis hinter Hans-Jürgen die kleine Planenstraße.

- Erst wenn Sie diese Übung an mehreren Tagen hintereinander wiederholt haben, laden Sie Ihr Pferd ein, bei der „Folge mir"-Übung hinter Ihnen bis an den vorderen Rand der Plane zu gehen. Halten Sie es an, bevor es von selbst aus Scheu anhalten möchte. Lassen Sie es hier still stehen.
- Lassen Sie es rückwärts treten und still stehen.
- Wiederholen Sie auch diese Übung mehrere Tage lang.
- Fordern Sie Ihr Pferd danach auf, Ihnen entweder auf den Anfang der Plastikstraße oder – wenn sie keine Spannung mehr spüren – ganz über die Plastikplane zu folgen. Gehen Sie zügig. Rechnen Sie damit, dass Ihr Pferd während des Überschreitens noch Spannung aufbaut, nach vorn eilt oder zur Seite springt.
- Wird es nicht eiliger, sondern geht ruhig über die Plane, wiederholen Sie die Übung einmal und beenden dann Ihre Lektion mit Lob und Stillstehen.
- Eilt es hastig, fordern Sie es nicht ein weiteres Mal, sondern lassen es in Ruhe still stehen und die Anspannung abbauen. Machen Sie in Entfernung noch einige Führübungen und beenden dann die Übung.
- Sobald Ihr Pferd stets völlig ohne Anspannung über die Plane tritt, lassen Sie es inmitten der Planenstraße still stehen, auch einmal rückwärts treten und wieder antreten.
- Danach üben Sie noch, Ihr Pferd am Führseil allein durch die Planenstraße zu schicken, während Sie neben der Straße entlang gehen.

Nehmen Sie sich Zeit!

Bei einer solchen Übung ist einzig und allein Geduld der Schlüssel zum Erfolg. Auch wenn es Mühe macht, die Planenstraße immer wieder neu auf- und wieder abzubauen, ohne dass das Pferd auch nur mit den Hufen in ihre Nähe kommt, ist doch jede einzelne Übung eine wichtige Lernerfahrung für Ihr Pferd. Es erfährt, dass es nicht gezwungen wird. Zwang bedeutet immer Stress und damit einen psychischen Schmerz. Ihr Lob und der Wegfall jeder Anspannung bedeuten Wohlgefühl und stärken sein Vertrauen in Ihre Führungsrolle. Ist der „Bann" einmal gebrochen, sind Sie auf dem Weg zu einer harmonischen Partnerschaft einen Siebenmeilen-Schritt weiter gekommen!

Neue Aktionsräume

Um das Lernverhalten Ihres Pferdes positiv zu beeinflussen und ihm zu helfen, Gedankenbrücken zwischen bekannten und neuen Erfahrungen zu bauen, verlegen Sie Ihre Übungen jetzt in andere Aktionsräume innerhalb Ihrer Reitanlage. Wechseln Sie auf einen anderen Platz oder benutzen

Sie Freiflächen, auf denen Ihr Pferd keinen Schaden anrichten kann. Zeigen Sie ihm hier nach und nach die Übungsmittel, die es von den ersten Übungen her kennt. Sehr hilfreich ist es, wenn Sie das eine oder andere Übungsmittel, das Sie selbst leicht in der Hand tragen können, einfach mitnehmen, während Sie Ihr Pferd in den neuen Aktionsraum bringen. Ein anderes Mal bringt Ihnen ein Helfer Ihre Übungsmittel oder Sie haben sie am neuen Ort bereits deponiert. Auf eingefriedetem Terrain – zum Beispiel einer Koppel – arbeiten Sie mit dem frei laufenden Pferd, auf uneingezäuntem Gelände natürlich nur mit dem langen Führstrick.

Scheuauslöser in Stall, Hof und Reitanlage

In Ihrer eigenen Reitanlage gibt es mehr Scheuauslöser, als Sie annehmen. Als Mensch erkennen Sie beim Betreten Ihrer Anlage „auf den ersten Blick", ob sich etwas an Gebäuden, den Einfriedungen, am Bodenbelag oder den Einrichtungen verändert hat. Ihr Pferd aber erwartet, täglich die gleichen Bedingungen vorzufinden. Stets gleiche Bedingungen signalisieren ihm: Alles ist in Ordnung. Kleine Veränderungen, die Sie als nichtig und harmlos betrachten – wie eine an der Wand lehnende Leiter, ein neuer Tränkwagen aus funkelndem Aluminium, ein paar Säcke Futtermittel, die heute vor und nicht in der Futterkammer stehen – alarmieren Ihr Pferd möglicherweise. Auf diese Scheuauslöser können Sie Ihr Pferd nicht durch gezielte Übungen direkt vorbereiten. Wie sich Ihr Pferd bei ihrem Anblick benimmt, hängt vom Grad seines Vertrauens und Gehorsams ab. Folgendes Vorgehen hat sich bewährt, vor allem, wenn ein Helfer Sie unterstützt:

- Führen Sie Ihr Pferd in die Nähe des Scheuauslösers, halten Sie jedoch unbedingt einen größeren Abstand ein, als seine individuelle Fluchtdistanz beträgt. Lassen Sie Ihr Pferd stillstehen und beobachten Sie, ob es den Scheuauslöser wahrnimmt. Bitten Sie Ihren Helfer, das Pferd festzuhalten und gehen Sie zu dem Scheuauslöser.
- Je nach Gegenstand hantieren Sie mit dem Scheuauslöser, berühren ihn und locken ihm irgendwelche Töne ab (klopfen Sie auf die Leitersprosse oder den Tränkkanister), damit Ihr Pferd spätestens jetzt aufmerksam wird.
- Lässt sich der Gegenstand etwas hin und her bewegen, tun Sie dies, sofern Sie sich damit keinem Risiko aussetzen. Ihr Pferd sollte Sie dabei beobachten (können).
- Gehen Sie zurück zu Ihrem Pferd und übernehmen Sie es von Ihrem Helfer.
- Lassen Sie es antreten und führen es nach der „Lauf neben mir"-Methode. Bei dieser Methode können Sie sicher sein, dass Ihr Pferd Ihnen nicht – sollte es sich heftig erschrecken – versehentlich in den Rücken springt. Versperren Sie ihm mit der Gerte den Weg nach vorn.
- Führen Sie Ihr Pferd mit ruhigen und gelassenen Schritten an dem Scheuauslöser vorbei.
- Gehen sie ein paar Meter weiter, wenden Sie Ihr Pferd und halten es an. Lassen Sie es still stehen und sich den Scheuauslöser noch einmal betrachten. Loben Sie Ihr Pferd, wenden es in die vorherige Richtung und führen es weiter.

Was Sie unbedingt beachten sollten

Auch und gerade, wenn Ihr Pferd den Scheuauslösern in Ihrer Anlage noch mit Furcht begegnet, sollten Sie alle Gelegenheiten nutzen, es von deren Harmlosigkeit zu überzeugen. Auch hier zahlen sich Geduld und Beharrlichkeit aus. Nehmen Sie sich schon daheim vor, heute in der Nähe eines bestimmten „Hindernisses" Ihre Führ- oder Longenübungen durchzuführen. Dehnen Sie diese Übungen aus und bewegen sich dabei unmerklich immer ein wenig näher heran. So reduzieren Sie allmählich die Fluchtdistanz Ihres Pferdes. Lernen Sie zu unterscheiden zwischen Schauspielerei und echter Angst. Ist Ihr Pferd zehnmal ungerührt an einem Scheuauslöser vorbei gegangen, erwarten Sie in Ihrer Rolle als Leitstute, dass es dies auch beim elften Mal tut. Gehen Sie zügig voran und treiben Sie mit einem Gertentipp an der Flanke nach.

Das klingt so einfach – aber bei mir klappt das nicht! Was soll ich tun, wenn sich mein Pferd nicht von der Stelle rührt?

Die Angst vor dem Scheuauslöser überwiegt sein Vertrauen und seinen Gehorsam. Das ist kein Armutszeugnis für Sie, sondern ein Ansporn, vor allem an sich selbst zu arbeiten. Üben Sie sich in Geduld. Lassen Sie Ihr Pferd in der Entfernung still stehen, in der seine Erregung wieder nachlässt. Wenden Sie einige der beim Gentle Training im Alltag gelernten Massagegriffe an, um Ihr Pferd zu entspannen. Summen Sie dabei eine kleine Melodie, um Ihren eigenen Atemrhythmus zu beruhigen. Steht Ihr Pferd ganz ruhig, machen Sie einige Stretching-Übungen. Schieben Sie den Gedanken an bestimmte Lektionen, die Sie heute erarbeiten wollten, beiseite und machen Sie in dieser Entfernung zum Scheuauslöser Führübungen, die der Longenarbeit ähneln. Die Bewegung baut den in Ihrem Pferd angestauten Stress etwas ab. Führen Sie Ihr Pferd noch einmal in Richtung Scheuauslöser, machen jedoch eine Kehrtwende nach rechts, bevor es Anzeichen von Anspannung zeigt. Führen Sie Ihr Pferd dann, wenn möglich, auf einem Umweg zum angestrebten Ziel. Bitten Sie das nächste Mal einen Helfer, mit einem gelassenen, angstfreien Pferd vor Ihnen zu gehen. Der ruhige Artgenosse übernimmt in diesem Fall die Rolle des Leitpferdes, dem Sie und Ihr Pferd folgen. Passieren Sie das Hindernis ohne große Angstreaktionen, gehen Sie hinter dem anderen Pferd ein paar Mal in beiden Richtungen daran vorbei.

Scheuauslöser im umgebenden Gelände

Später beim Reiten werden Sie im Gelände und im Straßenverkehr häufig mit den unterschiedlichsten Situationen konfrontiert werden, auf die Sie sich nicht gezielt vorbereiten können. Sehen Sie sich daher in der Nähe Ihrer Reitanlage und in der direkten Umgebung um, ob Sie weitere Übungsmöglichkeiten entdecken: Einen Parkplatz für Landmaschinen, den etwas abseits gelegenen Transporter-Parkplatz, den Waldarbeiter-Wagen, die Picknick-Hütte, einen Vorgarten mit Springbrunnen und so weiter. Solche Gegebenheiten sind ideal dazu geeignet, Führübungen mit dem Anti-Scheu-Training zu verbinden. Auch hier lassen Sie Ihrem Pferd viel Zeit, alle Dinge genau in Augenschein zu nehmen. Fühlen Sie sich unsicher, müssen Sie das Hindernis so umgehen, dass Sie „Ihr Gesicht wahren", um Ihre Rolle als Leitpferd nicht zu gefährden. Lesen Sie dazu das Kapitel am Ende des Buches.

Sehr wichtig

Sie haben sich im Laufe Ihrer bisherigen Arbeit nach der Courtesy Methode in die Dreifach-Rolle als Mutterstute, Leitstute und Leithengst „hineingearbeitet". Diese drei wichtigsten „Persönlichkeiten" im Leben eines Pferdes bestehen grundsätzlich daraus, dass es (weil es im Rang unter Ihnen steht) Ihnen vertraut, folgt und gehorcht. Genau dies müssen Sie auch tun – und es ist eine der größten Herausforderungen im Rahmen des Gentle Training.

Sind Sie sich nicht des Gehorsams und des Vertrauens Ihres Pferdes sicher, dürfen Sie nichts von Ihrem Pferd fordern, das es nicht zu „geben" bereit und fähig ist. So vermeiden Sie, gegen Ihr Pferd kämpfen und das Risiko eingehen zu müssen, den Kampf (auch wenn er auf psychischer Ebene geführt wird) zu verlieren. Jeder verlorene Kampf schwächt Ihre Position als Leitpferd. Sobald Sie sich also innerlich entscheiden, Gehorsam und Vertrauen zu verlangen – in unserem Fall beispielsweise ein dem Pferd Angst einflößendes Hindernis zu passieren – müssen Sie auch darauf bestehen, dass Ihr Pferd Ihnen folgt. Sie brauchen keine Gewalt anzuwenden und Sie sollten sich auch nicht ärgern. Bringen Sie einfach unendlich viel Geduld, Liebe und Courtesy auf und fordern Sie Ihr Pferd immer wieder zu einem weiteren kleinen Schritt vorwärts auf. Das kann Stunden kosten – doch diese Stunden sind der Mühe wert! In dem Augenblick, in dem Ihr Pferd nachgibt und das Hindernis passiert, hat es Ihre Rolle als Leitpferd wirklich anerkannt!

Sobald Sie diese Haltung fest in sich verankert haben, wird Ihr Pferd Ihnen immer und überall hin vertrauensvoll folgen.

Beziehen Sie unbedingt auch neue Gegebenheiten Ihrer Reitanlage ins Training ein – hier lernt Leika die neu gebaute Aufsitzhilfe kennen

Der Parkplatz für landwirtschaftliches Gerät ist eine hervorragende Möglichkeit, einem Pferd die Ungefährlichkeit technischer Monster zu beweisen.

Arbeit im Geschicklichkeitsparcours

Grundsätzliches

Einer der wichtigsten Faktoren für Ihre und Ihres Pferdes Gesundheit sind die Geschicklichkeit und Gelassenheit, mit der es schwierige Bodengegebenheiten und neue Situationen meistert. Auch wenn Sie, sobald Sie Ihr Pferd (wieder) reiten, oft kürzere oder bekannte Routen ohne besondere Schwierigkeitsgrade wählen, können Sie niemals ausschließen, eines Tages vor besondere Aufgaben gestellt zu werden. So fällt mancher Sturm sogar riesige Bäume und verteilt Äste über den Reitweg – oder Sie stehen bei einem Wanderritt durch fremdes Gelände plötzlich vor einer Holzbrücke, die als einziger Weg über einen reißenden Gebirgsbach führt. Ein anderes Mal haben Sie einen sandigen Abhang zu bewältigen, oder ein schmaler Pfad durch romantische Weinberge mündet in eine steile Treppe. Solche Gegebenheiten setzen voraus, dass Ihr Pferd gelassen bleibt und gelernt hat, genau zu schauen, wohin es tritt, um ohne ängstliche Hast Schritt für Schritt eine Gefahrenstelle zu passieren.

Zielsetzung bei Geschicklichkeitsübungen

Mit den Geschicklichkeitsübungen der Courtesy Methode streben Sie folgende Ziele an:

- Sie nehmen Ihrem Pferd die Angst vor „neuen" Gegebenheiten.
- Sie lehren es, sich den Boden anzuschauen, bevor es seine Hufe darauf setzt.
- Sie entwickeln sein Gefühl für seinen Körper und insbesondere für seine Gliedmaßen, indem Sie ihm helfen, sich zu biegen und jeden einzelnen Schritt bewusst und daher langsam und gezielt zu machen. Während es lernt, seinen Körper immer besser zu kontrollieren, wird es zugleich geschmeidiger.
- Sie bauen seine Selbstsicherheit auf, indem Sie ihm Erfolgserlebnisse, sprich das Gefühl „Ich kann es!" verschaffen.
- Sie stärken sein Vertrauen in Sie, weil es erfährt, dass Sie ihm helfen, die gestellten Aufgaben zu meistern. Dabei erfährt es keinen Schmerz, sondern Freude.
- Sie entwickeln Selbstvertrauen, weil es Ihnen gelingt, sich so präzise mit Ihrem Pferd zu verständigen, dass Sie nach gewisser Zeit jeden Teil seines Körpers auf liebevoll-höfliche Art „kontrollieren" können.
- Sie wachsen mit Ihrem Pferd zu einer Partnerschaft zusammen, bei der beide sicher sind, sich aufeinander verlassen zu können.

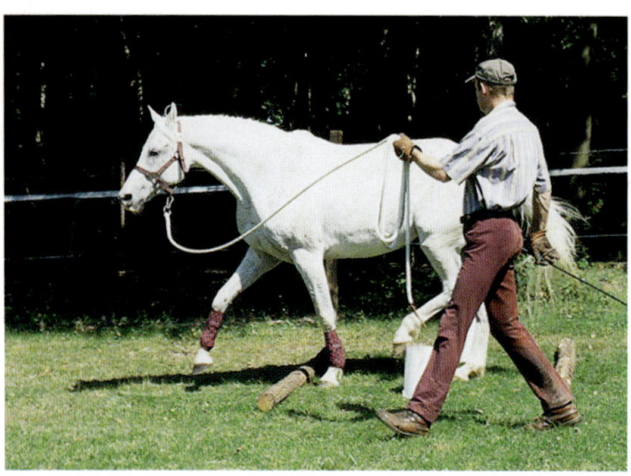

Erste kleine Aufgaben können nun gelegentlich auch an der kürzer gefassten Longe durchgeführt werden.

Voraussetzungen

Zu diesem Zeitpunkt bringen Sie und Ihr Pferd die idealen Voraussetzungen für Geschicklichkeitsaufgaben mit. Ihr Pferd lässt sich von jeder Position aus leicht führen und ist durch das Longieren in seinem Gehorsam gefestigt. Durch die Arbeit an der Doppellonge ist es noch geschmeidiger geworden und hat beim Anti-Scheu-Training viel Gelassenheit entwickelt. Das Training im „Spielparcours" stellt Sie beide zwar vor neue Aufgaben, aber fürchten müssen Sie diese Aufgaben nicht.

Ausrüstung des Pferdes

Ihr Pferd trägt bei den Übungen, bei denen Sie es durch die Hindernisse führen, ein stabiles Stallhalfter mit langem Führstrick oder -seil, Bandagen oder Gamaschen. Später werden Sie Ihr Pferd auch an der Longe durch Hindernisse schicken, die sich hierfür eignen, oder es durch einige Hindernisse fahren. Bei der einfachen Longe genügt das Halfter, aber auch der Trensenzaum ist geeignet. Bitte verwenden Sie keinen Hilfszügel. Für die Doppellonge und das Fahren benutzen Sie, wie gewohnt, den Trensenzaum sowie Sattel oder Longiergurt.

Ihre eigene Ausrüstung

Auch an Ihrer Ausrüstung ändert sich nichts: Robuste, praktische Kleidung, stabiles Schuhwerk mit rutschfester Sohle und Handschuhe, Ihre Dressurgerte oder – wenn Sie longieren oder fahren – die Longierpeitsche.

Übungsplätze

Der Baustein „Geschicklichkeitsparcours" steht bei der Arbeit nach der Courtesy Methode bewusst fast am Ende aller Übungen. Sie nehmen ihn erst zu einem Zeitpunkt in Angriff, zu dem Ihr Pferd und Sie ein stabiles Verhältnis zueinander aufgebaut haben und Sie nicht befürchten müssen, dass es vor jeder ungewohnten Aufgabe erschrickt. Nicht jeder Geschicklichkeitsparcours ist eingezäunt. Eine Ein-

Schritt für Schritt geht es vorwärts und rückwärts durch das Große L. Wichtig dabei: Langsam gehen, die Biegung erspüren lassen und die Kontrolle des Pferdekörpers verbessern

Nach sehr schwierigen Übungen ist ein schmackhaftes Leckerli natürlich auch willkommen!

friedung bietet immer ein hohes Maß an Sicherheit. Sie sollten nicht darauf verzichten, so lange Sie insgeheim befürchten, Ihr Pferd könne sich doch erschrecken und losreißen. Arbeiten Sie in einem solchen Fall weiter wie gewohnt an allen anderen Trainingsbausteinen, bis auch Sie innerlich sicher sind und genügend Vertrauen in Ihr Pferd entwickelt haben. Sie können sich ohne Schwierigkeiten einfache Geschicklichkeitshindernisse selbst auf Ihren gewohnten eingezäunten Übungsplätzen aufbauen. So gehen Sie kein Risiko ein.

Sicherheitsmaßnahmen

Gleichgültig, auf welchem Platz Sie arbeiten, gehen Sie bitte auf jeden Fall die gesamte Fläche zunächst allein ohne Pferd ab, bevor Sie hier mit Ihren Übungen beginnen. Kontrollieren Sie die Bodenverhältnisse und achten Sie auf mögliche Stolperfallen. Überprüfen Sie, ob vorhandene Hindernisse intakt sind und melden Sie dem Betreiber der Reitanlage umgehend, wenn Sie Defekte entdecken. Auch von den Materialien, aus denen Sie selbst kleine Aufgaben arrangieren, darf keine Verletzungsgefahr ausgehen.

Grundregeln für alle Übungen

Geschicklichkeitsaufgaben sind sehr unterschiedlich. Die gängigen Hindernisse sind das Große L, Brücke, Wippe, Flatterbandtor und Planenstraße. Darüberhinaus gibt es andere einfache oder anspruchsvolle Konstruktionen, je nach Fantasie und handwerklicher Fertigkeit des „Bauherren". Daher stelle ich Ihnen in diesem Kapitel keine Schritt-für-Schritt-Anleitung für jedes einzelne Hindernis vor, sondern zeige Ihnen – als Orientierungshilfe – die Grundregeln auf, die für die Bewältigung aller Hindernisse gelten. Wenn Sie sie konsequent anwenden, sind Sie in der Lage, Ihr Pferd sicher durch jede Aufgabe zu geleiten.

Übung Nr. 1 – Das Gelände kennenlernen

Diese Übung führen Sie durch, wenn Sie in Ihrer Anlage und deren Nähe auf einem bereits aufgebauten Geschicklichkeitsparcours trainieren möchten. Für Ihr Pferd ist dies möglicherweise „neues Gelände", mit dem Sie es zunächst vertraut machen. Diese Übung entfällt, wenn Sie sich aus Ihren Hilfsmitteln auf einem Ihrer gewohnten Übungsplätze ein Hindernis selbst aufbauen.

- Lassen Sie Ihr Pferd im Eingangsbereich des Geschicklichkeitsparcours oder an einer ungefährlichen Stelle eine Weile still stehen, damit es sich in Ruhe umschauen und die neuen Eindrücke auf sich wirken lassen kann.
- Sobald Ihnen sein Körperausdruck sagt, dass es sich völlig entspannt hat, führen Sie es zwischen den Hindernissen – und um sie herum – spazieren. Lassen Sie es dabei – wie in der „Lauf neben

mir"-Übung gelernt – neben sich, also im übertragenden Sinne an der Seite der beschützenden Mutterstute, laufen, damit es sich bei Ihnen geborgen fühlen kann.

- Lassen Sie sich bei Ihrem Rundgang viel Zeit und erlauben Sie Ihrem Pferd immer wieder, still zu stehen, wenn es sich etwas aus der Nähe betrachten möchte.
- Zeigt es bei Ihrem Spaziergang noch deutliche Spannungen, lassen Sie es noch einmal an einem der Hindernisse, die ihm keinen Schrecken einflößen, still stehen und beenden Sie die Übung.

Übung Nr. 2 – Ein Hindernis bewältigen

Wiederholen Sie die Übung Nr. 1 in den nächsten Tagen, bis sich Ihr Pferd an die neue Umgebung gewöhnt hat und gelassen an allen Hindernissen vorbei wandert. Jetzt wenden Sie sich Ihrer ersten Aufgabe zu – einem vorhandenen Hindernis oder einem, das Sie selbst aus beweglichen, ungefährlichen Hilfsmitteln aufgebaut haben.

- Führen Sie Ihr Pferd mehrere Male um das Hindernis von allen Seiten herum. Lassen Sie es dann still stehen und sich die neue Aufgabe in Ruhe betrachten.
- Arbeiten Sie auf einem eingefriedeten Platz, können Sie den Führstrick eine Weile ausklinken, bitten Ihr Pferd, weiter still zu stehen und „überwinden" selbst sehr langsam und gelassen das Hindernis. Haben Sie einen Helfer zur Hand, kann er in der Zeit Ihr Pferd auch halten.
- Übernehmen Sie Ihr Pferd und führen es bis vor das Hindernis. Motivieren Sie es, sich selbst den „Eingang" genau anzuschauen, zu beriechen oder mit dem Huf zu betasten, indem Sie sich selbst zum Beispiel bücken. Senkt es den Kopf, schaltet es den Fluchtmechanismus zumindest für einen Moment aus. Dies ist ein wichtiges Ziel, denn nur in Momenten der Angstfreiheit kann Ihr Pferd etwas lernen!

Auf welche Weise soll ich mein Pferd durch die Hindernisse führen?

Ob Sie Ihr Pferd auf die „Folge mir" oder „Lauf neben mir"-Weise durch ein Hindernis geleiten, hängt von der Art des Hindernisses ab. Ist es breit genug, lassen Sie Ihr Pferd neben sich (der Pferdekopf befindet sich in Höhe Ihrer Schulter) gehen – ist es schmaler, muss es Ihnen folgen. Sinnvoll ist es, sich zunächst Hindernisse zu suchen, in denen das Pferd die Geborgenheit Ihrer direkten Nähe fühlt, also neben Ihnen läuft. Das gleiche Hindernis sollte es später dann hinter Ihnen durchqueren. In weiteren Übungseinheiten können Sie es dann von außen am langen Führseil oder an der Longe hindurch geleiten (sofern sich Seil oder Longe nirgendwo festhaken können) oder vom Boden aus hindurch fahren. Denken Sie daran, dass diese Übung trotz des gleichen Hindernisses dann jedes Mal eine „neue Lektion" für Ihr Pferd ist und wenden Sie stets die gleiche Geduld auf wie bei der allerersten Führübung.

Wie oft darf ich eine solche Übung an einem bestimmten Hindernis wiederholen?

Die Konzentrationsfähigkeit Ihres Pferdes ist durch die vorhergehenden Trainingsbausteine deutlich gewachsen – dennoch haben Sie es bei Geschicklichkeitsübungen mit etwas Neuem zu tun, das zwar keinerlei Kondition verlangt, dafür um so mehr Aufmerksamkeit. Drei bis fünf „Durchgänge" sind völlig ausreichend, gleichgültig, ob Ihr Pferd gelassen durch ein Hindernis geht und sich gut anhalten lässt oder ob es am liebsten vorwärts stürmen würde, um „das Ding" hinter sich zu bringen. Letzteres wird allerdings sehr selten passieren, da Ihr Pferd auf diese Form der Arbeit bestens vorbereitet ist. Zu langes Verweilen an einem Hindernis ist für ein Pferd, das fleißig mitarbeitet, langweilig.

- Geleiten Sie Ihr Pferd ein, zwei oder drei Schritte in das Hindernis hinein und halten es nach jedem Schritt wieder an. Dieses Anhalten ist sehr wichtig, denn es stellt sicher, dass Ihr Pferd Ihnen weiter Aufmerksamkeit schenkt und bewusst die einzelnen „Etappen" des Hindernisses wahrnimmt.
- Achten Sie darauf, dass Ihr Pferd langsam durch vom Hindernis vorgegebene Wendungen geht. Dadurch kann es das Dehnen seiner Muskulatur in der Biegung besser fühlen. Je langsamer dies geschieht, desto wertvoller ist die Erfahrung für Ihr Pferd.
- Lassen Sie es zunächst nach jeder Biegung (später auch in der Biegung) wieder anhalten und still stehen.
- Zupfen Sie stets nur ganz kurz am Führstrick, um es zum jeweils nächsten Schritt zu ermuntern.
- Ist Ihr Pferd zu eilig, schlenkern Sie mit dem Führstrick oder heben die Gerte, um es zum Zurückbleiben aufzufordern.
- Durch- oder überqueren Sie das Hindernis vollständig, wenden Ihr Pferd, so dass es noch einmal anschauen darf, was es soeben geleistet hat und lassen es zur Entspannung eine Weile still stehen.
- Beenden Sie die Übung.

Wie sinnvoll ist es, ein Pferd, das im Geschicklichkeitsparcours gut trainiert ist, vor meinem Pferd durch das Hindernis laufen zu lassen?

Ein gelassener, routinierter Artgenosse ist ein Positiv-Beispiel, das Ihrem Pferd demonstriert, wie „man es macht". Ihr Pferd sollte ihm zuschauen und dabei aus seiner Körpersprache die Ungefährlichkeit des Unterfangens „lesen". Ich möchte Ihnen allerdings nicht empfehlen, Ihr Pferd direkt hinter dem „Führpferd" durch ein komplizierteres Hindernis zu lotsen. Der Sinn des Geschicklichkeitstrainings besteht gerade darin, sowohl den Fluchttrieb („Bloß schnell hindurch und wieder weg von der Gefahrenstelle!") als auch den Nachfolgetrieb („Einfach hinterher, es wird schon in Ordnung sein!") aufzuheben. Sie möchten Ihr Pferd ja motivieren, das Hindernis selbständig Schritt für Schritt zu bewältigen. Läuft es seinem Artgenossen einfach hinterher, nimmt es die eigentliche Aufgabe – sich den vorgegebenen Pfad anzusehen, die Hufe gezielt zu setzen und den Körper langsam um Wendungen zu biegen – nicht wahr. Es erlebt auch nicht bewusst die Empfindungen, die sich dabei einstellen. Ist Ihr Pferd allerdings bereits ein Geschicklichkeits-Routinier, dürfen Sie gern hin und wieder Ihre Übungen auflockern, indem Sie mehrere Pferde hinter einander durch die Hindernisse führen. Das entspannt, macht Spaß und motiviert Ihr Pferd, bei einer neuen schwierigeren Aufgabe wieder gut „hinzugucken"!

Hindernisse und Zielsetzungen

Jedes Hindernis stellt andere Anforderungen und hat dadurch auch einen besonderen Trainingsseffekt. Der folgende Überblick zeigt Ihnen, welche Aufgaben bei den einzelnen Hindernissen auf Ihr Pferd zukommen:

Das Große L

So heißen zwei im rechten Winkel zueinander auf den Boden gelegte Stangenpaare mit etwa einem Meter breiter Innenbahn. Ihr Pferd soll Schritt für Schritt vorwärts und rückwärts hindurchgehen und sich im Wendebereich gut biegen. Außerdem können Sie es seitwärts über die Stangen treten sowie im L selbst eine halbe Vorhandwendung ausführen lassen. Sie können Ihr Pferd auch durch das Große L fahren.

Stangen

Stangen (Rundhölzer) können auf vielfältige Weise aufgebaut werden: Auf dem Reitplatz zum Beispiel, auf dem Hufschlag der ganzen Bahn, auf der Mittellinie oder strahlenförmig auf der Zirkellinie. Sie führen, longieren oder fahren Ihr Pferd über die Stangen. Es lernt, aufmerksam auf den Boden zu schauen, seine Hufe gezielt zu setzen und schult so sein Taxiervermögen. Legen Sie die Stangen etwas weiter auseinander, so dass es sie noch bequem überqueren kann, wenn es sich etwas streckt, fördern Sie auch den Raumgriff seiner Bewegungen.

Labyrinth

Dieses Hindernis entsteht aus mehreren Rundhölzern von zirka vier Metern Länge, die Sie am Boden zu parallelen „Straßen" auslegen und mit weiteren Rundhölzern „einrahmen". Bei jeder Wendung von Straße zu Straße muss sich Ihr Pferd deutlich biegen. Daher steigt der Wert dieser Übung, wenn es Ihnen gelingt, sie sehr langsam durchzuführen.

Kann ich an einem Tag nur Geschicklichkeitsaufgaben üben?

Für Sie und Ihr Pferd ist es viel angenehmer, die Aktionsräume zu wechseln. Sie haben jetzt, da Sie fast alle Übungen beherrschen, ja eine große Auswahl! Arbeiten Sie Ihr Pferd ein Weilchen an der Longe, um es zu lösen und nehmen ihm dann Trense und Longiergurt ab. Machen Sie nur mit Halfter ein paar Anti-Scheu-Übungen – und gehen danach zu ein oder zwei Geschicklichkeitsaufgaben über, die Sie mit Ihren Führübungen kombinieren. Eine schöne Entspannung besteht nun darin, Ihrem Pferd nun noch einmal den Trensenzaum aufzulegen, die Doppellonge rechts und links einfach einzuklinken und es durch die Reitanlage „zu fahren". So erfährt es innerhalb von einer Stunde eine Vielzahl interessanter Eindrücke!

Tonnen

Große Kunststofftonnen sind zwar schwer zu bewegen, wenn sie der besseren Standfestigkeit wegen mit Kies gefüllt werden. Dafür bieten sie ein ausgezeichnetes „Ausgangsmaterial" für Biege-Übungen. Sie können Ihr Pferd hindurch führen und – wenn die Abstände breit genug sind – fahren.

Brücke

Die Brücke ist gut geeignet, um Ihrem Pferd die Angst vor ungewöhnlichen Trittflächen zu nehmen. Es lernt dabei, auf eine etwas erhöhte Plattform zu steigen und wieder hinunter zu klettern. Vor allem gewöhnt es sich an den hohlen Klang, den seine Hufe auf bestimmten Untergrunden erzeugen. Sie werden dieses Training schätzen, wenn Sie später bei einem Wanderritt mit einer PKW-Fähre über einen Fluss setzen wollen.

Wippe

Je nach Höhe des Unterbaus kann sich eine Wippe mehr oder weniger stark auf und ab bewegen. Führübungen darüber bauen die Angst vorm Betreten schwankender Untergrunde ab. Das Anhalten in der Mitte fördert die Körperkontrolle und das eigentliche „Wippen" – das Ihrem Pferd eines Tages viel Spaß machen wird – das Gleichgewichtsvermögen.

Semiramis lässt sich bereits so gut kontrollieren, dass Hans-Jürgen sie Schritt für Schritt auf die Wippe geleiten, anhalten, wippen und hinüber führen kann.

Flatterbandstraße oder Flatterbandtor

Eine Flatterbandstraße ist rechts und links von einer Art Geländer eingefriedet, an dem viele bunte Plastikstreifen oder Wimpel hängen. Das Flatterbandtor besteht aus einem hohen, einem Tor ähnlichen Holzrahmen, von dem lange Kunststoffbänder herabhängen. Natürlich bewegen sich die Plastikstreifen, Wimpel oder Bänder bei jedem Windstoß. Beide Hindernisse stärken die Gelassenheit Ihres Pferdes. Es soll ruhig hindurchgehen, ohne fluchtartig zu eilen, gern auch in oder unter dem Hindernis stehen bleiben und sich weder an den Bewegungen noch möglichen Körperberührungen stören.

Mikado

Die auf dem Boden willkürlich verteilten und übereinander gelegten Rundhölzer fordern die volle Aufmerksamkeit Ihres Pferdes. Es muss sehr genau hinschauen, wohin es seine Hufe setzt. Außerdem muss es taxieren, wie hoch es seine Beine heben muss, um nicht anzustoßen und das „Gebilde" zum Wanken zu bringen. Ziehen Sie selbst, wenn Sie im Mikado arbeiten, möglichst hohe, kräftige Stiefel an, die nicht nur Ihre Füße, sondern auch Ihre Waden schützen. Ein Stoß gegen das Schienbein ist schmerzhaft! Führen Sie Ihr Pferd daher anfangs nur durch die Seitenbereiche des Mikados und steigern Sie die Anforderungen sehr behutsam. Da die Stämme nicht untereinander befestigt sind, können hastige Fehltritte eines kalibrigen Stockmaßriesen das Mikado mit Getöse zum Auseinanderfallen bringen.

Gattertor

Ein bei Westernreitern besonders beliebtes Hindernis ist das Gattertor. Es symbolisiert eines der häufigsten „Hindernisse", auf die ein Überlandreiter in den großen Weidelandschaften des Westens der USA traf. Ziel ist es beim Reiten, das Tor vom Pferd aus zu öffnen, hindurch zu reiten und es wieder zu schließen. Dabei vollführt das Pferd exakte Wendungen, richtet rückwärts, geht schrittweise vor-

So etwas wie ein Mikado hat Fado noch nirgendwo gesehen: Erst mal darf er drum herum gehen und es sich anschauen, um dann sehr konzentriert hinter Hans-Jürgen die ersten Stämme zu überklettern.

Bald bringt das Geschicklichkeitsspiel richtig Spaß und Ruhe beim Durchschreiten des Gattertors zu bewahren, stellt für Fado nun vor gar kein Problem mehr.

wärts und wendet wiederum. Bei der Arbeit vom Boden geht es um ruhiges Anhalten, Rückwärtsrichten beim Öffnen des Tores, Vorwärts- und Hindurchtreten, Anhalten, Wenden und Rückwärtsrichten beim Schließen. Die Aufgabenstellungen sind ähnlich – die Hilfen geben Sie mit Signalen über das Führseil und Ihre Gerte.

Steilhang

Auf einem Geschicklichkeitsparcours in Hanglage – die leider selten sind – finden Sie gelegentlich ein Hindernis, in dem Sie Ihr Pferd hervorragend auf zukünftige Geländeritte vorbereiten können: Den Steilhang. Viele Pferde und Reiter fürchten das hängige Geläuf, weil sie nicht wissen, wie sie es ohne Sturzgefahr korrekt bewältigen. An der Hand können Sie Ihr Pferd lehren, wie es im rechten Winkel zum Hang hinunter geht, ohne zu eilen. Mit Ihnen an seiner Seite lernt das Pferd, sich das Gefälle unter seinen Hufen anzusehen und nicht blindlings „hinter zu stürzen" nach dem Motto „Hauptsache, ich bin schnell unten!" Gehen Sie auf jeden Fall seitlich versetzt zu Ihrem Pferd. So kann es nicht in Sie „hineinrutschen", sollte es wider Erwarten doch schneller werden. Bitte tragen Sie Schuhe mit wirklich rutschfester Profilsohle, denn die Schräge erhöht die Gefahr, auszugleiten. Nicht jeder Reitschuh oder jede Stiefelette ist geeignet.

Treppe

Ein interessantes Hindernis, das ebenfalls eine Hanglage voraussetzt, ist die Treppe. Trainingstreppen sind ungefähr 1,50 m breit und aus Eisenbahnschwellen gefertigt, die heute allerdings aus ökologischen Gründen nicht mehr verwendet werden sollen. Die einzelnen Stufen sollten 1,50 m lang und mit Split bestreut sein, damit sie gefahrlos vom Pferd begangen werden können. Führen Sie Ihr Pferd zunächst in der „Folge mir"-Position und kalkulieren Sie ein, dass es aufholt, vor allem, wenn

Sie selbst auf der Steigung bergauf langsam werden. Viele Pferde neigen dazu, bergauf schneller zu werden, da schwungvolles Gehen sie weniger Kraft als gesetzte, gelassene Schritte kostet. Versuchen Sie, mit der Gerte sein Tempo zu regulieren und üben Sie geduldig, jedoch nicht mehr als zweimal hintereinander während einer Trainingseinheit.

Mut und Vertrauen fordert und fördert das Plateau, das Semiramis geschickt beim Hinauf-

Plateau

Auch ein Plateau lässt sich auf einem hängigen Grundstück anlegen. Es trainiert das Taxiervermögen und den Mut Ihres Pferdes und setzt auf Ihrer Seite Gelenkigkeit und schnelle Reaktionen voraus. Bergauf klettern Sie hinauf, während Ihr Pferd (je nach Höhe des Plateaus) hinauf springt – bergab klettern oder hüpfen Sie hinab, während Ihr Pferd (je nach Temperament und Mut) hinab steigt oder springt. Bei der „Lauf neben mir"-Position müssen Sie also, wenn erforderlich, Leine zugeben, damit sich der Führstrick nicht stramm zieht. Daher ist dies eine Übung, die sich gut für das längere Führseil eignet.

Übungen mit der einfachen Longe

Während Sie anfangs direkt neben oder vor Ihrem Pferd laufen, dürfen Sie nun allmählich die Entfernung zu ihm vergrößern. Sobald Ihr Pferd gelernt hat, den Hindernissen Aufmerksamkeit zu schenken und ihre Besonderheiten einzuschätzen, bereitet dies keinerlei Schwierigkeiten, denn es ist ja daran gewöhnt, „von fern" gearbeitet zu werden. Einige Aufgaben, bei denen Sie nicht mit der langen Leine hängenbleiben können, sind daher auch für die Arbeit mit dem langen Führseil oder der einfachen Longe geeignet. Fassen Sie die Longe kürzer als bei den Übungen im Longierkreis. Beginnen Sie mit ganz kleinen Bögen oder „schicken" Sie Ihr Pferd durch die Hindernisse in der Weise, wie Sie es auf dem Hufschlag der „ganzen Bahn" bewegen. Die besondere Herausforderung besteht darin, Ihrem Pferd auch aus der Distanz über Ihre Stimme verständlich zu machen, dass es weiterhin langsam und konzentriert durch die Hindernisse geht.

- Für die einfache Longe sind aus Sicherheitsgründen nur wenige Hindernisse zu empfehlen: Zum Beispiel die Wippe (ohne Geländer), das Große L, die Planenstraße oder sonstige „Straßen" ohne hohe seitliche Begrenzung, möglicherweise auch die Treppe, falls Sie keine oder nur eine einseitige Einfriedung aufweist.
- Alle anderen Hindernisse sind durch höhere seitliche Begrenzungen oder Aufbauten ungeeignet; andere – wie das Mikado – bergen ein Verletzungsrisiko, sollte Ihr Pferd doch eiliger und damit unkonzentrierter werden.

...und Hinabklettern bewältigt.

- Auch ersetzen Übungen an der einfachen Longe im Geschicklichkeitsparcours nicht die Führübungen, bei denen die Besonnenheit und die Konzentration auf jede Biegung und jeden einzelnen Schritt im Vordergrund stehen. Sie dienen lediglich der Auflockerung Ihres Trainingsalltags.

Übungen mit der Doppellonge

Sehr viel Freude machen auch Übungen mit der Doppellonge – sowohl aus der gewohnten Position im Blickfeld Ihres Pferdes als auch aus der „Fahrer-Position" heraus. Dabei können Sie zusätzlich das Tempo Ihres Pferdes durch behutsame Zügelhilfen regulieren. Wählen Sie ausschließlich die einfache Verschnallung. Für die normale Doppellongen-Arbeit, bei der Sie seitlich vom Pferd gehen, verkürzen Sie die Leinen (wie bei der Longe) – geben jedoch bitte nicht den Sicherheitsabstand auf. Geeignet sind alle Hindernisse, die Sie auch mit der einfachen Longe bewältigen können.

Fahren im Geschicklichkeitsparcours

Eine noch größere Herausforderung, die Ihnen viel Spaß bringen wird, ist das „Fahren", wiederum ausschließlich mit einfacher Verschnallung. Fahren Sie bei den ersten Übungen viele Male „einfach so" durch den Geschicklichkeitsparcours, um Ihr Pferd auf die neue Aufgabe einzustimmen, und nehmen Sie sich dann jedes Mal nur ein einziges Hindernis vor. Halten Sie Ihr Pferd grundsätzlich vor dem Hindernis an und lassen es still stehen. Nach dem Wieder-Antreten bewältigt es Schritt für Schritt – wie bei den Führübungen – das Hindernis, nur dass Sie diesmal die Hilfen von der Fahrerposition aus geben. Das Fahren durch die Hindernisse stärkt das Selbstvertrauen Ihres Pferdes, denn nun muss es selbst entscheiden, wie es seine Hufe setzt. Empfehlenswerte Hindernisse sind: Brücke, Wippe, Großes L, flach auf dem Boden liegende Stangen (jedoch nicht das Labyrinth), Flatterbandstraße, Flatterbandtor, Planenstraße und Treppe.

Übungen im Gelände

Sinn der Bodenübungen im Gelände

Zu den wundervollsten Erfahrungen gehört das Reiten durch die Natur. Nichts entspannt uns mehr als ein Ritt durch die Abenddämmerung, mit der wir den Tag auf friedliche Weise ausklingen lassen. Und wieviel Energie und Elan verschafft uns die frühmorgendliche Runde durch die Felder, wenn der Tag erwacht und die Welt wie neu geboren erscheint. Daher darf kein Ausbildungskonzept die Arbeit im Gelände aussparen – auch nicht ein Konzept, das konsequent vom Boden aus arbeitet. Im letzten Trainingsbaustein der Courtesy Methode gewöhnen Sie nun Ihr Pferd vom Boden aus ans Gelände. Dies ist aus psychologischen Gründen wichtig und wertvoll: Was Sie lernen, „Seite an Seite" zu bewältigen, wird Ihnen und Ihrem Pferd – wenn Sie im Sattel sitzen – kaum mehr Angst einflößen. Sowohl Ihr Pferd als auch Sie selbst verankern dabei nachhaltig die Erfahrung, dass Sie in einer riskanten Situation einfach abzusitzen brauchen. In dem Augenblick, in dem Sie sich wieder neben Ihrem Pferd befinden, brauchen Sie nur die viele Male geübten Handgriffe und Signale „abzurufen", um ruhig und souverän diese besondere Situation zu bewältigen.

Ausrüstung Ihres Pferdes

Sie beginnen erst dann mit den Geländeübungen, wenn Sie sicher sind, Ihr Pferd draußen bei Ihren gewohnten Führübungen ohne Führkette – nur mit einem stabilen Stallhalfter und Führseil ausgerüstet – kontrollieren zu können. Die Gerte verwenden Sie als zusätzliche optische Hilfe. Solange Sie das Gefühl haben, „stärkere Mittel" seien für einfache Spaziergänge doch „sicherer" (also Trensenzäumung oder Halfter mit Führkette), nehmen Sie bitte von den Geländeübungen noch Abstand und konzentrieren sich wieder auf Ihre Führübungen.

Ihre eigene Ausrüstung

Kleiden Sie sich robust, praktisch und wetterfest. Besonders bei längeren Ausflügen achten Sie auf Wind- und Nässeschutz sowie eine angenehm gleichbleibende Körpertemperatur. Langes Gehen – vor allem bei Steigungen – ist anstrengend. Daher muss Ihre Kleidung Ihren Schweiß zuverlässig nach außen ableiten und Ihren Körper trocken und angenehm temperiert halten. Beim Schuhwerk ist nicht nur der Schutz vor dem Ausgleiten, vor Kälte und Nässe, sondern auch das Fußbett wichtig, damit Ihr Fuß – vor allem in unebenem Gelände – nicht zu schnell müde wird. Wenn Sie kleinere Bäche durchqueren möchten, brauchen Sie hochwertige und absolut wasserdichte Gummistiefel mit festem Schaft und griffigem Profil. Achten Sie auf Handschuhe, die zur Jahreszeit passen, denn sowohl schweißfeuchte als auch froststarre Finger machen Ihren Griff unsicher.

Eine große Bitte

Ignorieren Sie die Ratschläge Ihrer „wohl meinenden" Reiterkollegen, ganz gleich, was diese Ihnen empfehlen. Es ist sehr klug, sich ruhig noch eine Weile auf Übungen innerhalb der Anlage zu beschränken. Kehren Sie zu den Führübungen zurück und verlegen Sie sie in Randbereiche Ihrer Anlage. Sie müssen wirklich sicher sein, Ihr Pferd ohne Angst nur mit Halfter, Seil und Gerte oder Longierpeitsche aus allen Positionen führen zu können. Ihr Pferd sollte jede Übung beherrschen. Das lange stabile Führseil ersetzt im Gelände die Longe, wenn Sie Ihr Pferd aus der Distanz trainieren möchten. Das Halfter ist bei dem gut vorbereiteten Pferd ausreichend. Im Straßenverkehr jedoch ist eine Zäumung mit mehr Einwirkung vorgeschrieben. Hier trägt Ihr Pferd seine Trensenzäumung. Das Führseil klinken Sie in Trensenring und Reithalfteröse ein. Für das Fahren vom Boden rüsten Sie Ihr Pferd korrekt mit Trensenzaum, Sattel oder Longiergurt und Doppellonge aus. Textilbandagen saugen sich im Gelände auf feuchten Wegen schnell voll. Daher ersetzen Sie sie bei schlechtem Wetter oder, wenn Sie Wasser durchqueren, bitte durch wasserfeste Gamaschen aus High-Tech-Materialien.

Bei Spaziergängen durch den Wald lernt Ihr Pferd, die Hufe gezielt zu setzen und erwirbt damit Trittsicherheit.

Sicherheitsmaßnahmen

Sobald Sie Ihren Reitbetrieb verlassen, bewegen Sie sich auf öffentlichen Straßen und Wegen, die Sie sich mit anderen Menschen teilen. Leider können Sie deren Verhalten niemals wirklich voraussehen. Ihre wichtigste Sicherheitsmaßnahme besteht darin, Ihr eigenes Können am Pferd so genau wie möglich einzuschätzen, damit durch Sie und Ihr Pferd „nichts und niemand" draußen Schaden erleidet. Sie müssen sich wirklich sicher sein, Ihr Pferd ohne Gewalt in jeder Situation kontrollieren zu können. Es darf sich weder losreißen noch davonstürmen und Sie mitschleifen noch durch seinen Körper oder Huftritte irgendwelchen Schaden anrichten. Bitten Sie einen Helfer, Sie zu begleiten. Vor allem im Gelände, in dem mit kniffeligen Situationen zu rechnen ist, ist er unverzichtbar. Er führt Ihr Pferd an einer zusätzlichen Longe und unterstützt Ihre optischen Hilfen mit einer zusätzlichen Gerte.

Straßenverkehrsordnung

Es gibt so gut wie keine Geländestrecke, bei der Sie nicht an einer Straße entlang oder diese überqueren müssen. Gleichgültig, ob Sie reiten oder Ihr Pferd führen, sind laut Straßenverkehrsordnung im Straßenverkehr nur verkehrssichere Pferde zugelassen. Als Führperson (oder Reiter) müssen Sie jederzeit ausreichend auf Ihr Pferd einwirken können. Sie dürfen es weder auf Fahrrad- noch Gehwegen führen, sondern nur auf der äußersten rechten Seite der Fahrbahn. Je nach Sichtverhältnissen müssen Sie und Ihr Pferd ausreichend beleuchtet sein (lesen Sie dazu im Kapitel „Ausrüstung" noch einmal den Absatz über Leucht- und Reflexprodukte). Auch und vor allem im Straßenverkehr ist Ihr Helfer wieder eine wichtige Sicherheitsmaßnahme.

Übungsbereiche

Gehen Sie planvoll und – trotz Ihrer großen bisherigen Erfolge – in klein(st)en Etappen vor. Je bedachter Sie in Ihren Übungen jeweils nur einen einzigen Schritt vorwärts machen, desto geringer ist die Gefahr, durch voreiliges Handeln zwei, drei und mehr Schritte rückwärts machen zu müssen. Überdenken Sie zunächst die Möglichkeiten, die Ihnen das direkte Umfeld Ihrer Reitanlage bietet. Die sicherste Route für Ihren allerersten Spaziergang kann beispielsweise der Weg rund um Ihren Stall sein oder der bewaldete Hang hinter dem Gemeinschaftspaddock! Erst allmählich erweitern Sie Ihren Radius und richten sich nach dem Erfolgsprinzip: „Vom Bekannten zum Unbekannten, vom Einfachen zum Schwierigeren!"

Geläuf

Alle Wege weisen unterschiedliche Bodenqualität auf. Jede Bodenqualität stellt zu jeder Jahreszeit besondere Anforderungen an die Trittsicherheit Ihres Pferdes: Geteerte Wirtschaftswege können im Winter nach Neuschnee oder nach Nachtfrösten spiegelglatt sein. Wiesen- und Feldwege weisen oft tiefe Furchen und große Pfützen auf, die bei Trockenheit oder Kälte bretthart beziehungsweise hart gefroren und in Schlechtwetterperioden verschlammt sind. Feldwege sind stellenweise notdürftig „befestigt". Steine und Geröll sind Stolperfallen. Reitwege durch den Wald haben gelegentlich keine Aufschüttung. Daher sind sie in schattigen Bereichen tiefgrundig und schlammig und im Winter nach Frostnächten hart und „knubbelig" gefroren. An anderen Stellen versteckt eine Tannennadelschicht die darunter liegenden Baumwurzeln. Auf Straßen in Ortschaften finden Sie Kanaldeckel, Bordsteine oder – bei Bauarbeiten – Holz- und Metallstege über Baugruben.

Übungsmöglichkeiten

Machen Sie – ohne Pferd – Spaziergänge durch die Umgebung Ihrer Reitanlage, falls Sie diese noch nicht von Ausritten her kennen, um die Bodenqualitäten kennenzulernen. Notieren Sie im Geist, welche Wege von Ihrem Pferd besondere Aufmerksamkeit (Steine, Stolperfallen), Geschicklichkeit und Trittsicherheit (enge Passagen, Naturhindernisse), Mut (Bachläufe, Brücken) und Gelassenheit (höheres Verkehrsaufkommen, Sportplatz, Kiesgrube oder Sägewerk und ähnliches) erfordern.

Gedankenspiele

Stellen Sie sich vor, wie Sie Ihr Pferd über diese Wege und Straßen sicher und gelassen führen. Spielen Sie in Gedanken alle möglichen „kniffeligeren" Situationen oder Begegnungen durch, in beziehungsweise an die Sie und Ihr Pferd hier geraten könnten.

Auf Wirtschafts-, Wiesen- und Feldwegen in Weide- und Ackerland:

- landwirtschaftliche Fahrzeuge unterschiedlichster Art
- Wind in Maisfeldern
- Rüben- und Maismieten
- Hochsitze
- Autokolonnen von Jagdgesellschaften
- Viehweiden (Kühe, Schafe, Schweine – letztere wirken sehr furchterregend)
- aus Feldern auffliegende Großvögel (meist Fasanen)
- nur knapp über dem Erdboden gezogene Elektrozäune (gegen Wildschweine)

Auf dem Reitweg durch den Wald:

- Begegnung mit Joggern und ahnungslosen Spaziergängern
- mobile Waldarbeiter-Wagen
- singende Wandergruppen
- Pilzsammler
- Sattelschlepper mit Baumstämmen
- Musher (Trainer) mit Schlittenhunden (im Sommer mit Rollenschlitten)
- Hochsitze
- Wildgattertore
- Baumfäll-Arbeiten
- Windbrüche
- Grillfeste in Schutzhütten
- frei laufende, möglicherweise ungehorsame Hunde
- unvermutet auftauchendes Wild
- Langläufer (im Sommer auf Rollen)
- Jagdgesellschaften
- Forstfahrzeuge
- Entwässerungsrinnen quer über dem Weg

In Ortschaften:

- Kraftfahrzeuge aller Art, unter anderem auch:
- Müllabfuhrwagen
- größere Lieferwagen beim Be- und Entladen
- Möbelwagen
- Fahrzeuge mit Aufbauten zum Beschneiden großer Bäume
- Kanaldeckel
- spielende Kinder
- Spielzeug (Dreiräder, Bälle, Roller).
- öffentliche Verkehrsmittel/Omnibusse
- Straßenreinigungsfahrzeuge
- Schneeräumfahrzeuge im Winter
- Straßenbaufahrzeuge und -maschinen
- Mülltonnen und -container
- Leergut, Sperrmüll, Gartenabfälle und ähnliches am Straßenrand und in Hauseinfahrten

Was Sie dabei bedenken müssen

- Sie können sich nicht auf jede dieser Begegnungen vorbereiten, auch wenn Sie noch so viele „ähnliche Situationen" nachzustellen versuchen. Als Fluchttier kann Ihr Pferd zwar lernen, dass der Trekker Ihres landwirtschaftlichen Betriebes, der auf dem Hof vor den Stallungen rangiert und an dem Sie es wieder und wieder vorbeiführen, ihm nichts zuleide tut. Dennoch kann ein ähnliches Landfahrzeug unterwegs Ihr Pferd ängstigen.
- Ihr erstes und wichtigstes Ziel besteht daher darin, selbst solche Situationen als nicht beunruhigend zu betrachten. Dies gelingt Ihnen nur, wenn Sie riskante Situationen nicht umgehen, sondern sich ihnen nach und nach gemeinsam mit Ihrem Pferd stellen und dabei üben, sich souverän zu verhalten.
- Sobald Sie als Leitpferd das Signal „Ich bin ruhig – ich bin bei Dir – Dir kann nichts geschehen!") ausstrahlen, folgt Ihr Pferd seinem ihm angeborenen Instinkt, dem Leitpferd „zu folgen" (im Sinne von gehorchen und nachfolgen), und Sie beide machen die Erfahrung, dass Sie die jeweilige Begebenheit bewältigen können.

Die Kunst, „das Gesicht zu wahren"

Wie Sie aus allen vorherigen Trainingsbausteinen wissen, hängt das Gelingen der meisten Übungen zu einem großen Teil davon ab, ob Sie Ihre Rolle als Leitpferd überzeugend demonstrieren. Sie sollten daher, bevor Sie überhaupt mit Ihrem Pferd ins Gelände gehen, sehr genau wissen, wie Sie „Ihr Gesicht" dem Pferd gegenüber „wahren". Es kann durchaus geschehen, dass Sie sich aus Sicherheitsgründen eines Tages entschließen müssen, ein Hindernis nicht zu passieren, auch wenn Sie es sich eigentlich für diese Trainingseinheit vorgenommen hatten. Die Kunst besteht darin, jedem „Kampf" – sprich Zug am Strick und „Fluchtversuch" Ihres Pferdes – vorzubeugen. Ein wertvoller „Kunstgriff" ist daher die „Wir kehren grundlos um"-Übung. Je häufiger Sie diese Übung in Ihrer Anlage und auf gefahrlosen Spaziergängen rund um den Stall durchführen, desto eher prägt sich Ihrem Pferd ein, dass „Umkehren" ein Teil seiner normalen, gewohnten Übungen ist und an Ihrer Seite niemals „Flüchten" bedeutet.

Die „Wir kehren grundlos um"-Übung

Suchen Sie sich in der Anlage oder in der Nähe eine Wegstrecke ohne jegliche Schwierigkeiten aus. Sie dürfen sie gern vorher abgehen, um absolut sicher zu sein, dass Ihnen in den nächsten fünf

Minuten hier nichts Außergewöhnliches begegnen wird.

- Führen Sie hier Ihr Pferd in der „Folge mir nach" oder „Lauf neben mir"-Position, halten es an und lassen es still stehen.
- Wenden Sie Ihr Pferd, lassen es wieder antreten und führen es zurück. Für Ihr Pferd darf dieses Umkehren in keinem Zusammenhang mit irgendeinem Störfaktor stehen.
- Wiederholen Sie dies ein- bis zweimal und führen Ihr Pferd dann an einen der gewohnten Übungsplätze. Hier arbeiten Sie es so, wie Sie es sich für diesen Tag eigentlich vorgenommen hatten.
- Führen Sie die „Wir kehren grundlos um"-Übung in den folgenden Tagen und Wochen überall in Ihrer Reitanlage oder dem näheren, gefahrlosen Umfeld durch. Führen Sie Ihr Pferd zum Beispiel zunächst zum Longierplatz, lassen Sie es hier still stehen, kehren dann mit ihm um und führen es zum Geschicklichkeitsparcours, um hier zu trainieren.
- Nähern Sie sich auf diese Weise auch Gegebenheiten in Ihrer Reitanlage, die Ihr Pferd möglicherweise mit einiger Skepsis betrachtet (vielleicht mag es den großen Transporter, der das Grünfutter bringt, nicht). Machen Sie Führübungen in der Nähe der Gegebenheit, kehren häufig um, führen Ihr Pferd hin und her und lassen es zwischendurch immer wieder still stehen. Das „Hindernis" ignorieren Sie vollkommen, so dass Ihr Pferd es nicht mit dem Umkehren in Verbindung bringt.

Leitlinie für den Übungsablauf

Das Besondere der Geländearbeit besteht darin, dass sich nicht nur die Wegequalitäten und Situationen voneinander unterscheiden, sondern dass auch ein und derselbe Weg zu verschiedenen Tages- und Jahreszeiten unterschiedliche Anforderungen an Sie und Ihr Pferd stellt. Daher benötigen Sie eine Leitlinie, an der Sie sich bei jeder Aufgabe orientieren können und die Ihnen auch, wenn die Situation schwierig zu werden „scheint", zuverlässig hilft:

- Wie oben schon vorgeschlagen, spielen Sie eine Übung zunächst mehrere Male in Gedanken oder mit Ihrem Helfer durch. Ihr Helfer mimt das Pferd, das sich auf unterschiedliche Weise benimmt – ängstlich, widersetzlich, zögerlich, willig.
- Verinnerlichen Sie bereits bei diesen Gedanken- oder Trockenübungen Ihre Rolle als Leitpferd. Entscheiden Sie in diesem Stadium:
  1. dass Sie – bevor Sie die entsprechende Wegstrecke erreichen – "ohne Grund umkehren" werden.
  2. ob es sinnvoller ist, am langen Führstrück in der „Folge mir" oder „Lauf neben mir"-Position zu führen, wenn Sie in den darauf folgenden Tagen die Übung dann in Angriff nehmen.
  3. dass Sie, nachdem Sie das Hindernis oder die Wegstrecke passiert haben, wieder „umkehren" werden.
- Wenden Sie sich dann der praktischen Übung zu. Am besten geeignet ist ein Tag, an dem alle äußeren Umstände und das Timing weitgehend „stimmen" (gute Lichtverhältnisse, angenehmes „beruhigendes" Wetter, ein Helfer hat Zeit mitzugehen).
- Führen Sie Ihr Pferd spazieren in der „Folge mir"-Position und kehren Sie um, bevor Sie die betreffende Wegstrecke erreichen. Dies dürfen Sie ruhig mehrere Male an den nächsten Tagen tun.
- Führen Sie Ihr Pferd bis in Sichtweite des „Hindernisses" oder der besonderen Wegstrecke, lassen es still stehen, loben es und kehren wieder um.

- Arbeiten Sie sich auf diese Weise an das Hindernis heran, bis Ihr Pferd völlig ungerührt bleibt.
- Bestimmen Sie den Zeitpunkt, an dem Sie sich vornehmen, Ihr Pferd vollständig über die betreffende Wegstrecke zu führen. Halten Sie vorher nicht an, sondern gehen Sie gelassen weiter und setzen voraus, dass Ihr Pferd Ihnen folgt.
- Versteift sich Ihr Pferd, bleiben Sie einfach ruhig und entspannt stehen. Denken Sie nicht daran, die Zeit könne Ihnen davonlaufen, sondern warten Sie ungerührt, ohne sich zu bewegen – unabhängig davon, ob Ihr Pferd herum hampelt oder still steht. Schimpfen Sie nicht mit Ihrem Pferd – Schimpfen ist wirkungslos. Überzeugen Sie Ihr Pferd durch Ihre eigene entspannte Ruhe.
- Halten Sie gelassen die halbe Stunde oder noch länger durch, die es dauern mag, bis Ihr Pferd sich entspannt. Achten Sie auf seine Körpersprache und seine Atmung. Gelingt es Ihnen, diese Zeit ruhig stehen zu bleiben, ohne auf Ihr Pferd einwirken zu wollen, ist Ihnen wieder ein Meilenschritt vorwärts in Ihrer Beziehung gelungen.
- Lassen Sie Ihr – nun entspanntes Pferd – noch eine Weile still stehen und sich ausruhen (Spannung strengt an!), bitten Sie es anzutreten und überwinden Sie das Hindernis oder die besondere Wegstrecke.
- Lassen Sie es kurz danach anhalten und still stehen, loben Sie Ihr Pferd.
- Kehren Sie um und führen Sie Ihr Pferd zurück. Warten Sie gelassen ab, falls es er-

Bei Abhängen achten Sie darauf, dass Ihr Pferd im rechten Winkel zum Hang hinab tritt. So ist die Gefahr des Ausgleitens geringer.

neut Spannungen zeigt, bis es sich beruhigt hat und bereit ist, Ihnen zu folgen.
- Lassen Sie es nach dem Hindernis still stehen und führen es dann nach Hause.

Übungen mit Führseil und Longe

Jede Stunde, die Sie in diese Art des Geländetrainings investieren, zahlt sich später um ein Vielfaches aus. Sobald Sie gelernt haben, mit Ihrem Pferd auch etwas schwierige Wegpassagen zu meistern, bringen Sie noch mehr Abwechslung in Ihre Übungen. Suchen Sie geeignete Plätze im Gelände, an denen Sie einfach(st)e Übungen aus der Arbeit mit dem Führseil und der Longe einbauen können. Zirkelarbeit ist beispielsweise auf Waldparkplätzen gut möglich. Über kleine Bäche oder Hindernisse, die es nun bereits geschickt überklettern kann, „schicken" Sie Ihr Pferd am langen Führseil voraus. So fördern Sie seine Aufmerksamkeit, seine Taxierfähigkeit und seine Fähigkeit, mitzudenken. Diese Fähigkeit werden Sie bei langen Ritten in schwierigem Gelände später sehr schätzen.

So viel Zeit aufbringen für eine so kleine Übung... wäre es nicht sinnvoller, mein Pferd mit einem Gertenklaps anzutreiben?

Der Klaps mit der Gerte ist erst sinnvoll, wenn Ihr Pferd ein Hindernis bereits einige Male geschickt bewältigt hat und dann plötzlich entscheidet „Heute mag ich aber nicht!". Nun übernehmen Sie die Rolle des Leithengstes und „treiben" es vorwärts, denn Ihr Pferd ist nicht ängstlich, sondern ungehorsam. Ungehorsam brauchen Sie nicht zu dulden. Im Anfangsstadium bei unbekannten Wegstrecken und Hindernissen verspricht es jedoch mehr Erfolg, konsequent zu warten. Ihr Pferd soll die Wegstrecke oder ein Hindernis ohne Spannung absolvieren. Spannung beeinträchtigt seine Aufmerksamkeit. Aufmerksamkeit ist Voraussetzung dafür, eine anspruchsvolle Aufgabe geschickt und erfolgreich zu bewältigen. In der Rolle der geduldig und liebevoll wartenden Mutterstute vermitteln Sie Ihrem Pferd irgendwann die Ruhe, welche die Spannung wieder ab- und die Aufmerksamkeit aufbaut. Ihr Pferd kann sich mit der notwendigen Konzentration dem Hindernis zuwenden. So fällt es ihm leicht, es erfolgreich zu überwinden und das Gefühl „ich kann es ja" fest in sich zu verankern.

Fahrübungen

Fahrübungen im Gelände sind eine weitere hervorragende Möglichkeit, die Selbstsicherheit Ihres Pferdes zu stärken. Wählen Sie dazu bitte Wegpassagen, die seine Trittsicherheit nicht überfordern. Es darf in den Leinen keineswegs stürzen! Der Schwerpunkt des „Fahrens" im Gelände liegt vielmehr im vertrauensvollen, zügigen – jedoch nicht eiligen – "Vorausgehen" des Pferdes. Es macht dabei die Erfahrung, dass es Wegabschnitte, die ihm früher – vor Beginn des Gentle Training – wahrscheinlich Angst eingeflößt hätten, nun sogar bewältigen kann, ohne dass Sie sich in seinem Blickfeld befinden. Ein Helfer ist bei diesen Übungen aber unverzichtbar. Er geht im Normalfall links neben Ihnen, führt das Pferd dabei jedoch an einer zusätzlichen Longe. Sollte Ihr Pferd wider Erwarten doch einmal so erschrecken, dass es durchzugehen droht, haben Sie zwei Leinen, mit denen Sie es halten können.

Straßenverkehr

Auch wenn es Sie verwundern mag, lassen sich doch die meisten Pferde schnell an die Gegebenheiten des Straßenverkehrs gewöhnen. Möglicherweise finden Sie schon in direkter Nähe eine Palette unterschiedlicher Übungsmöglichkeiten – von der selten befahrenen Sackgasse bis zur stark frequentierten Landstraße. Führen Sie auch hier zunächst konsequent mehrere Male die „Wir kehren grundlos um"-Übung durch. Lassen Sie Ihr Pferd an jeder Straßenkreuzung unbedingt still stehen, auch wenn weit und breit kein Fahrzeug in Sicht ist! Dies muss es später unterm Sattel aus Sicherheitsgründen auch tun. Anders als im freien Gelände haben Sie allerdings in einer Ortschaft leider oft nicht die Möglichkeit, beim Anblick eines Schreckauslösers – zum Beispiel eines Möbelwagens – sehr lange mit einem unruhigen Pferd an einer bestimmten Stelle zu verharren. Sie könnten dadurch andere Straßenbenutzer oder Verkehrsteilnehmer behindern. Oder Ihr Pferd wird durch neue Reize weiter abgelenkt oder geängstigt. Bewahren Sie Gelassenheit und führen Ihr Pferd in ruhigere Straßenabschnitte – zum Beispiel eine Seitenstraße. Lassen Sie es hier still stehen, damit es sich entspannen kann. Steigern Sie die Schwierigkeitsgrade sehr behutsam. Gehen Sie immer an der Körperseite Ihres Pferdes, die dem Hindernis zugewandt ist. So fühlt sich Ihr Pferd geborgener, denn Ihr Körper – wie der der Mutterstute – bildet das schützende Bollwerk gegen die Gefahr.

Wenn Ihr Pferd losstürmt

Sollte die Situation eintreten, dass Ihr Pferd beim Fahren losstürmt, lassen Sie als „Fahrer" (rechts vom Helfer gehend) die rechte Leine sofort los, halten aber die linke Leine unbedingt fest. Sie wirken also nun nur noch mit der linken Leine auf Ihr Pferd ein. Da auch Ihr Helfer linkerhand die Longe hält, haben Sie so eine gute Chance, Ihr Pferd durch den zweifachen Zug nach links auf einen Bogen abzuwenden. Fassen Sie beide Longe und „Fahrleine" nach, um den Kreisbogen allmählich zu verkleinern. Ihr Pferd wird sich schnell beruhigen, wenn Sie selbst dabei Gelassenheit bewahren und nicht schreien.

Artgenosse als Vorbild

Sie können sich das Training sehr erleichtern, wenn Sie einen Helfer bitten, Sie mit seinem zuverlässigen und an den Verkehr gewöhnten Pferd zu begleiten. Die Gelassenheit, mit der der routinierte Artgenosse die mechanischen „Ungetüme" unserer modernen Umwelt hinnimmt, spiegelt sich in seinen Körperlinien noch deutlicher wider als in Ihrer Körpersprache. Lassen Sie es zu, dass sich Ihr Pferd in solchen Situationen nicht nur an Ihnen, sondern auch einem sicheren Begleitpferd orientiert. So hat es Gelegenheit, ohne Stress die Erfahrung zu verankern, dass ihm auch auf der Straße niemand ein Leid zufügt.

Nicht nur als Hundebesitzer, sondern auch als Pferdehalter haben Sie für eine Beseitigung der „Hinterlassenschaften" Ihres Tieres zu sorgen. Trotz des größeren Umfangs des „Haufens" ist dies auch bei Ihrem Pferd durchaus zu bewältigen! Führen Sie in Ihrer Jackentasche zwei größere Mülleimer-Plastiktüten und einen dünnen Gummihandschuh mit. Stülpen Sie ihn „im Notfall" über und räumen die Pferdeäpfel in die zwei ineinander gesteckten Tüten. Am Ortsrand „entsorgen" Sie den Pferdemist auf einem Feld.

Erholung im Gelände

Vergessen Sie bei allen Übungen im Gelände nicht, dass Sie sich in der freien Natur mit Ihrem Pferd auch erholen möchten – natürlich auch bei Ihrer „Arbeit vom Boden" nach der Courtesy Methode. Reihen Sie niemals Übung an Übung, sondern beschränken Sie sich bei Ihren Ausflügen auf ein

oder zwei Übungen und genießen Sie die restliche Zeit, indem Sie Ihr Pferd und die Sie umgebende Landschaft mit allen Sinnen bewusst erleben. Machen Sie häufig Pausen und erlauben Sie dann Ihrem Pferd auch, zu grasen. Während Ihrer Spaziergänge selbst darf es nicht nach Grashalmen oder Blättern haschen – unterbinden Sie jeden Versuch konsequent mit einem Zupfer am Führstrick. Ihr Pferd ist ein Tier der Steppe. Indem Sie es häufig an Stellen still stehen lassen, von denen aus es weit über Felder und Wiesen blicken kann, kommen Sie einem seiner Urbedürfnisse entgegen. Versuchen Sie, in solchen kostbaren Momenten die Welt mit seinen Augen zu sehen und scheuen Sie sich nicht, wenn Sie mit ihm allein sind, ihm auch einmal in liebevollen Worten dafür zu danken, dass es den Weg zu Ihnen gefunden hat und Ihnen nun seine Zuneigung, seine Achtung und sein Vertrauen schenkt.

Reflexion

Ihr Pferd hat sehr viel Neues gelernt. Doch nicht nur Ihr Pferd hat gelernt – durch Gentle Training sind auch Sie selbst noch einmal „durch eine neue Art von Schule" gegangen. Sie haben den Mut aufgebracht, in einer Reiterszene, in der derjenige, der auf dem Pferd sitzt, mehr zählt als der, der sich am Pferd bewegt, zum „Boden" zurückzukehren. Sie haben sich selbst überwunden und haben einen Neubeginn mit Ihrem Pferd gewagt – im Sinne des Wortes, denn Sie haben bei Übungen angefangen, die viele „gestandene Pferdeleute" nicht einmal als Übungen bezeichnen würden.

Sie haben sich beim Gentle Training im Alltag in einer solch intensiven Weise mit dem Körper Ihres Pferdes beschäftigt, die andere Pferdebesitzer als „absolut überflüssig" belächeln würden, weil Putzen doch eine „lästige Sache ist, die man schnell hinter sich bringt". Sie haben auf zahllose Stunden im Sattel verzichtet und stattdessen Ihr Pferd an der Longe oder der Doppellonge gearbeitet. Ohne dass Sie selbst dies bemerkt haben – und ohne dass Ihre zweifelnden Zuschauer dies auch nur ahnen können – haben Sie damit die Ursachen für zahllose Reitprobleme ausgeräumt, bevor Sie auch nur den Fuß in den Steigbügel setzen.

Durch das Anti-Scheu-Training und die Arbeit in Geschicklichkeitsparcours und Gelände haben Sie eine breite Palette möglicher Unfallauslöser ausgeschaltet, denn Ihr Pferd hat gelernt mitzudenken. Es tritt den Gegebenheiten unserer mechanisierten Umwelt viel gelassener entgegen als sein untrainierter Stallkamerad. Es hatte Sie „an seiner Seite", als es lernte, sich in Gelände und Straßenverkehr zu bewegen und konnte seinen Körper auf die neuen Anforderungen einstellen, ohne zugleich von einem Gewicht auf seinem Rücken belastet zu sein.

Nähe zum Pferd

Es ist auch sehr viel Zeit vergangen. Doch keine Minute dieser Zeit ist verlorene Zeit. Jeden Tag sind Sie und Ihr Pferd sich ein wenig näher gekommen. Heute kennen Sie einander so gut, dass Sie bereits wissen, was Ihr Pferd als nächstes tun wird, ehe es auch nur einen Huf bewegt. Und auch Ihr Pferd kann jede Ihrer noch so sparsamen Gesten „lesen". Ich wünsche Ihnen nicht, dass Sie je niedergeschlagen, traurig oder verzweifelt sein werden. Doch wenn dies eines Tages geschehen sollte, so werden Sie sich tief berührt fühlen von der unbeschreiblichen Sanftheit und Zärtlichkeit, mit denen Ihr Pferd nun versuchen wird, Sie zu trösten und Ihnen Mut „zuzusprechen". Denn ohne dass Sie es wahrgenommen haben, haben Sie Ihre „konventionellen" Reiterkollegen in den letzten Monaten Tag für Tag mit Siebenmeilenstiefeln überholt. Was Sie und Ihr Pferd in zahllosen kleinsten Lernschritten erarbeitet haben, hat Ihrer Beziehung eine neue Richtung gegeben.

Entdeckung neuer Fähigkeiten

Ganz zu Anfang dieses Buches haben Sie bereits gelesen, dass unsere Fähigkeit, eine Situation oder Handlung zu betrachten, mit ähnlichen Gegebenheiten zu vergleichen und darüber prüfend nachzudenken, als „Reflexion" bezeichnet wird. Diese Fähigkeit haben Sie beim Gentle Training so häufig geübt, dass Sie nun zu einem Teil Ihrer Persönlichkeit geworden ist. Sie wirkt über Ihren Alltag mit dem Pferd hinaus und hilft Ihnen, weitere positive Fähigkeiten an sich und den Menschen, mit denen Sie sich umgeben, zu entdecken. Dadurch, dass Sie anders vorgegangen sind als Ihre Reiterkollegen, haben Sie uralte Gewohnheiten durchbrochen. In einer Ära, in der „Zeit Geld ist" und oft „der schnellste gewinnt", haben Sie unendlich viel Geduld aufgebracht. Jetzt haben Sie die Stärke, auch in Ihrem privaten Bereich mit Gewohnheiten zu brechen, die Sie als belastend und behindernd erkennen. Damit überwinden Sie jene Form der Hilflosigkeit, die Ihnen unsere Gesellschaft anerzogen hat. Wie überflüssigen Ballast werfen Sie sie einfach über Bord!

Sie wissen jetzt, dass das, was „man" Probleme nennt, nichts sind als Herausforderungen und Aufgaben, die Sie annehmen und lösen können. Sie haben gelernt, dass Sie dazu einfach zu der „Politik der klein(st)en Schritte" zurückzukehren brauchen. Wenn Sie spüren, dass Ängste in Ihnen aufsteigen, stellen Sie sich diesen Ängsten. Sie sehen sich die jeweilige Aufgabe aus der Nähe an. Sie zerlegen sie in winzige Bausteine und nehmen sich einen Baustein nach dem anderen vor. Sie haben es geschafft, einen kalibrigen vierbeinigen Rüpel oder ein freches und eigensinniges „Prinzesschen auf der Erbse" in ein wundervolles, liebenswürdiges und liebenswertes Freizeitpferd zu verwandeln. Nun bringen Sie den Mut auf, in Zukunft jeden Bereich Ihres Lebens nach den Courtesy-Prinzip auf die gleiche positive Weise zu verwandeln. Sie sind durch Gentle Training frei geworden.

Und noch ein wichtiger Hinweis...

Gentle Training nach der Courtesy Methode bewährt sich ausgezeichnet auch bei vielen sogenannten Problempferden. Daher hatte ich ursprünglich geplant, einen Teil des Buches der Herausforderung zu widmen, wie man vierbeinige Sorgenkinder zu höflichen und liebenswürdigen Freizeitpartnern erzieht. Doch im Verlauf der Arbeit stellte ich sehr bald fest, dass dieses Thema viel zu komplex ist, um es in einem Kapitel so ausführlich zu behandeln, dass Sie, liebe Leserin, lieber Leser, wirklich Nutzen daraus ziehen können.

Grundschule... und eine Fortsetzung!

Dieses Buch musste daher der „Grundschule" gewidmet sein. Und so wird es wohl irgendwann ein zweites Buch über die Courtesy Methode geben! Darin werde ich Ihnen aufzeigen, wie Gentle Training Ihnen und Ihrem Pferd bei besonderen Problemstellungen weiter helfen kann – auf die gleiche gefahr- und gewaltlose Weise, die Sie in diesem, dem vorliegenden Buch, kennengelernt haben. Bis dahin wenden Sie einfach geduldig und konsequent die Übungen an, die in diesem ersten Band beschrieben werden. Nehmen Sie sich hierfür „alle Zeit der Welt" – denn die Zeit, die Sie heute investieren, zahlt sich morgen durch ein Vielfaches an Sicherheit, Zufriedenheit und durchaus auch Ver-gnügen mit Ihrem Pferd aus. Und wenn Sie beharrlich weiter üben, entdecken Sie eines Tages vielleicht, dass Sie ein zweites Buch über „Problempferde" gar nicht mehr brauchen... möglicherweise haben Sie dann nämlich gar kein „Problempferd" mehr!

Welsh-Ponys und Cobs

Englands königliche Ponys

Kaum eine Ponyrasse ist so vielfältig wie die Welsh-Ponys. Sie haben für jeden Geschmack etwas zu bieten: Vom Kinder- und Jugendpony bis zum Erwachsenenpferd, die walisischen Pferde sind fast in jedem Bereich einsetzbar. Doch in erster Linie sind sie Freizeitkameraden, die genügsam sind, robust und wenig krankheitsanfällig und auch an die Fütterung wenig Ansprüche stellen. Aber nicht nur im Freizeitbereich sind die Welsh-Ponys zu Hause, auch im Fahrsport kommen die Kleinen ganz groß raus, und viele Turniersiege sind ihnen gewiß.

Lassen Sie sich in die Welt der Welsh-Ponys und -Cobs entführen! Die Autorin und Welsh-Pony-Besitzerin Alexandra Stupperich macht Appetit auf diese liebenswerte Rasse mit ihren verschiedenen Sektionen.

Ein Einsteigerbuch über die liebenswerte Rasse Welsh-Ponys und deren Sektionen.
96 Seiten, 24,80 DM

Das Therapiepferd

Auswahl · Ausbildung · Einsatzmöglichkeiten

Auswahl, Ausbildung und Einsatzmöglichkeiten des Therapiepferdes.
96 Seiten. 36,00 DM.

Ein Buch über das Therapiepferd? Was ist ein Therapiepferd? Was zeichnet es aus? Wie bildet man es aus? Woran erkenne ich, ob mein Pferd dafür geeignet ist? Was muss es können? Wie sieht so ein Pferd denn überhaupt aus?

Die Vorstellungen über ein Pferd, das im Therapeutischen Reiten eingesetzt wird, sind so unterschiedlich, dass dieses Buch hilft, dem interessierten Leser das Therapiepferd in seiner Auswahl, im Rahmen seiner Ausbildung und seines Einsatzes näherzubringen.

Sabine Hoffmann ist mit Pferden aufgewachsen und betreibt einen Therapie- und Ausbildungsstall im Münchener Raum. Die Reitwartin, Amateurreitlehrerin und Voltigierwartin ist Ausbilderin im Bereich „Reiten als Sport für Behinderte" und Regionalbeauftragte für den Bereich Behindertenreitsport und Mitglied des Arbeitskreises „Behindertenreitsport" im Kuratorium für Therapeutisches Reiten, Warendorf.